1096087

Hans Eberspächer
Gut sein, wenn's drauf ankommt

Hans Eberspächer

GUT SEIN, WENN'S DRAUF ANKOMMT

Von Top-Leistern lernen

3., überarbeitete Auflage

HANSER

Bibliografische Information der Deutschen Nationalbibliothek
Die Deutsche Nationalbibliothek verzeichnet diese Publikation in der
Deutschen Nationalbibliografie; detaillierte bibliografische Daten
sind im Internet über http://dnb.d-nb.de abrufbar.

Dieses Werk ist urheberrechtlich geschützt.
Alle Rechte, auch die der Übersetzung, des Nachdruckes und der Vervielfältigung des
Buches oder von Teilen daraus, vorbehalten. Kein Teil des Werkes darf ohne
schriftliche Genehmigung des Verlages in irgendeiner Form (Fotokopie, Mikrofilm
oder ein anderes Verfahren), auch nicht für Zwecke der Unterrichtsgestaltung – mit
Ausnahme der in den §§ 53, 54 URG genannten Sonderfälle –, reproduziert oder
unter Verwendung elektronischer Systeme verarbeitet, vervielfältigt oder verbreitet
werden.

1 2 3 4 5   15 14 13 12 11

© 2011 Carl Hanser Verlag München
Internet: http://www.hanser-literaturverlage.de
Lektorat: Martin Janik
Herstellung: Stefanie König
Umschlaggestaltung: Brecherspitz Kommunikation GmbH, München,
www.brecherspitz.com
Illustrationen: Ulf Eberspächer, Köln
Satz: le-tex publishing services GmbH, Leipzig
Druck und Bindung: Friedrich Pustet, Regensburg
Printed in Germany
ISBN 978-3-446- 42690-0

Für Jeanine

INHALT

Vorworte 5

1 Das Problem: Anforderungen und Beanspruchung ... 13
1.1 Anforderungen bewältigen beansprucht 14
1.2 Routine beansprucht in der Komfortzone 15
1.3 Die Psycho-Logik der Routine 17
1.3.1 Routine ist mitunter problematisch 18
1.3.2 Die Psycho-Logik des Misslingens von Routine 20
1.4 Selbstgespräche – die ganz individuelle Stellungnahme 23
1.5 Bewerten von Anforderungen – Top-Leistung oder Stress 25
1.6 Die Psycho-Logik von Top-Leistern: Unterstützende Gedanken als Magnete 26
1.6.1 Man bewertet Anforderungen, Ansprüche und Konsequenzen .. 28
1.6.2 Nicht oder anders bewerten? 30
1.6.3 Das Ziel von Top-Leistern: Anforderungen konstruktiv bewerten 33
1.7 Top-Leistung: Flug 1549 – Landung auf dem Hudson River 35

2 INHALT

2 Das System: Die Psycho-Logik der Top-Leistung 45

2.1 Synergie: Der Mensch ist ein bio-ökosozial-mentales System ... 46
2.2 Vorstellungen: Prüf- und Führungsgrößen jeder Leistung 56
2.3 Mentaler Soll-Wert für Top-Leister: Ein freier Kopf 61
2.4 Wie man Vorstellungen ändert: Figuren und Gewohnheiten 64

3 Die Methode: Das Mentale Training 73

3.1 Training – der Weg zur Top-Leistung 74
3.1.1 Das Ziel: Gut sein, wenn's drauf ankommt 74
3.1.2 Was Training anstrengend, aber erfolgreich macht 76
3.1.3 Training erfordert Ziele, Motivation, Konzentration und Kompetenzüberzeugung 77
3.2 Das Mentale Training – die Methode 78
3.2.1 Mentales Training ist Probehandeln 78
3.2.2 Mit Mentalem Training fit jenseits der Routine 84
3.3 Mentales Training nach dem 3-4-5-Prinzip 87
3.3.1 3 Ziele des Mentalen Trainings 88
3.3.2 4 Wege des Mentalen Trainings 96
3.3.3 5 Schritte des Mentalen Trainings 100
3.3.4 „Und hopp" reicht nicht! – Missverständnisse zum Mentalen Training 104
3.3.5 Wirkungen des Mentalen Trainings 108
3.3.6 Grundsätze des Mentalen Trainings 113
3.4 Situationen, die man mit Mentalem Training besser bewältigt .. 119
3.5 Kritik am Mentalen Training 122
3.6 Voraussetzungen für erfolgreiches Mentales Training 123
3.6.1 Ziele 123
3.6.2 Motivation und Sinn 132
3.6.3 Konzentration 139
3.6.4 Kompetenzüberzeugung 150

INHALT

4	Die Praxis des Mentalen Trainings	155
4.1	Der Pilot – vom Flugschüler zum Flugkapitän	157
4.2	Motorradrennen – Helmut Dähnes Ritt durch die „Grüne Hölle"	166
4.3	Hürdenlaufen – technische Perfektion	170
4.4	Chirurgie – Entfernen der Gallenblase	173
4.5	Zahnmedizin – das Inlay	180
4.6	Rehabilitation nach Unterschenkelamputation – Gehen mental trainieren	183
4.7	Judo – Tauchrolle zum Armhebel	190
4.8	Der Abteilungsleiter – im Statement kompetent überzeugen	193
4.9	Der Weg zum Judo-Olympiasieg – Ole Bischof	198

5	Burnout – wenn Top-Leister an ihre Grenzen kommen	211
5.1	Burnout	212
5.1.1	Erste Anzeichen	213
5.1.2	Innere und äußere Burnout-Antreiber	215
5.2	Burnout in 4 Phasen – 4 E	219
5.3	Wie sich Top-Leister vor dem schnellen Ausbrennen schützen	220
5.4	Wege der Burnout-Prävention	222
5.4.1	Stressmanagement als Prävention gegen Burnout	225
5.4.2	Nachhaltiges mentales Ressourcenmanagement	228

Anhang		235
Literatur		237
Der Autor		241

VORWORT

Vor einigen Jahren antwortete ich einem amerikanischen Chirurgen auf seine Frage: „What are you doing, what's your job?", spontan: „Peak performance – just in time" – gut sein, wenn es darauf ankommt. An diesem Arbeitsfeld hat sich bis heute nichts Wesentliches geändert: Als Sportpsychologe fasziniert mich seit inzwischen 30 Jahren die Frage, wie es Top-Leister anstellen, die Spitzenleistung im richtigen Moment zu bringen. Diese Herausforderung stellt sich in ganz unterschiedlichen Berufsfeldern: Nicht nur Hochleistungssportler, auch Manager, Piloten, Musiker oder Ärzte sind damit konfrontiert. Mein Ziel war es zunächst, optimales Handeln und seine mentalen Bedingungen bei Ausnahmekönnern zu untersuchen, seine zugrunde liegende Systematik des Mentalen. Allerdings erkannte ich bald: Ich würde nicht daran vorbeikommen, mich auch mit den Bedingungen suboptimalen Handelns zu befassen. Woran scheitern auch die Besten, die Top-Leister von Fall zu Fall?

Anfangs konzentrierte sich mein Forschungsinteresse auf den Hochleistungssport. Das hing mit meinem beruflichen Weg zusammen. Nach meinem Studium an der Sporthochschule in Köln arbeitete ich als Lehrer an einem Gymnasium und als Trainer. Natürlich trainierte ich auch selbst intensiv. In dieser Zeit entstand der Wunsch, mich mit dem Sport, der mir als Praktiker immer vertrauter wurde, wissenschaftlich auseinanderzusetzen, und ich entschloss mich, Psychologie zu studieren. Sportpsychologie wollte ich machen, die mentale Seite am sportlichen Leisten untersuchen. Das Mentale Training war zu dieser Zeit für die Sportpsychologie und erst recht für die akademisch etablierte Psychologie in Deutschland noch ein Buch mit sieben

Siegeln. Es war jedoch bekannt, dass „die Russen und die in der DDR" sehr viel im Mentalen „machten".

Anfangs faszinierte mich allerdings die Praxis des Hochleistungssports weit mehr als deren theoretische Begründung. Die Neugier trieb mich nach direkt verwertbaren Erkenntnissen, und so zog es mich in die internationale Praxis des Hochleistungssports. Eine erste Möglichkeit dazu eröffnete mir eine Einladung des damals prominentesten und erfolgreichsten Trainers in der Bundesrepublik, Karl Adam, der als Trainer der legendären und über Jahre unschlagbaren Deutschlandachter von Erfolg zu Erfolg eilte. 1973 lud er mich in die Ruderhochburg Ratzeburg ein: „Das ist ja interessant, was Sie da machen, kommen Sie doch mal nach Ratzeburg."

Diese ersten Kontakte führten rasch weiter, und ich reise mit Mannschaften rund um die Welt: zunächst mit den Ruderern ins Trainingslager, zu den Weltmeisterschaften 1975 und als erster deutscher Sportpsychologe akkreditiert bei den Olympischen Sommerspielen 1976 in Montreal. Andere Sportarten folgten: zum Beispiel Judo, Bahnradsport, Volleyball, Bogenschießen, Ski alpin und nordisch, Eislauf, Tennis, Bobsport, Leichtathletik, Ringen, Fechten. In der Zusammenarbeit mit Trainern und Athleten lernte ich, mentale Zusammenhänge klar zu analysieren und die gewonnenen Erkenntnisse gewinnbringend in den Trainings- und Wettkampfalltag zu übertragen. Nach und nach führte meine Arbeit mit Spitzenamateuren, Weltmeistern und Olympiasiegern zu Anfragen aus dem Profisport, insbesondere dem Motorsport auf zwei und vier Rädern. Schließlich begannen sich auch Unternehmen für meine Arbeit zu interessieren.

In all den Jahren zentrierte sich meine sportpsychologische Beratung, Betreuung und Trainingsarbeit um vier Kernprobleme:

- Wie motiviert man sich in schwierigen Zeiten, nach Verletzungen, Misserfolgen oder auch nach großen Erfolgen?
- Wie kann man sich vor höchsten Anforderungen konzentrieren?
- Wie kann man seine Trainingsleistung im Wettkampf umsetzen?

- Mit welchen Methoden kann man den Kopf genauso trainieren wie den Körper?

Die letzte Frage trifft den Kernpunkt des Problems. Im Sportjargon wird es treffend als „Trainingsweltmeister"-Problem bezeichnet: Im Training klappt alles, nicht aber im Wettkampf. Offenkundig genügt es nicht, optimal zu handeln – man muss es dann können, wenn es darauf ankommt. Voraussetzung dafür ist die Synergie zwischen körperlichen, materiellen und mentalen Ressourcen, die sich gegenseitig unterstützen. Dieses Zusammenspiel kann man trainieren: durch Mentales Training.

Dem Hochleistungssport kommt bei der Entwicklung des Mentalen Trainings fraglos eine Pionierrolle zu. Er gilt als Modellfall. Inzwischen konnten wir aus meiner Forschungseinheit an der Universität Heidelberg das Mentale Training aus dem Sport in andere Anwendungsfelder exportieren: Chirurgie, Zahnheilkunde, Rehabilitationsmedizin, ziviles und militärisches Pilotentraining und Rhetoriktraining.

Alle, die in der Praxis mental trainieren, bestätigen: Mentales Training fordert und strengt an. Aber es wirkt. Allerdings ist es keineswegs so einfach zu erlernen, wie sogenannte Mental- oder Motivationstrainer mit teilweise selbst attestiertem Guru-Status glauben machen wollen: Alles ist mental! Du musst nur wollen! Alles ist möglich! Solche und denkverwandte Slogans greifen zweifelsfrei zu kurz. Andererseits zeugen sie von Missverständnissen und Fehlinformationen, die förmlich nach Aufklärung schreien.

Ich möchte mit diesem Buch Leserinnen und Lesern Augen, Sinne und Verstand öffnen für ein Trainingsverfahren, dessen Nimbus auf einer ungewöhnlich hartnäckigen Diskrepanz zwischen Nichtwissen und höchsten Erwartungen basiert: für das Mentale Training, wie es Profis praktizieren. Ich möchte endlich weg von dem Klischee, Sportler und andere Leistungsträger, die im entscheidenden Moment ihre Leistung nicht erbringen, müssten „auf die Couch". Das Mentale Training ist keine Therapie, sondern – wie sein Name schon sagt – ein

Training, das die Voraussetzungen schafft, auch jenseits von Norm und Routine leistungsfähig zu sein.

Dieses Buch vermittelt mit dem Mentalen Training eine Methode, ungewöhnliche Anforderungen erfolgreich zu bestehen. Es erklärt die mentalen Bedingungen der Psycho-Logik des Gelingens und wie man sie organisiert, um gut zu sein, wenn es darauf ankommt. Meine Botschaft ist ganz einfach: Man kann innere, mentale Landkarten entwickeln, auf die man zugreift, wenn es darauf ankommt – auch unter höchster Beanspruchung. Wie das geht, erfahren Sie in diesem Buch. Trainieren allerdings müssen Sie selbst. Denn: Training ist eine Eigenleistung, man kann es nicht delegieren.

So können Sie beim Lesen vorgehen:

Praktisch Interessierte steigen am besten bei Kapitel 3 ein, es beschreibt die Methode des Mentalen Trainings anhand zahlreicher Beispiele aus unterschiedlichen Anwendungsfeldern. Theoretisch Interessierte, die sich auch für das „Warum" des Mentalen Trainings interessieren, beginnen mit den Kapiteln 1 und 2. Oder Sie lassen sich beim Blättern inspirieren und steigen dort ein, wo Sie sich festlesen. So oder so ... ich wünsche Ihnen Ruhe, anregende Gedanken und Ideen, die Sie persönlich weiterbringen.

Hans Eberspächer
Heidelberg, April 2004

VORWORT ZUR 2. AUFLAGE

In diesem Buch galt das Prinzip der mentalen Landkarten von Beginn an als eine wichtige Grundlage für die Bewältigung von Anforderungen. Meine Botschaft ist immer noch ganz einfach: Um gut zu sein, wenn's drauf ankommt, muss man dafür mentale Landkarten entwickeln und mental trainieren. Heute allerdings, nachdem ich durch meine eigene Arbeit, aber auch durch die Erfahrungen meiner Klienten wieder einige Jahre Erfahrungen sammeln konnte, ist mir noch viel klarer geworden, dass solche mentalen Landkarten erst die Basis und ein erster Schritt zur Entwicklung mentaler Navigationssysteme sind: Man gibt sein Ziel ein und erhält vom System Schritt für Schritt sprachliche und bildliche Informationen über den Weg zum Ziel. Nicht nur im Auto sind Navigationssysteme heutzutage schon eine Selbstverständlichkeit. Sie sind brauchbar, weil sie einen sachlich, handlungsbezogen und mit erstaunlicher Treffsicherheit an jedes gewünschte Ziel leiten. Und genau dieses Funktionieren wünscht sich doch jeder, der in einer schwierigen Situation gut sein muss, wenn's drauf ankommt: sich sachlich, handlungsbezogen und treffsicher an jedes gewünschte Ziel zu leiten und damit Erfolg zu haben. Das Mentale Training ist die Methode, um sich auf der Basis innerer, mentaler Landkarten seine persönlichen Navigationssysteme mit den jeweils angesagten Zielen zu programmieren, um erfolgreich zu sein, wenn's drauf ankommt.

Hans Eberspächer
Heidelberg, Februar 2008

VORWORT ZUR 3. AUFLAGE

Leistung und Wettbewerb assoziieren wir in der Regel mit „Druck". Das Wort vom Leistungs- und Wettbewerbsdruck geht wie selbstverständlich über die Lippen. Auf der anderen Seite reden wir mit der gleichen Selbstverständlichkeit von Freizeit und Erholung als „Kultur", Freizeit- und Erholungskultur. Diese Polarität scheint in vielen Köpfen das Bild moderner Gesellschaften zu prägen: Wir stehen einerseits im permanenten, schon längst weltumspannenden Wettbewerb, und versuchen andererseits in zunehmend professionalisierten Freizeit- und Erholungskulturen zu retten, was uns an Lebenswertem noch rettenswert scheint. Ratgeber, die beides miteinander in Einklang zu bringen versprechen, haben Konjunktur. Das dort gewählte Strickmuster verläuft nach dem Minimax-Prinzip: Schon minimaler Aufwand soll für maximalen Ertrag genügen. Die in solcher Art polarisierende Betrachtung bedient den verbreiteten Wunsch nicht weniger, unsere Lebenswelt, auch unseren Lebensstandard, zwar aufrechtzuerhalten und weiterzuentwickeln, jedoch den mit Leistungs- und Wettbewerbsorientierung einhergehenden Druck mit einer ausgeprägten Freizeit- und Erholungskultur zu kompensieren.

Auf die Idee, dieses Buch zu überarbeiten und zu erweitern, kam ich vor diesem Hintergrund über die Gespräche und Diskussionen mit Teilnehmern meiner Vorträge und Seminare: Unternehmern, Führungskräften, Leistungsträgern, Freiberuflern, Spitzensportlern. Vielen von ihnen gelingt der Spagat zwischen professioneller Leistungs- wie Wettbewerbsorientierung auf Top-Niveau und einer nicht selten recht engagierten sozialen wie regenerativen Lebenswelt. Von solchen Top-Leistern lässt sich lernen. Zwei davon, einen außergewöhnlichen Piloten und einen Olympiasieger, habe ich beschrieben, um mehr von ihnen zu verstehen. Weil ich in jüngerer Zeit aber auch immer wieder Top-Leister treffe, die an ihre Grenzen kommen, findet sich in dieser neuen Auflage auch ein Kapitel über Burnout.

Hans Eberspächer
Heidelberg, Mai 2011

1 DAS PROBLEM: ANFORDERUNGEN UND BEANSPRUCHUNG

Anforderungen zu bewältigen beansprucht, auch mental. Mit Routine meistert man Anforderungen meist relativ mühelos: schnell, sicher, wirksam, situations- und anforderungsgerecht. Deshalb leben Experten und Ausnahmekönner – ich nenne sie Top-Leister – nicht zuletzt von bewährten Gewohnheiten und Routine. Allerdings ist Routine eine zwiespältige Angelegenheit: Zum Ersten kann sie entwicklungshemmend wirken, zum Zweiten kippt man gelegentlich aus der Routine heraus, ausgelöst durch Gedanken und Bewertungen, die anziehend wirken wie Magnete. Sind solche Gedanken destruktiv, lösen sie erhebliche mentale Beanspruchungen bis zu Panik aus. Zweckmäßige, konstruktive Bewertungen dagegen bauen wirksame Handlungsmuster und damit Leistungsreserven fürs Gelingen jenseits der Routine auf.

DARÜBER LESEN SIE IN DIESEM KAPITEL:

- Anforderungen bewältigen beansprucht
- Beanspruchung in der Komfortzone ist Routine
- Die Psycho-Logik der Routine
- Routine ist mitunter problematisch
- „Plötzlich ist die Hemmschwelle da"
- Selbstgespräche und der wichtigste Gesprächspartner
- Bewerten löst mentale Beanspruchung aus
- Mentale Beanspruchung – Gedanken wie Magnete
- Das Ziel von Top-Leistern: Anforderungen konstruktiv bewerten

1.1 Anforderungen bewältigen beansprucht

„Professor, wie macht man es, dass man cool bleibt, wenn es darauf ankommt?", fragte mich ein junger Polizist, Angehöriger eines Sondereinsatzkommandos. Meine Antwort: „Entweder man ist ahnungslos und weiß nichts, oder man weiß alles und kann damit umgehen!"

Die Frage des jungen Mannes zielte auf ein, wenn nicht gar *das* Grundthema des Lebens: Wie gelingt es am besten, mit Anforderungen fertigzuwerden, besonders denen, die einem das Leben so richtig schwer machen, und genau dann, wenn es darauf ankommt? Denn machen wir uns nichts vor: Das Bemühen, berufliche oder private Anforderungen zu bewältigen, *ist* eine Beanspruchung. Bis zu einem gewissen Grad mögen wir sie noch als angenehm, anregend und aktivierend erleben, sozusagen als Übungs-, Lern- und Trainingsgelegenheit. Aber je höher die Anforderungen, umso mehr ermüdet oder erschöpft Beanspruchung. Im anderen Extrem kann sie aufregen und überaktivieren, Angst, Stress oder sogar Panik auslösen.

Wenn Sie das lesen, sind Sie vielleicht ganz froh darüber, dass Sie zum Glück nicht alle Anforderungen annehmen müssen und sich manches Mal kurzerhand davor drücken können. Allerdings ist dieser Ausweg längst nicht immer möglich oder akzeptabel. Durch manche Situationen muss man einfach „durch" und der Anforderung standhalten. Einer meiner Lehrer pflegte in solchen Situationen zu sagen: „Eberspächer, manches Mal muss man ein Germane sein!" Das habe ich mir dann auch gesagt, als ich vor einigen Monaten zum Entfernen von Nägeln aus meiner verletzten Schulter unter lokaler Betäubung, eingekleidet und ausgestattet als OP-Objekt, vor dem Operationssaal saß und darauf wartete, bis ich drankam.

In manchen Situationen bleibt, wie man sieht, nur eine Wahl: „Augen zu und durch". Stress hin, Panik her. In allen anderen sollte man versuchen, etwas zu ändern, getreu dem Motto unserer amerikanischen Freunde: „Love it, leave it, or change it!" Denn auf Dauer ist weder feiges Weglaufen noch stoisches Standhalten eine Lösung.

1.2 Routine beansprucht in der Komfortzone

Um zu verhindern, dass man sich im Alltag vor lauter Überbeanspruchung zunehmend und über Gebühr verschleißt, entwickelt man im Laufe des Lebens Handlungsmuster, die es erleichtern, gängige und wiederkehrende Anforderungen bei erträglich komfortabler Beanspruchung zu bewältigen: Routine. Es hat schon etwas Beruhigendes, wenn der Friseur, dem man die Gestaltung des Haupthaars anvertraut, oder der Pilot, in dessen Flieger man seinen Tomatensaft trinkt, Routine besitzt.

Aufwand und Systematik, mit denen man Routine entwickelt, fallen sehr unterschiedlich aus. Das meiste lernen wir wohl *en passant*, vieles aber auch unter Schweiß und Tränen, mit Blasen an Leib und Seele gewissermaßen. Routine erwirbt man in allen Lebensbereichen. Im Umgang mit Sachen wie Maschinen und Geräten, im Umgang mit anderen, also Familienmitgliedern, Freunden, Kollegen oder Kunden, und im Lauf der Jahre sogar im Umgang mit sich selbst. Die meiste Routine erwirbt man, denke ich, im Umgang mit Sachen und Dingen, weniger schon im Sozialen, denn viele gehen, so scheint es, mit ihrem Auto oder ihrem PC routiniert pfleglicher um als mit dem Partner, der Partnerin, den Kindern oder gar mit sich selbst. Besonders Routinen im Umgang mit sich selbst, gerade in schwierigen Situationen, scheinen für viele Neuland zu sein, das erst noch entdeckt werden will.

Routine lebt vom Gleichgewicht

Im Wesentlichen lebt Routine vom Gleichgewicht zwischen den gestellten Anforderungen und den eigenen Möglichkeiten, sie zu bewältigen. Die erforderlichen Handlungsmuster kommen wie von allein, eingeschliffen, eben routiniert. Sie erleichtern Raubtierdompteuren das Leben ebenso wie Pizzabäckern, Kapitänen oder Lehrerinnen, weil sie nur wenig beanspruchen und optimal aktivieren. Deshalb fühlt man sich bei Routineanforderungen weder zu schlaff noch zu nervös. Zu Recht: Ein routiniertes Vorgehen bringt zwar nicht immer sensationelle Erfolge. Aber fast immer solide Ergebnisse. Im Großen und Ganzen hat also, wer routiniert vorgeht, die Dinge im Griff und die geeigneten Bewältigungsmuster parat. Alles Notwendige geschieht zielsicher und effizient mit hoher Vorhersagegenauigkeit. Einfach und mühelos scheint alles geregelt, nicht selten unbewusst, denn der Kopf mit seinen Gedanken scheint keine Rolle zu spielen, weil er die Regulation des Handelns sozusagen an teilbewusste oder gar automatische Prozesse delegiert. Wer zum Beispiel während des Autofahrens telefoniert, delegiert das Fahren an Hände, Füße und die Sinne und bekommt von Verkehrsschildern, Ausfahrten und Ähnlichem oft wenig mit. Der Grund: Die bewusste Kapazität ist mit dem Telefongespräch bindend ausgelastet. Interessanterweise sieht man Autofahrer weder beim Einparken noch beim Einfahren in ein Parkhaus telefonieren. Schuld daran ist nicht nur der schwindende Empfang, sondern die Notwendigkeit, beim Parken mit dem Kopf voll konzentriert und bei der Sache zu sein. Im Alltag delegieren wir permanent in diesem Sinne. Wer weiß zum Beispiel schon, ohne es auszuprobieren, wie er Messer und Gabel zur Hand nimmt oder eine Schleife in einen Schnürsenkel bindet? Das liegt daran, dass wir es hier mit typischen entlastenden Automatismen zu tun haben, die sich nebenbei erledigen lassen.

„Bewusstlos" routiniert

Wegen ihrer entlastenden Wirksamkeit erlaubt Routine auch, mehrere Dinge gleichzeitig zu erledigen, was durchaus von Vorteil sein kann. Eine Art von routinierter „Bewusstlosigkeit" stellt sich ein, die einen bei geringstem Beanspruchungserleben schlafwandlerisch sicher agieren lässt. Sportler erzählen mir nach perfekt verlaufenen Wettkämpfen oft, sie könnten sich an vieles nicht mehr erinnern. Deshalb spricht einiges dafür, Routine quasi als Garant für das Gelingen zu betrachten. Bei meiner Mutter habe ich es immer bewundert, wie sie geschäftlich telefonieren und nebenher routiniert Kuchen backen konnte. Wer dagegen seinen ersten Kuchen backt, ist in der Regel so ausgelastet, dass vor lauter bewusster, von halblauten Selbstgesprächen begleiteter Zuwendung zum augenblicklichen Tun kaum freie Kapazität bleibt, beiläufig den hinzutretenden Partner zu begrüßen.

Die Fähigkeit, mehrere Dinge gleichzeitig erledigen zu können, wiegt den gelegentlichen Nachteil auf, dass man sich nicht einmal mehr erinnert, ob man einen Handgriff nun erledigt hat oder nicht, weil er so automatisch, scheinbar „kopflos" ablief. Aus dieser Automatisierung resultiert im Übrigen eine klassische Konfliktfalle bei Paaren. Nach dem Verlassen der Wohnung oder beim Einstieg in den Ferienflieger überlegen sie oft gemeinsam, ob denn auch die Wohnungstür abgeschlossen und die Kaffeemaschine ausgeschaltet sei, um dann doch ohne Gewissheit, aber voller Hoffnung zu fliegen.

1.3 Die Psycho-Logik der Routine

Top-Leister leben von ihrer Routine. Ihre Fähigkeiten wie Fertigkeiten reichen souverän, die Dinge gleichermaßen unkompliziert wie effizient und sicher zu handhaben. Man erwartet wie selbstverständlich, dass ihnen alles routiniert, zuverlässig und vorhersagbar von der Hand geht. Es sind diese Kernmerkmale der Professionalität, die Passagiere, Klienten oder Patienten als so beruhigend und entlastend erleben und schätzen. Zuschauer bewundern sie und Controller bauen darauf.

Die Psycho-Logik der Routine beruht darauf, dass sich Anforderungen deshalb schnell, sicher, leicht, wirksam und situationsgerecht bewältigen lassen, weil bewusstes Bewerten weitgehend entfällt und man auf lange eingeübte Programme zweckmäßiger Handlungsmuster zugreifen kann.

Etwas mit stabiler und optimierter Routine schlafwandlerisch sicher und wirksam zu beherrschen hat seine Vorteile. Auf Dauer ergeben sich aber auch negative Konsequenzen daraus, gewissermaßen als Preis für die damit einhergehende Entlastung. Nicht umsonst würde wohl niemand ernsthaft den Wunsch äußern, in seinem Beruf oder wo auch immer nur noch Routiniertes abspulen zu dürfen.

1.3.1 Routine ist mitunter problematisch

Routine kann gefährlich sein

Schon bei dem Gedanken an ständige Routine gähnt man vor Langeweile, zu oft schon hat man Routine als monoton oder psychisch sättigend, öde oder ärgerlich lästig erlebt. In der Regel verfliegen diese unangenehmen Emotionen, sowie sich die Anforderungen und/oder die Umgebung verändern. Fehlt dieser Wechsel, stellt sich eine psychische Ermüdung ein, die die Wachsamkeit herabsetzt und die Funktionstüchtigkeit erheblich beeinträchtigt, je nach Intensität, Dauer und Verlauf der vorangegangenen Beanspruchung. Diese Form der psychischen Ermüdung kennen wir nicht nur als Begleiterscheinung nächtlicher Autofahrten bei geringem Verkehrsaufkommen, sie beeinträchtigt auch professionelles Verhalten, manchmal mit tödlicher Konsequenz.

 TÖDLICHE ROUTINE

Vor Jahren erhielt ich von einem Fallschirmjäger-General eine Anfrage zum sogenannten Cut-away-failure bei Freifallern der Bundeswehr. Das sind Soldaten, die aus circa 4.000 Metern Höhe mit dem Fallschirm abspringen müssen. Dazu haben sie einen Haupt- und einen Reserveschirm, der dann zum Einsatz kommt, wenn der Hauptschirm versagt. Um den Reserveschirm öffnen zu können, muss zuvor der nicht oder nur teilweise geöffnete Hauptschirm abgetrennt werden (cut away). Weil sie den Hauptschirm nicht abtrennten (Cut-away-failure), verunglückten regelmäßig Springer,

obwohl die meisten von ihnen über die Erfahrung aus mehreren Tausend Sprüngen verfügten.
Für dieses fatale Fehlverhalten gibt es eine ganze Reihe von Erklärungen. Eine von ihnen bezieht den überraschend großen Anteil sehr Sprungerfahrener an den Verunfallten mit ein: Weil sie über Jahre fehlerfreier Sprungroutine verfügten, tappten sie womöglich in die Falle der herabgesetzten Wachsamkeit. Gerade weil sie ungewöhnlich routiniert operierten, war das Versagen des Hauptschirms ein so seltenes Ereignis für sie, dass sie damit aus der Routine kippten.

Routine hemmt oft Entwicklung

Routine ist aber nicht nur gefährlich. Sie kann unsere Entwicklung auch behindern, weil sie uns in eingefahrenen Mustern festhält. Solche Muster erleben wir als Komfortzone, deshalb wiegen wir uns in dem Glauben, wir könnten uns den Blick darüber hinaus ersparen. Es fordert nichts, aber es fördert dann auch nichts mehr. Nicht umsonst haben sich traditionelle Institutionen, Behörden, Industrieunternehmen, Gewerkschaften oder politische Parteien mit dem Vorwurf des Erstarrens in Routine und dem damit einhergehenden Verlust an Flexibilität auseinanderzusetzen.

Aber auch Menschen können in körperlicher wie in mentaler Routine vor sich hin degenerieren. Wer etwa körperlich nur so viel Aktivität an den Tag legt, wie er ohne Anstrengung, also routiniert, zu bewältigen vermag, unterfordert sich, baut damit seine Fitness dramatisch ab und im Gegenzug Fettdepots auf. Man altert und erschlafft nicht zwangsläufig mit den Jahren, sondern man wird alt und schlaff, weil man sich nicht einmal mehr im Rahmen seiner Möglichkeiten fordert, sondern lieber bequem in seiner Komfortzone verharrt. Weil man die eigenen Fähigkeiten nicht mehr nutzt, erscheint das Leben monoton. Irgendwann vermag man dann, obwohl man gut sieht, nur noch Zeitschriften mit ganz großen Buchstaben und vielen Bildern zu lesen und kommt schon beim Zähneputzen aus der Puste, weil man in einer Art Unterforderungsfalle festsitzt. Trotz dieser Nachteile bleibt allerdings unbestritten: Routine lässt sicher, schnell und wirksam ökonomisch mit hoher Vorhersagegenauigkeit handeln.

Routine kann misslingen, auch Top-Leistern

Gelegentlich stürzen auch Routinierte aus allen Wolken routinierter Komfortzonen. Auslöser dafür sind oft äußere Ereignisse: eine folgenschwere ärztliche Diagnose zum Beispiel, der Verlust eines nahestehenden Menschen oder berufliche Veränderungen, zum Beispiel wenn einem die Arbeit über den Kopf wächst und die Anforderungen immer unklarer und komplizierter werden. Darüber hinaus bleibt keinem Top-Leister die Erfahrung erspart: Etwas routiniert zu können und etwas *dann* zu können, wenn es darauf ankommt, sind offensichtlich zwei Paar Schuhe. Immer wieder erleben sie Situationen, in denen es mit der Routine ein Ende hat. Schauspielern, Künstlern und Musikern spielt dann das Lampenfieber einen Streich. Auch Elfmeterschützen können gelegentlich die Nerven durchgehen, anders lässt sich schwer erklären, warum zum Beispiel die niederländische Fußballnationalmannschaft, eine der richtig guten, bei der EM 2002 sieben Elfmeterversuche benötigte, um zwei Tore zu erzielen. Anscheinend kann man, obwohl man eine Routine „eigentlich" beherrscht, förmlich daraus herauskippen. Vor diesem Problem stehen nicht nur Künstler und Fußballstars.

1.3.2 Die Psycho-Logik des Misslingens von Routine

Plötzlich ist eine Hemmschwelle da

Jeder Alltag, beruflich wie privat, ist reich an Beispielen, wie Routinesituationen kippen. Wer schon einmal für eine Videoaufnahme zu agieren oder in das Mikrofon eines Massenmediums zu sprechen hatte, kennt dieses Erlebnis. Einen Eindruck davon liefert der folgende

Ausschnitt aus dem Brief eines Unternehmers, der mich um Rat fragte: „Ich bin ein kontaktfreudiger Mensch und setze mich auch gerne mal in Szene. Trotzdem bringt mich nichts so aus dem Konzept, wie vor einer Gruppe fremder Menschen zu sprechen. In meiner vertrauten Umgebung, zum Beispiel vor Mitarbeitern oder Freunden, ist es kein Problem, denn ich weiß, wen ich vor mir habe. Sind es aber Fremde, ist plötzlich eine Hemmschwelle da, und ich bin nicht einmal mehr annähernd so gut, locker und sicher wie sonst." Ähnlich erging es einem routinierten und erfahrenen Orchestermusiker, einem Bratschisten, der beim Vorspielen für eine neue Stelle, und nur da, „vor lauter Aufregung", wie er sagte, dermaßen mit der Bogenhand zu zittern begann, dass sein Vorspiel regelmäßig zum Fiasko geriet. Im Sport spricht man in diesem Zusammenhang vom Phänomen des Trainingsweltmeisters, der im Training alles kann, aber dann, wenn es darauf ankommt, unter „ferner liefen ..." rangiert.

Solche Situationen sind für die Betroffenen schon deshalb nervig, weil sie die Routinen und Handlungsmuster ja beherrschen und tausendmal praktiziert haben. Deshalb müssten sie eigentlich nur tun, was sie immer getan haben. Stattdessen fallen sie in ihrem Leistungsniveau so sehr ab, dass sie nur noch ein Schatten ihrer selbst sind. Hobbygolfern ergeht es so beim „richtigen" Abschlag nach den Probeschwüngen, Tennisspielern beim Forderungsspiel nach dem Einschlagen, wenn der Schiedsrichter seinen Sitz einnimmt, aber auch Rednern, wenn sie nach längerer Zeitverzögerung vor ihre Zuhörer treten. Plötzlich fallen viele förmlich aus den Schienen der tausendmal bewährten Routinen und können nur noch mit erheblichem mentalem Aufwand „Normalform" zeigen.

Alte, starre Bewertungsmuster

In Situationen dieser Art scheint man in ein altes Bewertungsmuster zu kippen, das weder entlastend noch unterstützend wirkt, sondern ein eingefahrenes und obendrein hektisch-nervöses Verhalten auslöst, das einen nicht weiterbringt. Jeder kennt den Klassiker, wenn man im Termindruck auf einer stark frequentierten Landstraße versucht, Zeit zu gewinnen. Man überholt, wie von allen guten Geistern verlassen – nur um an der nächsten Ampel den „niedergerungenen" Tanklaster im Rückspiegel formatfüllend wieder begrüßen zu können. Man hat sich eines starren und wenig flexiblen Musters aus dem eigenen Handlungsvorrat bedient: Überholen, um Zeit zu gewinnen, obwohl dieses Verhalten auf überfüllten Straßen heute nur noch selten zum Erfolg führt. Auch das Einparken vor dem voll besetzten Straßencafé wird für viele zur Stressfalle, weil sie mehr mit ihrem Eindruck auf die Zuschauer als mit dem Einparken befasst sind. Leider sind solche Muster stabil genug, dass wir ihnen immer wieder zum Opfer fallen, ganz gleich, wie sehr wir uns hinterher darüber ärgern („Wie konnte ich so einen Blödsinn machen?").

Scheinbar bewährte Bewertungsmuster

Gelegentlich kommt es vor, dass man beim Kippen aus der Routine auf Bewertungs- und Handlungsmuster zugreift, die in einem anderen Zusammenhang durchaus bewährt sind, aber in der konkreten Situation unpassend. Wenn man sich mit Betroffenen über solche missratenen Situationen unterhält, berichten sie regelmäßig von einem ausgeprägten Stresserleben davor und einem hohen Regenerationsbedarf danach: „Jetzt muss ich mich erst mal erholen ..., will für mich sein ..., darüber hinwegkommen ..., damit fertigwerden." Küchenpsychologen erklären solche „Aussetzer" bevorzugt mit Übermotivation, Zu-viel-gewollt-Haben oder Verkrampfung, Schulmediziner sind schnell mit dem Standardsatz bei der Hand: „Es ist eigentlich alles in Ordnung bei Ihnen, es sind nur die Nerven." – Nur die Nerven. Aber was steckt wirklich dahinter? Was ist passiert, wo sich doch in den meisten Fällen körperliche oder Umfeldbedingungen kaum verändert haben?

1.4 Selbstgespräche – die ganz individuelle Stellungnahme

Das Kippen aus einer Routine in eine Stress- oder Überforderungssituation geht immer mit bewertenden Gedanken in der Form von Selbstgesprächen einher. Sie wirken in aller Regel negativ und defizitorientiert: niederschmetternd wie Keulen, beklemmend wie Schraubstöcke, tödlich wie Guillotinen. Selbstkritisch begleiten sie das, was man vorhat oder soeben in die Tat umsetzt.

ANDRÉ AGASSI

„Als ich den Lob über ihn hinweg gespielt hatte, ging ich ans Netz, und ich sagte mir: ‚Warum machst du das eigentlich? Du willst doch gar keinen Volley spielen' – Mist, es wird schon irgendwie gehen. Dann machte er (der Gegner) diesen Schlag zwischen seinen Beinen. Als mein Volley den Schläger verließ, sagte ich mir: ‚Ich hab's dir gesagt, du Idiot!' Und als er den Ball erlief: ‚Du hast es nicht besser verdient.'" (Der Tennisprofi André Agassi über einen spektakulären Ballwechsel, bei dem sein Gegner einen Volley mit dem Rücken zum Netz mit einem Schlag zwischen den Beinen retournierte. Quelle: *Süddeutsche Zeitung* vom 8. September 2003, S. 31.)

Auslöser sind individuelle Stellungnahmen zu einer Situation vor dem Hintergrund der inneren Landschaft von eigenen Erfahrungen, Erwartungen und Vorstellungen: „Was kommt da auf mich zu? Ist das schädigend, erfreulich, bedrohlich, unangenehm, positiv?" Mit diesen zu und mit sich selbst gesprochenen Gedanken versucht man, eine erlebte Balancestörung, gewissermaßen die Vertreibung aus dem Paradies der Komfortzone Routine, besser zu verarbeiten, mit unterschiedlichem Erfolg. Selbstgespräche begleiten zum Beispiel bevorstehende ärztliche Diagnosen, Krankenhausaufenthalte, Bewerbungen, Prüfungen, Bankgespräche, Steuerprüfungen oder Sportsituationen.

Der wichtigste Gesprächspartner

Wer Selbstgespräche als geistigen Durchfall Verstörter einordnet, irrt: Man selbst ist sich der wichtigste und häufigste Gesprächspartner. Mit niemandem redet man mehr, ein Leben lang. Gelegentlich sogar im Schlaf. Weder durch Scheidung noch durch Entlassung kann man sich dieser Tatsache entziehen. Natürlich redet niemand permanent mit sich selbst, weil sich die meisten Anforderungen in der Regel gut, geradezu komfortabel bewältigen lassen, nicht selten sogar nebenher, mit Routine eben, und dabei gibt es einfach nicht viel mit sich zu reden. Sobald sich aber die Anforderungen ändern, einem mehr abverlangen oder sogar Probleme bereiten, signalisieren Selbstgespräche, dass man aus der Routine kippt oder dass routinierte Abläufe gestört sind. Das beansprucht und fordert, mal mehr, mal weniger.

Im Allgemeinen sind Selbstgespräche nicht hörbar. Wenn andere überhaupt etwas davon mitbekommen, dann lediglich über die begleitende Mimik, Gestik oder Körpersprache. „Was denkst du gerade?", fragt der Partner, die Partnerin ebenso besorgt wie interessiert, um mit der Standardantwort: „Ach, nichts!", beruhigt zu werden. Manchmal dagegen sind die Selbstgespräche unüberhörbar: beim Schimpfen und Fluchen. Sie sind ein klares Zeichen dafür, dass jemand aus einer routinierten Komfortlage in eine dramatische Zwangslage gekippt ist, zum Beispiel weil er mit dem Hammer den Nagel getroffen hat – leider den des eigenen Daumens. Die Heftigkeit des Selbstgesprächs spiegelt eins zu eins die Intensität der erlebten Beanspruchung, die sich akustisch Bahn bricht. Das passiert zum Beispiel gern dann, wenn man unter Zeitdruck im Auto zu einem wichtigen Termin einen Weg fährt, den man kennt wie seine Westentasche, und sich, weil man sich seiner Sache ja so sicher ist, mit allem befasst, nur eben nicht mit diesem Weg – und eben deshalb an der richtigen Abfahrt vorbeirauscht. Bis man den Fehler bemerkt, ist alles in komfortabler Ordnung. Sowie man ihn aber wahrnimmt, rutscht den meisten als eine Art von Soforthilfe das meistverbreitete Selbstgespräch der deutschen Sprache über die Lippen. Es ist ein emotionsgeladener Einwortsatz, meist halblaut, gleichwohl ausdrucksstark. Er beginnt in der Regel mit den Buchstaben S, c und h.

Erschwerend kommt hinzu, dass Selbstgespräche nicht nur rückblickend („Welche Erfahrungen habe ich von früher?") kommentieren, sondern auch als Auslöser („Wenn das gleich eintreten wird ...!") und Begleiter („Was geschieht da gerade?") mentaler Beanspruchung wirksam sind. Reihenfolge und Gewichtung dieser drei Perspektiven können je nach erlebter Anforderung und Situation wechseln und damit die Art und Weise verändern, wie man an sie heran- oder damit umgeht.

1.5 Bewerten von Anforderungen – Top-Leistung oder Stress

An unseren Selbstgesprächen lässt sich ablesen, dass wir uns tagaus, tagein bewertend durch die Welt bewegen. Ununterbrochen schätzen wir ab: Menschen als sympathisch – unsympathisch, Atmosphären als angenehm – unangenehm, Folgen als positiv – negativ, Situationen als bedrohlich – herausfordernd, Geschenke als liebevoll – lieblos verpackt, Partys als langweilig – toll. Abstufungen in allen Schattierungen sind möglich. Dieses permanente Bewerten rückt Situationen immer wieder in ein neues Licht. Deshalb bleibt es nicht aus, dass unsere Einschätzung uns gelegentlich aus dem angenehmen Gefühl reißt, alles im Griff zu haben, und mentale Beanspruchungen jenseits der Routine hervorruft. Stress und Panik können die Folge sein, denn mehr oder weniger ausgeprägtes Bewerten geht in der Regel auch mit einer veränderten Gefühlslage einher: von freudiger Erwartung bis zur strahlenden Erleichterung, von Freudentränen bis zum Freudentaumel, vom leichten Kribbeln im Bauch bis zum totalen Blackout infolge von Schreck und akuter Furcht. Wie man je nach Bewertung einer anstehenden Anforderung entweder Bedrohung oder Herausforderung erleben kann, verdeutlicht Tabelle 1.

Wer eine Top-Leistung erbringen will, muss sich Anforderungen zwangsläufig häufiger als Herausforderungen stellen als der stets bedroht wirkende, gestresste Zauderer.

Abbildung 1 Bedrohung oder Herausforderung ist eine Frage der Bewertung

Anforderung	Bedrohung	Herausforderung
	„Ich sehe ein (großes) Problem!"	„Ich sehe eine (Riesen-) Chance!"
Wie man sich selbst wahrnimmt	„Mit meinen Schwächen schaffe ich das nie!"	„Ich setze meine Stärken ein, dann werden wir ja sehen!"
Perspektive	„Welche (negativen) Konsequenzen werden sich für mich ergeben, wenn ich es nicht schaffe?"	„Was kann ich gewinnen, welche Kompetenzen kann ich erweitern?"

1.6 Die Psycho-Logik von Top-Leistern: Unterstützende Gedanken als Magnete

So, wie Routine dabei hilft, eine Situation oder Anforderung schnell, sicher, leicht und wirksam zu bewältigen, kann das Bewerten einer Anforderung zum Misserfolg führen – und zwar ebenfalls schnell, sicher, leicht und wirksam, aber eben *nicht* situations- und anforderungsgerecht: „Plötzlich war die Hemmschwelle da ..." Bewertungen lenken Gedanken dann auf unzweckmäßige bewältigungshemmende Programme: die möglichen Schwierigkeiten der Anforderung, die Ansprüche anderer, die möglichen Konsequenzen des Scheiterns oder Gelingens. Wie Magnete bewegen solche störenden Gedanken von der Bahn des situations- und anforderungsgerechten Bewertens und Handelns weg. Das mentale Gleichgewicht gerät aus der Balance oder kann gar nicht erst entstehen, weil sich Abschätzungen und Bewertungen in kaum überschaubarer Vielfalt und Dichte in die routinierte

"Bewusstlosigkeit" eingefahrener Denk- und Handlungsprogramme einschalten. In diesem Moment greifen viele routiniert auf seit Jahren eingespielte Programme zu: schnell, sicher, leicht und wirksam – nur leider eben auf ein gerade unpassendes, wenn nicht gar misslingendes Programm.

Was Top-Leister können

Eine Alternative dazu bietet sich, wenn man sich von seinen unterstützenden Gedanken wie von Magneten ziehen lässt – aber Herr oder Frau der Lage bleibt. Das heißt: Man reguliert seine Gedanken so, dass sie hinziehen zu inneren Bildern, die Zuversicht und Überzeugung von sich und dem eigenen Können unterstützen und so ein wirksames inneres Programm stabilisieren, um beispielsweise eine Anforderung als Herausforderung annehmen zu können. Diese Richtung beansprucht zwar auch, öffnet aber anstrebenswerte Perspektiven. Der beim Vorspielen versagende Bratschist zum Beispiel muss sich auf sein Spiel, seine Freude an der Musik, seine „Botschaft" und seine Handlungsroutinen besinnen. Wenn er dann sein Bestes zulässt, hat er eine Chance, anders wird er sie kaum bekommen.

Bei diesen Überlegungen wird auch deutlich, warum Routine in der Regel als so angenehm erlebt wird: Wer routiniert handeln kann, dem bleibt das Hin und Her und Auf und Ab im Kopf erspart, es stellen sich kaum vorauslaufende, begleitende und nachlaufende Gedanken ein. Alles läuft „wie von allein". Bewertende Gedanken reduzieren sich auf ein Minimum. Kippt man allerdings aus der Routine, erst recht im entscheidenden Moment, wenn es um Sieg oder Niederlage, Erfolg oder Misserfolg geht, geraten die Gedanken nicht selten außer Kontrolle. Der Kampf beginnt, den „Kopf frei" zu bekommen und sich frei zu machen von der magnetischen Kraft destruktiver hin zu unterstützenden Gedanken und Vorstellungen. Das können Top-Leister.

1.6.1 Man bewertet Anforderungen, Ansprüche und Konsequenzen

In den meisten Fällen sind es drei Richtungen, in die Gedanken wie Magnete ziehen:

- die Schwierigkeit der gestellten **Anforderungen**,
- eigene und fremde **Ansprüche**,
- **Konsequenzen** dessen, was man tut.

Damit entsteht eine mentale Beanspruchung: Gedanken und Gefühle werden als Ressourcen fürs Gelingen gebunden und lenken von dem ab, was jetzt zu tun ist. Die Reihenfolge, sich über Anforderungen, Ansprüche und Konsequenzen Gedanken zu machen, kann genauso variieren wie deren Gewichtung. So kann etwa eine erhebliche mentale Belastung daraus erwachsen, dass lediglich der Zeitpunkt der Anforderung offen ist. Wer beispielsweise einen Auftritt, sei es eine Rede, eine Präsentation, eine Vorladung oder eine Verhandlung, als schwierig, das heißt als jenseits der Routine antizipiert, beschäftigt sich in Gedanken damit, gelegentlich auch nachts, bis hin zur Schlafstörung. Diese Gedanken kreisen mit hoher Wahrscheinlichkeit um Anforderungen, Ansprüche und Konsequenzen oder wenigstens eines davon.

Anforderungen

Beim Gedanken an schwierige, als bedeutsam empfundene Anforderungen regen sich bei vielen **Zweifel**, ob die Routinen, also die verfügbaren Handlungsmuster, weiterhelfen werden. Top-Leister überwinden solche Zweifel durch Zuversicht und Überzeugung in ihr Können. Hinzu kommt ein Gefühl der hohen **Eigenverantwortlichkeit**. Zusätzlich wird die Anforderung oft als **zeitnah** und **nicht wiederholbar** erlebt.

Durch den Einsatz „selbst gestrickter", naiver Bewältigungsstrategien versuchen viele, die Anforderungen schönzureden („Nichts wird so heiß gegessen, wie es gekocht wurde"). Die verunsichernden Gedanken werden negiert, verniedlicht, relativiert oder ignoriert. Manche rechnen sich auch eine Wiederholungschance aus und versuchen so, die eigene Verantwortlichkeit herunterzuspielen. Alternativen zu solchen Bewertungsmustern öffnen sich für Top-Leister über das mentale Aufbauen einer Herausforderungssituation, wie in Tabelle 1 skizziert.

Ansprüche

Die Gedanken kreisen aber nicht nur um die gestellten Anforderungen, sondern auch um die vermeintlichen oder tatsächlichen Ansprüche und sozialen Erwartungen an die eigene, jetzt geforderte Leistung. Damit wird die mentale Beanspruchung zusätzlich gesteigert. Häufig kommen solche Ansprüche und Erwartungen von Eltern, Chefs, Unternehmen, Kunden, der Öffentlichkeit, Aufsichtsräten und nicht zuletzt der eigenen Person. In der Regel fühlt man gleich von mehreren Seiten her den Druck, Lösungen zu erreichen, die einem hohen, möglichst perfekten Anspruchsniveau jenseits der Routine entsprechen. Darüber hinaus soll die Leistung zeitgerecht, also weder zu früh noch zu spät, erbracht werden, eben dann, wenn es darauf ankommt. Leider genügt es oft nicht, besonders im beruflichen Kontext, seine Leistung dann zu erbringen, wenn es einem selbst „passt", weil man gerade „gut drauf" ist oder gerade Lust und Zeit hat. Gefragt sind Top-Leister, die hier und jetzt, *hic Rhodus, hic salta*, ohne Wenn und Aber Leistungen erbringen, die von anderen oder den Umständen, also von außen, gefordert werden. Je bedeutsamer man die eigenen Erwartungen, aber natürlich auch die anderer einschätzt, umso ausgeprägtere Symptome mentaler Beanspruchung wird man in solchen Szenarien erleben.

Konsequenzen

Je gründlicher man über die Konsequenzen nachdenkt, je mehr man sich fragt: „Was passiert, wenn ...?", desto mehr steigt die Ungewissheit, ob sich die in einer Situation gestellten Anforderungen überhaupt bewältigen lassen. Die Gedanken kreisen um die materiellen, physischen, sozialen und/oder psychischen Konsequenzen und Folgen, besonders im Falle des Misslingens. Dabei übersehen viele, dass auch vorweggenommene positiv erscheinende Folgen eine erhebliche mentale Beanspruchung bedeuten können. Nur wer einsieht, dass sich die Zukunft nicht vorhersagen lässt, findet die mentale Basis, eine Anforderung persönlich gut aufgestellt annehmen zu können. Gleichwohl investieren wir oft unverhältnismäßig viel Energie in Zukunftsszenarien. Ein ebenso bedrückender wie beeindruckender Beleg für die Fehlbarkeit alltäglicher Prognosen war der 11. September 2001 in New York. Die Opfer im World Trade Center stellten sich den Tag am Morgen sicher anders vor. Nur Terrorismusexperten und Analysten scheinen die Zukunft vorhersagen zu können, allerdings erst im Rückblick.

Um die mentale Beanspruchung auf ein förderliches Maß zu regulieren, muss an der Bewertung und Abschätzung von Anforderungen und Situationen so gearbeitet werden, dass man zu einer konstruktiven Bewältigungsstrategie finden kann. Denn wenn Bewertung mentale Beanspruchung auslöst, dann kann sie uns auch dabei unterstützen, sie zu bewältigen. Genau das kennzeichnet die Herangehensweise von Top-Leistern an schwierige Anforderungen.

1.6.2 Nicht oder anders bewerten?

Handeln ohne Bewerten – Routine, Flow, Automatismen, Gewohnheiten

Glücklicherweise gibt es eine Reihe von Situationen, in denen unser Hang zum Bewerten weitgehend zurücktritt oder ganz aussetzt. In solchen Momenten gelingt es, die perfekte Synergie reflexionsfrei zu erleben, also ohne Nachdenken oder gar Bewerten. Eine dieser Situationen bezeichnete der Kreativitätsforscher Csikszentmihalyi als Flow. Flow tritt zum Beispiel beim Sport, beim Musizieren, Bergsteigen oder beim chirurgischen Operieren auf.

> **KOMPONENTEN DES FLOW-ERLEBENS**
>
> - Fähigkeit und Anforderung passen zusammen. Man fühlt sich optimal beansprucht und hat trotz hoher Anforderung das sichere Gefühl, das Geschehen noch unter Kontrolle zu haben.
> - Handlungsanforderungen und Rückmeldung werden als klar und interpretationsfrei erlebt, sodass man jederzeit und ohne nachzudenken weiß, was jetzt richtig zu tun ist.
> - Der Handlungsablauf wird als glatt erlebt. Ein Schritt geht flüssig in den nächsten über, als liefe das Geschehen gleitend wie aus einer inneren Logik. (Aus dieser Komponente rührt wohl die Bezeichnung „Flow".)
> - Man muss sich nicht willentlich konzentrieren, vielmehr kommt die Konzentration wie von selbst, ähnlich wie die Atmung. Es kommt zur Ausblendung aller Kognitionen, die nicht unmittelbar auf die jetzige Ausführungsregulation gerichtet sind.
> - Das Zeiterleben ist stark beeinträchtigt; man vergisst die Zeit und weiß nicht, wie lange man schon dabei ist. Stunden vergehen wie Minuten.
> - Man erlebt sich selbst nicht mehr als abgehoben von der Tätigkeit, man geht vielmehr gänzlich in der eigenen Aktivität auf („Verschmelzen" von Selbst und Tätigkeit). Es kommt zum Verlust von Reflexivität und Selbstbewusstheit (zusammengefasst nach Czikszentmihalyi 1975).

Außer im Flow erleben wir noch andere Situationen, in denen das Bewerten von Anforderungen, Ansprüchen und Konsequenzen allenfalls eine untergeordnete Rolle spielt:

- Automatisierte Handlungen und Routine, wie im Kapitel 1.2 beschrieben.
- Als angenehme emotionale Ausnahmesituationen erlebt man Verliebtsein und guten Sex. Blinde Wut, Hass oder auch Trauer und Panik dagegen eröffnen eine ganz andere Welt; aber auch hier tritt das Bewerten in einem Maße zurück, dass das Strafgesetzbuch Menschen, die in solchen Situationen straffällig geworden sind, mildernde Umstände zubilligen kann.
- Auch Gewohnheiten, über Jahre „gewachsene" Handlungsmuster, können einen fast schon wider besseres Wissen dominieren. Wer tägliches Duschen gewohnt ist, muss nur versuchen, darauf einmal ein paar Tage zu verzichten, um die Macht einer Gewohnheit zu erleben.

Leider sind bewertungsfreie „Ausnahmesituationen" nur bedingt regulierbar. Sie kommen sozusagen über einen. Das gilt erst recht für emotionale Ausnahmesituationen. Automatisierte Routinen haben im Gegensatz dazu den Vorteil, abrufbar und kontrollierbar zu sein. Sie kommen also nicht über einen, sondern sind abrufbar, vorausgesetzt, sie wurden jahrelang intensiv erarbeitet, trainiert oder eingeübt, in der Regel durch Erziehung. Routinen ergeben sich demnach aus einer Eigenleistung. Verfügen kann darüber nur, wer zuvor investiert und mental trainiert hat.

Anders bewerten

Wenn Bewertungen mentale Beanspruchung einerseits und extreme Gefühlslagen zwischen Panik und Freudentaumel andererseits auszulösen vermögen, drängt sich die Lösung geradezu auf: Man ändert die Bewertungen und entledigt sich auf diese Weise einerseits jeglicher übermäßigen mentalen Beanspruchung, und könnte damit andererseits erfolgszuversichtliches, situations- und anforderungsgerechtes Handeln unterstützen! Das hätte Perspektive. Leider hat die Sache einen Haken: Bewertungen lassen sich nicht einfach so ändern, dazu bedarf es in aller Regel eines systematischen Trainings. Wem solches Training zu aufwendig und beschwerlich scheint, dem bietet der Buchmarkt erstaunlich vielfältige Alternativen. Die Botschaften reichen von „Sorge dich nicht, lebe!" über „Bleib einfach locker!" bis zu „Du schaffst es!", „Stell dir vor, du wärst ein Adler!", „Was du dir vorstellen kannst, wirst du erreichen!", „Denke dich reich!" und so weiter, und so weiter. Auch Hausärzte, deren Patienten über Schlafstörungen klagen, helfen gern per Rezept (alles natürlich und ohne Nebenwirkungen) und mit dem Ratschlag, gelassener mit den Dingen umzugehen, kürzerzutreten und nicht alles so ernst zu nehmen. All diese Ansätze haben eines gemeinsam: Sie raten, empfehlen, fordern oder lehren, oft mit erhobenem Zeigefinger, Bewertungen zu ändern oder sich jeder Bewertung zu enthalten.

Damit gewinnt die Antwort auf die Frage, *wie* wir zu unseren Bewertungen kommen, zentrale Bedeutung. Wenn wir begreifen, wie Bewertungen entstehen, können wir sie auch ändern. Mit diesem Wissen können wir mentale Beanspruchung radikal an der Wurzel packen: an unseren Vorstellungen.

1.6.3 Das Ziel von Top-Leistern: Anforderungen konstruktiv bewerten

Das Bewerten von Anforderungen und damit auch das Auslösen mentaler Beanspruchung erfolgt immer in Bezug auf Maßstäbe, als solche Maßstäbe gelten unsere Vorstellungen. Sie sind die innere, die mentale Repräsentation, so etwas wie unser Bild von Menschen, Dingen, Situationen, ja der Welt, in der wir leben. Sie haben die Funktion von Landkarten, mentalen Landkarten, an denen und mit deren Hilfe wir uns orientieren. Letztlich wirken Vorstellungen als Prüf- und Führungsgrößen unseres Handelns, das wir nicht nur daran überprüfen, sondern auch darauf bezogen ausführen.

Vorstellungen prägen nicht nur ganz Alltägliches, etwa, wie man seine Wohnung einrichtet, sondern sie sind auch für die Entwicklung von Leistungen jenseits der Routine fundamental wichtig. Weil sich die Welt und damit die Anforderungen und Maßstäbe permanent ändern, können Experten sich erst dann zu Leistungsträgern entwickeln, wenn sie immer wieder aufs Neue überkommene Vorstellungsroutinen überwinden und durch zweckmäßigere ersetzen.

Durch Mentales Training ist es möglich, Vorstellungen zu verändern und damit wirksame wie konstruktive Handlungsmöglichkeiten für Anforderungen jenseits der Routine zu begründen und zu konzipieren, weil man damit eine mentale Basis für das Gelingen legen kann, bei der Vorstellungen zu hilfreichen Landkarten als Basis für unterstützende mentale Navigationssysteme werden. Denn wer erfolgszuversichtlich handeln will, braucht dafür die passenden Landkarten. Navigationssysteme wiederum programmiert man auf der Basis solcher innerer Landkarten.

Das Können von Top-Leistern basiert mit diesem Weg auf ganz bewusstem, konstruktivem Bewerten der gestellten Anforderungen. Anforderungen können dann unter dem bewussten Zugriff auf zweckmäßige Vorstellungen im Sinne von mentalen Landkarten schnell, sicher, leicht, wirksam sowie situations- und anforderungsgerecht bewältigt werden. Die Gedanken lenken sich dann auf eine wirksame Bewältigungsstrategie. Solche Bewältigungsstrategien entstehen nicht dank lauer Tipps und flockiger Tricks wie: „Du schaffst es, sorge dich nicht, du musst nur wollen." Sie wollen durch systematisches Mentales Training erarbeitet werden.

Wer als Top-Leister gut sein will, wenn's drauf ankommt, kann mit Mentalem Training Vorstellungen als Voraussetzung für erfolgszuversichtliches Bewerten und Handeln entwickeln. Solche Vorstellungen wirken wie innere Landkarten, auf deren Grundlage sich dann wiederum mentale Navigationssysteme programmieren lassen, die Top-Leistungen jenseits der Routine unterstützen und stabilisieren.

Am Beispiel des Flugkapitäns Chesley B. Sullenberger, der sein havariertes Flugzeug mit 155 Insassen sicher im New Yorker Hudson River landete, lassen sich, glaube ich, die bis jetzt ausgeführten Gedanken recht gut veranschaulichen.

1.7 Top-Leistung: Flug 1549 – Landung auf dem Hudson River

Die Notwasserung auf dem Hudson River, die Chesley B. Sullenberger am 15. Januar 2009 mit Flug 1549 kurz nach dem Start vom New Yorker Flughafen LaGuardia hinlegte, war in jeder Hinsicht ungewöhnlich. Sie machte aus einem Linienpiloten, der Flug und Flugplan mit Routine abarbeitete, einen Helden und Lebensretter, mit einem auf ewig gesicherten Ehrenplatz in der Ruhmeshalle der Luftfahrtgeschichte. Dieser Flug mit seiner erzwungenen Landung mitten auf einem Fluss in New York ist im Rahmen dieses Buches *das* Paradebeispiel für eine Top-Leistung, erbracht, als es darauf ankam. Es liegt mir fern, außer den mentalen alle anderen Bedingungen auszublenden, besonders auch das Glück, das allen Beteiligten hold war. Doch alle Leistungen sind einer Vielzahl von Bedingungen und Wirkfaktoren geschuldet, eben auch mentalen. Und ich will in der folgenden Analyse die mentale Landschaft des Top-Leisters Chesley B. Sullenberger vom Start bis zur Landung in wichtigen Punkten nachzeichnen, um daraus einige Zusammenhänge und Lernansätze für Top-Leister abzuleiten.

Die Bilder gingen um die Welt, die Jahresrückblicke 2009 brachten sie als Aufmacher: Ein mit 155 Personen an Bord voll besetztes Flugzeug landete mitten im New Yorker Hudson River, nachmittags, zur besten Geschäftszeit. Flugzeug: Totalschaden, Personenschäden: keine.

Ohne Frage gehört es zur professionellen Kernkompetenz jedes Piloten, sein Flugzeug zu starten und letztendlich sicher zu landen. Jeder Berufspilot bucht das im Rahmen der üblichen Bedingungen unter dem Stichwort „Routine". Jahrelang in Flugsimulatoren trainierte und deshalb leicht abrufbare Handlungen gelten als so etwas wie das Markenzeichen jedes Profis und Top-Leisters auch im Cockpit: Präzisionsleistungen auf Abruf. Selbst eine Wasserlandung oder die Landung eines Flugzeugs mit entsprechenden Konstruktionsmerkmalen auf dem viel zitierten Stoppelacker stellen einen trainierten Piloten kaum vor ungewöhnliche Anforderungen, wie Buschpiloten tagtäglich demonstrieren.

Beim Flug 1549 allerdings lagen die Dinge etwas anders. Wasserlandungen mit normalen Passagierflugzeugen gelten unter Piloten als nicht sonderlich erfolgversprechend, um nicht zu sagen, man fürchtet katastrophale Ereignisse. Nicht umsonst berichtete der Fluglotse, mit dem Sullenberger seine Landung im Fluss realisierte, später, dass er währenddessen das Bild des Flugzeugs vor Augen gehabt habe, das 1996 bei einer versuchten Notwasserung im Indischen Ozean zerschellt war. 125 von 175 Passagieren fanden damals den Tod.

Der Start

„Die Startphase war abgeschlossen", schreibt Flugkapitän Sullenberger über den Flug, der sein Leben verändern sollte, „und wir gingen in die Steigphase über, indem wir die Klappen einzogen. Für das Abheben werden die Klappen gebraucht, aber beim Steigflug wären sie unnötiger Luftwiderstand ... und wir begannen mit der Beschleunigung auf 460 Stundenkilometer. Wir stiegen und beschleunigten weiter. Die atemberaubend schöne Skyline von New York kam ins Blickfeld. Bis hierher war alles reine Routine gewesen."[1] Und mit einem Schlag sollte diese Routine in eine hochdramatische Folge von Ereig-

---

1   Die zitierten Passagen stammen aus Chesley B. Sullenberger: *Man muss kein Held sein. Auf welche Werte es im Leben ankommt*

1.7 Top-Leistung: Flug 1549 – Landung auf dem Hudson River 37

nissen kippen, als das Flugzeug in einen Schwarm Wildgänse hineinschoss. „Der Airbus A 320 hat große Cockpitfenster. Vor uns sah ich überall Vögel. Sie füllten die ganze Windschutzscheibe aus. Es wirkte wie eine Szene aus dem Hitchcock-Film *Die Vögel*." Sullenberger befand sich augenblicklich in einer denkbar unkomfortablen Situation mit unabsehbaren Folgen. Kaum hatte er die Vögel registriert, prasselten sie auch schon auf den Rumpf des Flugzeugs, gerieten in die Triebwerke und beschädigten diese, wie sich sehr schnell herausstellen sollte, nicht nur ernsthaft, sondern bis zur Funktionsunfähigkeit „plötzlich, vollständig, symmetrisch". Sullenberger schreibt, dass er hörte, wie die Triebwerke sich „quasi selbst auffraßen". Acht Sekunden nach dem Vogelschlag wurde ihm klar, dass er mit diesem Triebwerke-Ausfall vor dem größten Problem stand, das er als Pilot jemals hatte bewältigen müssen. Aus der Routine war im wahrsten Sinne des Wortes im Flug eine Situation entstanden, die mit ihren fünf Merkmalen (vgl. dazu Kapitel 1.6.1) dem Piloten eine Top-Leistung abforderte:

- Höchste Anforderungen
- Ungewisser Ausgang
- Bedrohliche, schädigende Konsequenzen bei Misserfolg
- Keine Wiederholungschance
- Zeitnähe

Binnen weniger Sekunden fand er sich mit einer nie da gewesenen Anforderung konfrontiert, zu deren Bewältigung ihm ganze drei Minuten blieben – 180 Sekunden, das ist die Zeit, um sich gründlich die Zähne zu putzen. In diesen Minuten musste er nicht nur einen Plan entwickeln, sondern ihn auch fliegerisch umsetzen.

Eine Herausforderung anzunehmen ist keine Selbstverständlichkeit

Als Erstes musste er sich mental aus der Bedrohungs- in eine Herausforderungsschleife bringen. Hier und jetzt: Welche Stärken muss ich einsetzen, um die Anforderung zu bewältigen? Was viel leichter gesagt als getan ist, denn selbstredend fühlen sich nicht alle, die sich unvermittelt in einer solchen Situation wiederfinden, dadurch zu einer Top-Leistung herausgefordert, schon gar nicht, wenn es um Leben und Tod geht. Die Mehrzahl von uns reagiert erfahrungsgemäß mit einem Gefühl von Bedrohung und lähmendem Stress und wird dadurch in einem Orkus von Bedrohungs- und Katastrophenszenarien förmlich verschlungen. Hierzu passt die tragische Geschichte des US-Bürgers, bei dessen Auto vermeintlich das Gaspedal hängen blieb, während er auf einem Highway fuhr. Er hatte noch Zeit, sich beim Autonotruf Rat zu holen, den er laut dem vorliegenden Wortprotokoll auch mehr oder weniger erhielt, und trotzdem verursachte er an der nächsten Kreuzung einen schweren Unfall, bei dem er und seine Mitfahrer ums Leben kamen. Fünf Personen. Die fatale Handlungskette, ausgelöst durch das vermeintlich hängen gebliebene Gaspedal, an dem, wie die nachfolgende Untersuchung zeigte, keinerlei technischer Defekt vorlag, hätte sich durch das Handlungsprogramm „Vollbremsung – Wählhebel auf N" leicht vermeiden lassen. Die Option war gegeben, aber der Fahrer hat sie in seiner Panik nicht realisiert. Dieser „Tunnelblick" gilt als eines der markantesten Stresssymptome, bei dem zusätzlich oft noch auf alte, eingefahrene, allerdings zum gegebenen Zeitpunkt wenig hilfreiche Handlungsmodelle zurückgegriffen wird. Hinzu kommen kann bei Panik noch eine Null-eins-Reaktion, alles oder nichts, ohne angepassten Kraft- und Steuerungseinsatz. Situationen mit den oben genannten fünf Merkmalen versetzen demnach viele bis zur Handlungsunfähigkeit in Stress.

Sullenberger schaffte es, den Kopf für seinen umfangreichen Vorrat an verfügbaren Handlungsmustern freizubekommen. Wie reibungslos dies gelang, zeigt die Tatsache, dass er sehr wenig mit sich selbst geredet hat. Für bewusste Selbstgespräche blieb einfach keine Zeit. Er schreibt, nur kurz seien ihm Gedanken wie „Das kann doch gar nicht sein" und „So etwas kann doch mir nicht passieren" durch den Kopf geschossen, was er aber sofort ausblendete, um sich auf die Bewältigung der unkomfortablen Situation zu konzentrieren und entsprechende Aktionen einzuleiten. Aus meiner Sicht entschied er sich dafür, dem Fliegerischen im Rahmen der verfügbaren Zeitschiene („Wie viel Zeit habe ich?") alle anderen Situationsmerkmale unterzuordnen.

Denn dass höchste Anforderungen anstanden, die möglicherweise fatale Folgen haben würden, und dass es keine Wiederholungschance geben würde, lag auf der Hand. Was er tun konnte, war, in der kurzen verfügbaren Zeit sein bestmögliches fliegerisches Können abzurufen. Er ging jetzt Schritt für Schritt vor, einen nach dem anderen, wie einem inneren Navigationssystem folgend. „Navis" sitzen für alle Routinemanöver, sowohl für die flugtechnische Bedienung als auch für die Kommunikation mit Kopilot und Fluglotse. Sie „sitzen", automatisiert, unbewusst, abrufbereit. Insbesondere die jahrelangen Erfahrungen als Kampfflieger, wo er immer auf das Energiemanagement hatte achten müssen, hätten ihm hier mehr als alles andere geholfen. Die Erkenntnisse aus der ständigen Suche nach dem optimalen Flugweg habe er auch bei Flug 1549 nutzen können. Er habe die Energie des antriebslosen Airbusses optimal ausnutzen können, um sicher zu landen. Egal, ob zu Lande oder auf dem Wasser. Dagegen habe er die Erfahrungen seiner Segelflugausbildung nicht nutzen können, wie manche meinten. Ein Airbus reagiere völlig anders als ein Segelflugzeug.

Komplexität reduzieren

Der erste wichtigste Schritt: Er entschied sich für die Übernahme der Kommandogewalt und instruierte den Kopiloten, dass er das Flugzeug ab jetzt alleine übernehmen würde. Das reduzierte mögliche kommunikative Irritationen und legte fest, dass er jetzt für den Flug alleine verantwortlich war. Trotz seines defekten Flugzeugs, der mit dieser Stresssituation einhergehenden unangenehmen Empfindungen und des Zeitdrucks, schreibt Sullenberger, er sei überzeugt gewesen, dass sie es schaffen könnten. Der Glaube an seine Kompetenz war offensichtlich unerschüttert. Sullenberger hatte Vertrauen in die eigene Leistungsfähigkeit. Dieses Vertrauen sei stärker als die Angst gewesen: „Nach meiner Erfahrung war ich zuversichtlich, dass ich eine Notlandung im Wasser bewerkstelligen würde, die wir überleben konnten." An Frau und Kinder dachte er in dem Moment überhaupt nicht.

Knotenpunkte fokussieren

In der Kurzform (in Kapitel 3.3.3 findet sich dazu mehr Information): Als Knotenpunkte haben sich ihm, wie er schreibt, eingeprägt:

- „Fliege, navigiere, kommuniziere."

Damit sind die für den Erfolg oder Misserfolg eines Piloten entscheidenden Punkte markiert, manche sprechen auch von Schlüsselstellen. Mit seinem Hinlenken auf das, was zu tun war, auf die Knotenpunkte, gepaart mit seiner Fokussierung auf die eigenen Handlungsmöglichkeiten, hatte er zwei mentale Grundpfeiler zur Bewältigung seiner prekären Situation. Er besann sich auch auf die drei Grundregeln, die er von seiner ersten Flugstunde an verinnerlicht hatte:

- „Behalte jederzeit die Kontrolle über dein Flugzeug."
- „Analysiere die Lage und ergreife die geeigneten Maßnahmen."
- „Lande, sobald es die Umstände erlauben."

Knotenpunkte haben nur Sinn, weil sie ein Symbol für die zugrunde liegenden Handlungen sind: „Fliegen" steht für das Am-Steuerknüppel-Bleiben, um das Flugzeug unter Kontrolle zu halten, „Navigieren" steht für die Flugroute beziehungsweise das Kurshalten, „Kommunizieren" impliziert, sich von der Bodenkontrolle helfen zu lassen und die notwendigen Mitteilungen an Mannschaft und Passagiere zu geben, die sie zum Überleben brauchen.

Die Landung

Entsprechend diesen mentalen Vorgaben konnte er nun seine Flugmanöver einleiten. Mit dem ersten senkte er die Flugzeugnase, um die beste Gleitgeschwindigkeit für sein antriebsloses 75 Tonnen schweres „Segelflugzeug" mit 155 Personen zu erzielen. Sein Höhenverlust lag nun bei 300 Metern pro Minute, was einem Aufzug entspricht, der jede Sekunde zwei Stockwerke nach unten fährt. Das „Fliegen", also die flugtechnisch notwendigen Handlungsschritte beziehungsweise -routinen, war damit gesichert, und er hatte Handlungskapazität für strategische Ziele gewonnen.

Das Wichtigste war, einen Landeplatz zu erreichen. „Zu niedrig, zu langsam, zu weit entfernt und [wir] flogen in die falsche Richtung, weg von den nächsten Flughäfen", lautete die Bilanz Sullenbergers während des rasanten Sinkflugs. Der Hudson River kam ihm, selbst mit den damit verbundenen Risiken, wie er schreibt, noch „einladender" vor als die umliegenden Flugplätze. Obwohl ihm sein Fluglotse immer noch eine Landung auf LaGuardia als Option anbot, schreibt Sullenberger: „Ich blieb bei meiner Entscheidung: ‚Wir schaffen es nicht.' Nach allem, was ich sah, wusste und fühlte, stand meine Entscheidung inzwischen fest: LaGuardia kam nicht infrage. Etwas anderes zu wünschen oder zu hoffen half uns auch nicht weiter."

Er hatte also ein Ziel fokussiert und andere dafür geopfert, um seine Kräfte zu bündeln. Viele scheitern in weit weniger dramatischen Situationen, weil sie getroffene Entscheidungen zu häufig infrage stellen. Top-Leister ziehen ihre Entscheidungen in letzter Konsequenz durch. „Es war lebenswichtig, dass ich voll konzentriert blieb und mich von nichts ablenken ließ. Mein ganzes Bewusstsein war nur noch dazu da, das Flugzeug zu steuern ... Das Fahrgestell war hochgeklappt, und ich versuchte, die Tragflächen eben zu halten, damit wir uns nicht überschlugen, sobald wir das Wasser berührten. Die Nase hielt ich oben. Während des Sinkflugs hatte ich meine Aufmerksamkeit auf zwei Punkte fokussiert:

- den Fluss direkt vor mir und
- die Geschwindigkeitsanzeige im Cockpit. Draußen – drinnen – draußen – drinnen."

Ein eindrucksvolles Beispiel für sein konsequent fokussiertes Handeln gab Sullenberger nach der geglückten Landung, als die Passagiere sich schon draußen auf den Tragflächen befanden – bei seinem zweimaligen Inspektionsgang durch das teilweise hüfthohe Wasser im volllaufenden Flugzeug: „Ist hier noch jemand? Melden Sie sich bitte!" Sullenberger schreibt, dass er äußerlich zwar ruhig wirkte, sich aber erst wirklich entspannen konnte, als nach vier Stunden die erlösende Nachricht kam, dass alle diese perfekte Notwasserung ohne nennenswerte Verletzungen überlebt hatten.

Prioritätenwechsel als Erfolgsrezept

„Es gelang mir, einen Prioritätenwechsel zu vollziehen. Ich hatte genügend über Sicherheit und Erkenntnistheorie gelesen. Das Konzept des ‚Opferns von Zielen' war mir bekannt. Wenn es nicht mehr möglich ist, sämtliche Ziele zu erreichen, dann gibt man die Ziele mit der geringsten Priorität auf. Auf diese Weise möchte man die höheren Ziele anstreben und erfüllen. In unserem Fall gab ich, indem ich eine Notlandung im Wasser versuchte, das ‚Ziel Flugzeug' (der Versuch, ein Flugzeug im Wert von 45 Millionen Euro zu retten) auf zugunsten des Ziels, Leben zu retten." Bei seinem Training als Air-Force-Pilot hatte er das vorrangige Ziel „Rettung des Materials" sprich Flugzeug verinnerlicht. „Mein Instinkt sagte mir, dass das Opfern eines Ziels unabdingbar war, wenn wir auf Flug 1549 Menschenleben retten wollten."

Auch eine alte Handwerkerregel, die ihm von seinem Vater nahegebracht wurde, hatte er sich früh als eine Art Anker zu eigen gemacht: „Miss zweimal, schneide einmal." Später kam die Weisheit aus einem Glückskeks hinzu. Den Zettel, auf dem sie geschrieben war, führte er ständig mit sich: „Eine Verspätung ist besser als eine Katastrophe." Sogar dieser Zettel hat die Notwasserung unversehrt überstanden und begleitet Sullenberger auf seinen weiteren Flügen.

„Jetzt gilt's" 15:30:38

Mit den routinierten Worten: „Hier spricht der Kapitän. Nehmen Sie die Schutzhaltung für eine Notlandung ein!", leitete er den letzten Schritt seiner Top-Leistung ein, die Landung im Wasser. „Seit dem

Vogelschlag waren nur knapp drei Minuten vergangen, und die Erde und der Fluss sausten auf uns zu. Ich schätzte die Sinkgeschwindigkeit und unsere Höhe nach der eigenen Sicht. Schließlich hielt ich den richtigen Zeitpunkt für gekommen. Ich leitete die Landung ein. Ich zog den Steuerknüppel zurück, immer weiter zurück, bis ganz nach hinten und hielt ihn dort fest, als wir das Wasser berührten."

Sullenberger betont in seinem Buch mehrmals die hervorragende Teamarbeit mit seinem Ersten Offizier als Kopiloten, den er erst drei Tage zuvor kennengelernt hatte. Jeder habe gewusst, was zu tun war, und man habe schnell, aber kooperativ gehandelt. Beide handelten als Experten, die diese Notwasserung als Herausforderung und nicht als Bedrohung ansahen. Sie brachten ihre bestmögliche Leistung hoch motiviert und in synergetischer Zusammenarbeit für ein gemeinsames Ziel ein. Zum Glück für alle Passagiere brauchte dieses Team fast keine Zeit, um sich aneinander zu gewöhnen und sich zu dem zu entwickeln, was es war. Ein perfekt arbeitendes und kommunizierendes Duo, das konstruktiv und effizient das angestrebte Ziel erreicht hat.

2 DAS SYSTEM: DIE PSYCHO-LOGIK DER TOP-LEISTUNG

Um Anforderungen zu bewältigen und die eigenen Stärken ausspielen zu können, müssen Körper, Umfeld und Kopf im Einklang, das heißt synergetisch, sein. Dem Mentalen kommt dabei eine Schlüsselfunktion zu. Ziel ist es, geeignete Vorstellungen als konstruktive Prüf- und Führungsgrößen für das Handeln zu entwickeln. Sie gilt es, wie mentale Navigationssysteme per Training aufzubauen, um fürs Gelingen schnell und sicher darauf zugreifen zu können. Dabei helfen alltäglich wirksame mentale Mechanismen wie das Figur-Grund-Prinzip und Gewohnheiten. Beides zusammen schafft, produktiv genutzt, eine belastbare mentale Voraussetzung fürs Gelingen jenseits der Routine.

DARÜBER LESEN SIE IN DIESEM KAPITEL:

- Die Psycho-Logik des Gelingens
- Voraussetzungen fürs Gelingen: Synergie und Vorstellungen
- Soll-Wert fürs Gelingen: Ein freier Kopf
- Die Lehre des Meisters Funakoshi
- Vorstellungen sind mentale Landkarten und Navigationssysteme
- Wie man Vorstellungen ändert
- Zwei hilfreiche mentale Mechanismen: Figuren und Gewohnheiten

Damit eine Top-Leistung gelingt, müssen zwei grundlegende Voraussetzungen stimmen:

1. **Synergie** ist erforderlich, damit Körper, Umgebung und Kopf sich in ihrem Zusammenwirken unterstützen und nicht gegenseitig stören.
2. **Vorstellungen** müssen wie innere Navigationssysteme das Handeln situations- und anforderungsgerecht unterstützen.

2.1 Synergie: Der Mensch ist ein bio-ökosozial-mentales System

Um Anforderungen auf exzellentem Niveau zu bewältigen und dabei die eigenen Stärken ausspielen zu können, müssen Körper, Umfeld und Kopf im Einklang sein:

- Der Körper ist mit seinen Organen und Funktionen das **biotische System**. Was immer man tut, hängt stets auch von den biologischen Voraussetzungen ab, also vom Körper, seiner Funktionstüchtigkeit und seinem Zustand. Wer müde ist oder kränkelt, leistet anderes als der Ausgeschlafene, der erholt und fit zu Werke geht.
- Das Sach- und Personenumfeld lässt sich als **ökosoziales System** bezeichnen. Klima und Wetter, Natur-, Wohn- und Arbeitsumfeld, Geräusche, Gerüche und Tageszeiten gelten als materielle Umgebungsbedingungen. Andere Menschen zählen zu den Sozialbedingungen. In Bezug zu diesen Bedingungen richten wir unser Verhalten aus, gestalten und verändern es. Manches Mal gelingt dies so, wie es besser nicht sein könnte, manches Mal auch so, dass wir es besser nicht getan hätten, wie die vielen Verstöße gegen die Erfordernisse der Natur und ihre Folgen belegen. Menschen greifen in ihre Welt ein, gewissermaßen im Gegenzug werden sie von der Welt verändert. Wo etwa eine Straße gebaut

wurde, verändern sich Optionen: Einerseits erschließen sich den Menschen neue Möglichkeiten, andererseits werden ihnen alte verbaut. Straßen können so gleichwohl trennen und verbinden.

- Die dritte Dimension des Systems Mensch ist schließlich „der Kopf" als **mentales System**, das für Erkennen und Erleben per Wahrnehmen, Bewerten, Merken, Vorstellen, Erinnern genauso steht wie für Gefühle, Motivation, Erwartungen und Erfahrungen, über die vermittelt wir unsere Welt erfahren und erkennen.

Über die größten Leistungsreserven verfügen wir im Mentalen. Trotzdem scheint bei den meisten Menschen dieser Bereich am wenigsten systematisch von den dreien entwickelt zu sein. Das mag damit zusammenhängen, dass wir für körperliche und ökosoziale Anforderungen über systematisch ausgebaute Trainings-, Entwicklungs- und Optimierungssysteme verfügen, während sich Vergleichbares für die mentale Entwicklung kaum findet. Nicht zuletzt deshalb werden hier alberne Maßnahmen und Ratschläge wie „Feuerlaufen", Maximen wie „Du schaffst es!" oder Imaginationen („Stell dir vor, du seist ...!") mit ernsthaftem Trainieren und Entwickeln verwechselt. Dabei *kann* das Mentale unser Handeln zu 100 Prozent bestimmen. Erleben können Sie das in diesem Selbstversuch: Spucken Sie, statt zu schlucken, Ihre nächsten paar Portionen Speichel in ein Zahnputzglas oder einen Suppenlöffel. Versuchen Sie jetzt, Ihren eigenen Speichel zu sich zu nehmen. Der Ekel, der dabei würgt, macht keinen Sinn: Schließlich schluckt man ja seinen Speichel normalerweise ohne Aufhebens, ohne es überhaupt zu merken: pro Tag etwa eineinhalb Liter. Wo liegt also das Problem? Im Kopf!

Solche Beispiele scheinen manche zeitgeistigen Mentagurus zu der Ansicht zu verleiten, *alles* sei eine mentale Angelegenheit. Dieser Schluss ist nicht nur voreilig, sondern genauso gefährlich und damit verantwortungslos wie der Umkehrschluss, den mir ein Ingenieur in einer Diskussion über Motorradunfälle, verursacht durch dilettantisches Bremsen, anbot: „Bremsen ist ein physikalischer Vorgang!" Ich beharrte auf einem eingefügten „auch". Bremsen ist *auch* ein physikalischer Vorgang; aber natürlich *auch* ein mentaler, denn kein Motorrad hat jemals Angst gehabt, ist erschrocken oder gar in Panik verfallen. Ähnlich hängt auch unsere Leistung nicht nur von den mentalen Voraussetzungen ab, sondern immer *auch* von biotischen Gegebenheiten und von Umfeldbedingungen.

Das Biotische, das Ökosoziale und das Mentale stehen also nicht nebeneinander, sondern wirken immer zusammen und erschließen sich nur in diesem Zusammenwirken. Die Änderung an einem dieser Faktoren beeinflusst immer das ganze System. Wenn der Begriff von der Ganzheit Sinn macht, dann sicher hier: Alles ist mit allem vernetzt. Der Mensch ist ein ganzheitliches bio-ökosozial-mentales System.

Synergie fürs Gelingen

Über beste mentale Voraussetzung für eine Top-Leistung verfügt, wer bei der Bewältigung von Anforderungen und Problemen auf Synergie im bio-ökosozial-mentalen System bauen kann: Die Systemelemente Körper, Umgebung und Kopf unterstützen sich wechselseitig in ihrem Wirken und stören sich nicht. Ob man synergetisch handelt, erkennt man übrigens daran, dass man sich nicht nur wohlfühlt, sondern obendrein noch effektiv und zuversichtlich ist. Man fühlt sich zwar beansprucht, ist aber nicht müde und hat einfach Lust, weiterzumachen. Am Beispiel des Joggens lässt sich das leicht durchspielen. Wer im balancierten, synergetischen Gleichgewicht joggt, fühlt sich wohl, weil er seinen Körper dort abholt, wo er ist. Dieses Wohlbefinden wirkt auf den Körper zurück und hellt die emotionale Landschaft auf. Man fühlt sich beansprucht, aber nicht überanstrengt oder gar erschöpft. Man hat einfach Lust, zu joggen. Sobald aber ein Muskel zu zwicken beginnt, muss man sich mental durch entsprechende Selbstgespräche „schieben", weil das Laufen nicht mehr so leichtfällt. Geht es dann auch noch bergauf, stößt man schnell an die körperlichen Grenzen, die Synergie muss jetzt durch weiter gesteigerten mentalen Aufwand aufrechterhalten werden, womöglich bis man sich im Selbstgespräch die Sinnfrage stellt: „Warum muss ich eigentlich ...?" Im Arbeitsalltag spürt man Synergie daran, dass man bei klaren Zielstellungen, in angenehmem Klima und unterstützendem Kollegenumfeld eine sinnvolle und gute Arbeit leistet, die anerkannt wird und abends das Gefühl bringt, zwar müde, aber nicht ausgelaugt zu sein.

Der Kopf als Steuerungs- und Regelzentrale des Systems Mensch

Dem Kopf kommt bei der synergetischen Integration die Funktion der zentralen Steuerungs- und Regelzentrale zu, weil der Mensch als ebenso erkenntnis- wie vernunftgeleitetes Wesen in der Lage ist, sich selbst zu regulieren. Das Mentale darf nicht stören, sondern muss unterstützen: durch eine angemessene Bewertung der gegebenen Situationen. Das ist durchaus keine Selbstverständlichkeit, denn Bewerten eröffnet je nach Richtung und Inhalt grundsätzlich zwei Perspektiven: Man kann sich entweder in Mut, Zuversicht und Umsetzungsstärke denken („Eine hohe Anforderung, wenn ich aber das einbringe, was ich kann, habe ich eine reelle Chance"). Man kann sich aber auch in Mutlosigkeit, Zaghaftigkeit, Überforderung oder gar Bedrohung denken („Wenn ich schon daran denke, was auf mich zukommt, verliere ich jeden Mut, weil ich keine Ahnung habe, wie ich das schaffen soll"). Gerade die gedachten möglichen Konsequenzen erscheinen von derartiger Vielfalt und Ungewissheit, dass der Versuch, sie zu kalkulieren, oft dem Verschwenden persönlicher mentaler Ressourcen gleichkommt. Nur zu leicht verheddert man sich im Dschungel der Gedanken, Bewertungen, Ein- und Abschätzungen. Dies wiederum erschwert oder vereitelt ein geordnetes und perspektivisches Handeln. So erging es zum Beispiel einem jungen Tennisprofi, der gleich bei seiner ersten Teilnahme an einem Grand-Slam-Turnier das Qualifikationsturnier gewann, in das Hauptfeld rutschte, dort einen stärkeren Gegner bezwang und dementsprechendes Medieninteresse auf sich zog. Die Erwartungen, Ansprüche und möglichen Konsequenzen beim Gedanken an den nächsten Gegner raubten ihm nicht nur den Schlaf, sondern auch die Konzentration auf das Wesentliche: den nächsten Ball. Es kam, wie es kommen musste: In der nächsten Runde schied er sang- und klanglos aus, zutiefst frustriert über seine indiskutable Leistung.

Was Top-Leister können

Top-Leister und Leistungsträger sind in der Lage, ihr Bewerten so zu regulieren, dass ihnen auch dann etwas gelingt, wenn sie sich jenseits der Routine mit höchsten Anforderungen konfrontiert sehen. Ein Beispiel dafür gibt ein Flugkapitän: „Ich möchte an dieser Stelle noch mal ganz konkret auf eine fliegerische Situation eingehen, die ich vor einiger Zeit erlebt habe, um die Hilfestellung und den Nutzen mentaler Vorbereitung verdeutlichen zu können. Ein Start in München, voll beladenes Flugzeug Richtung Palma de Mallorca. Wenige Minuten nach dem Abheben ist ein Triebwerk aufgrund von Ölverlust ausgefallen. In einer Fliegerkarriere tritt ein Triebwerksausfall, obwohl er sehr gut und häufig trainiert wird, extrem selten auf. Ich bin über 30 Jahre in der Fliegerei und habe es zum ersten Mal konkret erlebt. Im Moment, in dem man feststellt, dass ein Motor ausgefallen ist, werden die normalen Stressreaktionen freigesetzt, das heißt, man erlebt ganz bewusst, dass der Pulsschlag steigt, man hat kurz das Gefühl, dass einem die Luft wegbleibt. Jetzt muss man sich verlassen und zurückgreifen können auf das, was man vorher trainiert hat. Jetzt werden die Arbeitsschritte, die in vielen Sequenzen im Simulator und bei vielmaligem Training im Gehirn verankert wurden, aktiviert, und man kann mit sich selbst reden und stellt fest, dass, obwohl die Stressbelastung sehr hoch ist, die vorbereiteten Verhaltensmuster zügig und konsequent umgesetzt werden und dass der Arbeitsfortschritt in seinem Funktionieren auch für einen gewissen Grad der Entspannung und für ein gewisses Herunterfahren der Stressreaktionen mitverantwortlich ist."

Mental „gut drauf"

Um Anforderungen mental gut aufgestellt angehen und annehmen zu können, mit optimalen Chancen fürs Gelingen, hilft ein Einblick in die Verflechtung von Bewerten und Handeln weiter. Vor knapp 50 Jahren veranschaulichte eine Gruppe junger amerikanischer Psychologen das Prinzip der Organisation des Bewertens und Handelns im Alltäglichen mit dem sogenannten TOTE-Modell.

> **DAS TOTE-MODELL**
>
> Im Tun durchlaufen wir permanent Test-Operation-Test-Exit-Handlungsschleifen. Wir nehmen eine Situation wahr, bewerten sie (T) und versuchen, situationsangemessen zu handeln (O), bewerten, ob wir richtiglagen (T), wenn dies der Fall ist: Exit (Handlung beendet). Wenn nicht, erfolgt ein neuer Test und so weiter. Ein Beispiel: Wer mit seinem Auto einparken will, prüft zunächst die Ausmaße der Parklücke (Test), lenkt dann sein Gefährt in geeigneter Weise (Operation), schaut sich an, ob es passt (Test), wenn dies der Fall ist, also die Operation erfolgreich war: Aussteigen (Exit), und zwar aus der Handlung. Hier: Einparken erfolgreich beendet. Hat es im ersten Anlauf nicht geklappt, fängt die Geschichte von vorne an.

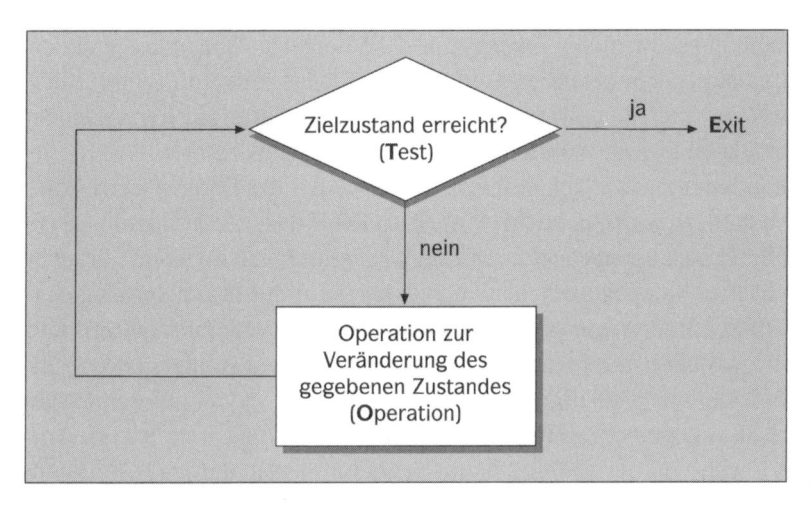

Abbildung 2 Das **TOTE**-Modell nach Miller et al. (1973)

Mental „gut drauf" kann sich ans Werk machen, wer sich zuversichtlich auf unterstützende Abschätzungen und Bewertungen einzulassen vermag, um Test-Operation-Test-Exit-Informationen zu verarbeiten und damit die Anforderung situationsgerecht und erfolgreich zu bewältigen.

Bewerten ist hilfreich – aber nicht immer

Die Abfolge von Test- und Operationsschritten erklärt, wie Handeln und Bewerten bei genauerer Betrachtung als aufeinander fortlaufend bezogene, aber dennoch getrennte Handlungsphasen verlaufen. Voran geht eine Phase der Erwartungsbildung oder Planung, danach folgen Durchführung (Operation) und Erwartungs-Ergebnis-Abgleich (Test). Im alltäglichen routinierten Erleben scheinen diese Phasen zusammenzufließen. In dieser Abfolge und nach diesem Prinzip werden Wolkenkratzer gebaut, Weihnachtssterne gebastelt, Regale zusammengesteckt. Daraus leitet sich für mich eine wichtige mentale Voraussetzung ab, um eine Anforderung gut vorbereitet und deshalb mit besten Erfolgsaussichten annehmen zu können: *Vor* und *nach* einer Aktion sind Bewertungen und Gedanken um Anforderungen, Ansprüche und Konsequenzen unabdingbar, *während* der Ausführung dagegen sind sie meistens kontraproduktiv und bringen uns keinen Schritt weiter. Der Grund: Einschätzungen von Konsequenzen geraten schnell zur mentalen Zwangsjacke, die normale Fähigkeiten und Fertigkeiten nicht selten zu saft- und kraftlosen, dilettantischen Handlungsmüsterchen einschnürt. Das Verrückte daran ist: Kompetenzen wie beispielsweise Reden, Skilaufen oder Violinespielen sind ja vorhanden und nicht abhandengekommen. Aber das Denken an die Konsequenzen verschleiert den Blick so sehr, dass viele, geradezu von allen guten Geistern verlassen, sich auf alles konzentrieren, nur nicht auf ihre Kompetenzen, also die Fähigkeiten, mit ihrem vorhandenen Können und Wissen das anstehende Problem jetzt zu schultern und die gestellte Anforderung zu bewältigen. Viele Prüflinge fallen zum Beispiel nur deshalb durch, weil sie den Kopf so voll mit den ausgemalten negativen Konsequenzen einer schlechten Note haben, dass sie während der Prüfung hauptsächlich mit dem daraus resultierenden Stress beschäftigt sind. Wer auf einer sehr hohen Leiter stehend nach unten schaut und sich die Konsequenzen eines Sturzes ausmalt, bekommt zittrige Beine, weil die Gedanken im Wesentlichen so um den denkbaren Absturz kreisen, dass selbst bloßes Stehen zum Problem werden kann. Man stelle sich vor, was dies für die Einsatzfähigkeit eines Feuerwehrmanns bedeuten würde.

Der Philosoph Seneca bezeichnete Menschen, die sich vom Konsequenzdenken und -bezogensein nicht lösen können, sicher nicht frei von Spott, als *Occupati*: den ständig mit dem Beschäftigten, was demnächst, nachher und morgen folgen wird. Heute nennt man solche Zeitgenossen wahrscheinlich schlicht Hektiker, die mit den Gedanken stets in der Zukunft oder bei etwas anderem, aber nie präsent sind. Durch diese mentale Kurzatmigkeit sind sie immer in Zeitnot und verstricken sich in ein kaum auflösbares, sich selbst verstärkendes Dilemma: Zwar können sie sich körperlich zu einem Zeitpunkt nur an einem Ort befinden, mental aber begeben sie sich an alle möglichen anderen Orte und durchdenken dabei rückblickend alle Erinnerungen und vorausblickend alle Konsequenzen. Kurzum, sie sind überall, nur nicht da, wo sie sich körperlich momentan befinden.

Vor diesem Hintergrund erscheint die Trennung von Handeln und Konsequenzen-Denken als fundamentale Voraussetzung jeder Top-Leistung. Mit den besten mentalen Voraussetzungen fürs Gelingen geht nämlich an eine Anforderung heran, wer sich nach einer Planung (im TOTE-Modell: Test) auf das besinnt und verlässt, was er an Bewältigungshandlungen (im TOTE-Modell: Operation) selbst anzubieten hat, seine Kompetenz und seine Möglichkeiten erfolgszuversichtlich einbringt und danach Planung und Ergebnis abgleicht (im TOTE-Modell: Test). Dieses Vorgehen bietet zwar keine Erfolgsgarantie. Aber es ist die Basis für eine sorgfältige Erwartungsbildung und Planung, die eigene Chance realistisch zu erkennen und wahrzunehmen.

Eintopf

In Routinesituationen stellt die Abfolge von Handeln und Bewerten kein Problem dar, denn alle Abläufe vermischen sich permanent. Wie in einem Eintopf wird alles mit allem unbewusst vermengt: Test, Operation und Test beziehungsweise Planung, Durchführung der Bewältigungshandlung und Abgleich. Schließlich „läuft" es ja, wie man zu sagen pflegt, auch ohne großes Nachdenken und Bewerten. Allerdings ergibt sich daraus fast zwangsläufig ein Problem: Sobald man Anforderungen jenseits der „Eintopf-Routine" gegenübersteht, möchte man sich plötzlich bewusst, vorsätzlich und absichtlich auf das konzentrieren, was zu tun ist – und spürt, wie die Gedanken anfangen, in Zukunft und Vergangenheit zu zerren und wie Magnete vom präsenten Handeln wegzuziehen. Ausgerechnet wenn es mit dem Bündeln der mentalen Ressourcen, mit dem Konzentrieren klappen soll, stehen die Chancen dazu schlecht: weil man im Alltag nur zu oft unbewusst, sorglos, unkonzentriert, „Eintopf-lastig" agiert.

Vor diesem Hintergrund ist die im Hochleistungssport verbreitete Unterscheidung zwischen (nur) Training und (wichtigem) Wettkampf hochgradig unprofessionell: Zu einer Tennisspielerin habe ich in diesem Zusammenhang einmal gesagt: „Entweder spielen wir Tennis oder nicht ...", als sie Fehler herunterspielte, weil es ja „nur" im Training sei. Ihre Profession war, Tennis zu spielen mit allem, was sie hatte, und nicht Fehler zu gewichten. Training hin, Training her.

Hinlenken, nicht ablenken!

Ein Profi und Top-Leister kann es sich nicht leisten, zu warten, bis ihn ein Flow (siehe Kapitel 1.6.2) im Gegenwartsbezug überkommt. Also muss er trainieren, diesen Gegenwartsbezug vorsätzlich herbeizuführen, ihn absichtlich und antizipativ für Anforderungen jenseits der Routine so aufzubauen, dass er praktisch im Stand-by verfügbar wird. Das gelingt, indem man sich auf zweckmäßige Bewertungen in Situationen jenseits der Routine konzentriert so hinlenkt, dass sie das Handeln unterstützen.

Das klar auszusprechen halte ich hier deshalb für wichtig, weil für die Bewältigung anspruchsvoller, belastender Anforderungen immer wieder empfohlen wird, sich vom Belastenden abzulenken: „Denk einfach nicht daran!", um sich nicht, wie es dann heißt, „unnötig" zu beanspruchen. Das funktioniert nicht! Beim Ablenken setzt man sich das Ziel, etwas zu vermeiden, etwas *nicht* erreichen zu wollen. Deshalb helfen Vermeidungsziele nicht weiter. Probieren Sie es aus: Stellen Sie sich die Zahl 3 vor und färben Sie diese rosarot und versehen sie mit grünen Pünktchen. Stellen Sie sich jetzt jede beliebige Zahl, auf keinen Fall jedoch eine rosarote 3 mit grünen Pünktchen vor! Oder stellen Sie sich jedes beliebige Tier vor, aber auf keinen Fall ein Zebra. Sie merken, wie die Gedanken sofort um das zu vermeidende Objekt kreisen. Der Versuch, etwas *nicht* zu denken, also es zu vermeiden, sich abzulenken, provoziert geradezu zwangsläufig, sich genau damit zu befassen. Deshalb gelingt auch offensichtlich keine Diät zur Gewichtsreduktion, weil mit der Entscheidung dafür das *Essen* ins Zentrum des Denkens rückt: weniger, anders, öfter, leichter und auf keinen Fall Schokolade ... essen.

Wer Hindernisse überwinden will, darf seine Gedanken nicht auf die Hindernisse richten, sondern auf die Schritte und Wege, sie zu überwinden.

Vielleicht wird jetzt auch verständlich, warum Ratschläge, sich vor Fehlern, Fallen und Schwierigkeiten zu hüten, zwar gut gemeint, aber allenfalls dann hilfreich sind, wenn sie dazu anregen, ein positives Bewältigungsprogramm zu entwerfen und sich damit auf das hinzulenken, was zu tun ist. „Fehlerfrei reiten" war zum Beispiel die Antwort einer jungen Springreiterin, als ich fragte, was denn ihr Ziel beim Reiten im Parcours sei. Meine weitere Frage brachte ihr eine Einsicht: „Was musst du tun, um fehlerfrei zu bleiben?" Antwort: „In Einklang mit meinem Pferd optimal reiten, mich auf das konzentrieren, was mich dabei unterstützt!" Mit dieser Antwort lenkte sie sich auf das Erarbeiten eines positiven Bewältigungsprogramms hin: Was muss ich hier und jetzt tun, um im Einklang, in Synergie zwischen Körper, Umgebung (unter anderem Pferd) und Kopf die Anforderung zu bewältigen? Bei jedem Ritt – im Training genauso wie beim Weltcupturnier. Nun könnte der Eindruck entstehen, dass man beim Tun permanent Gedanken bewegt, unterstützende zwar und auf sich selbst bezogene, indem man mit sich spricht, sich konzentriert und damit eigentlich ständig mental, also kopfgesteuert, agiert. Verhindert man damit nicht genau das, was fürs Gelingen so wichtig ist: mit freiem Kopf und frischem Mut ans Werk zu gehen? Nein!

2.2 Vorstellungen: Prüf- und Führungsgrößen jeder Leistung

Zweckmäßige Vorstellungen als mentale Navigationssysteme

Vorstellungen ermöglichen wie Landkarten und Navigationssysteme die Orientierung in einer oft schwer überschaubaren oder gar unbekannten Welt. Dabei kommt es nicht so sehr darauf an, ob sie „richtig" oder „falsch" sind. Wichtig ist vielmehr, ob man daraus zweckmäßige und weniger zweckmäßige Wege ableiten kann. Viele Wege führen nach Rom, heißt es. Am besten wählt man den für die momentanen Ziele passenden aus.

Schon bei kurzem Nachdenken stellt man erstaunt fest, wie viel Energie man tagtäglich für Gedanken aufwendet, ob man mit seinem Tun und Planen seinen eigenen und den Vorstellungen, den Ansprüchen anderer entspricht. Offensichtlich richten wir unser Tun nicht nur an unseren eigenen Vorstellungen aus, sondern auch an denen anderer Menschen, vor allem solcher, die wir wichtig finden. Genauer und zutreffender ist es allerdings, in diesem Zusammenhang über die Vorstellungen zu reden, die wir bei anderen *annehmen* – ohne sie überhaupt genau zu kennen. Im Grunde kennen wir die Vorstellungen anderer ja nur aus deren Aussagen, aus denen wir uns dann ein Bild, also eine eigene Vorstellung machen. Mein Sohn eröffnete mir eines Tages, dass er sich ab jetzt so kleiden würde, wie es seinen Vorstellungen entspreche, und nicht mehr so, wie er annehme, dass es seinem Vater gefalle. Ein Akt der Emanzipation. Wer hat sie noch nie erfahren, die quälenden Gedanken in der Vorbereitung auf eine Prüfung, die schon ganze Generationen von Prüflingen um den Schlaf brachten? Die Gedanken kreisen zwischen Hoffen und Bangen um die Überlegung, ob man den Vorstellungen der Prüfer entsprechen wird.

Vorstellungen macht man sich, also kann man sie ändern

„Damit ich mir eine Vorstellung machen kann, muss ich mir das erst anschauen ..." Oder: „Du machst dir keine Vorstellung, wie die getanzt haben ..." Solche und ähnliche Aussagen verdeutlichen, dass man sich Vorstellungen von etwas *macht*. Vorstellungen werden gelernt, übernommen, verändert und angepasst. Das geschieht zum Beispiel, wenn wir uns über die Mode von früher oder alte Passfotos amüsieren: „Und dabei habe ich mir mit dieser Frisur so gut gefallen!" Vorstellungen kann man freiwillig verändern oder gezwungenermaßen, weil sie überholt sind und nicht mehr in die Zeit passen oder einem aufgezwungen werden. Aus diesem Grund lässt sich über Geschmack trefflich streiten, genauso wie über richtige und falsche Vorstellungen, wie die Geschichte mit dem abstrakt malenden Künstler und seinem amerikanischen Kunden zeigt.

DER KUNSTFREUND

Ein steinreicher amerikanischer Kunstsammler gab bei einem Maler ein Porträt seiner Frau in Auftrag. Um sich über den Stand der Arbeiten zu informieren, besuchte er den abstrakt malenden Künstler in seinem Atelier, schaute ihm beim Arbeiten über die Schulter, bewunderte dabei das Geschick des Meisters im Umgang mit Gerät und Materialien. Aber irgendwie drängte es ihn, zu fragen: „Warum malen Sie meine Frau eigentlich nicht so, wie sie ist?" „Wie ist sie denn?", fragte der Maler zurück. Da zog der Kunstfreund ein Foto aus der Tasche: „So sieht sie aus!" Der Meister nahm das Foto in die Hand, betrachtete es lange und fragte: „So klein und so flach?"

Man kann noch einen Schritt weiter gehen und die Wirklichkeit, in der wir leben, als eine mentale Konstruktion verstehen. Niemand weiß, wie der Tisch, auf dem seine Kaffeetasse steht, der Baum vor seinem Fenster oder die Farbe seines Autos *wirklich* ist, denn diese Dinge werden von uns subjektiv, das heißt, aus unserer Sicht und Perspektive, vor dem Hintergrund unserer Vorstellungen und Bewertungen wahrgenommen und nicht so, wie sie (wirklich) *sind!* „Wahrheit ist die Erfindung eines Lügners", steht als Satz wie ein Fanal über der Arbeit des Physikers und konstruktivistischen Philosophen Heinz von Foerster (2003). Keiner weiß, wie es wirklich ist; aber jeder macht sich sein Bild, seine Vorstellung davon – und versucht, entsprechend zu handeln. Das gibt uns die Möglichkeit, vor schwierigen Anforderungen uns stützende Vorstellungen davon zu konstruieren. Der folgende Kasten gibt ein Beispiel, wie ein Theaterregisseur bereits beim Lesen eines Stückes oder einer Vorlage vor seinem inneren Auge, in seiner Vorstellung die Umsetzung auf die Theaterbühne sieht.

> **VORSTELLUNGEN 1: DER THEATERMANN**
>
> Das Theatergenie Max Reinhardt, für den Theater immer ein Gesamtkunstwerk aus Schauspielerei, Musik, Geräuschen und Farben war, beschrieb, wie sich schon beim Lesen eines Stückes in seiner Vorstellung seine Umsetzung auf der Theaterbühne entfaltet: „Man liest ein Stück. Manchmal zündet es gleich. Man muss vor Aufregung innehalten beim Lesen. Die Visionen überstürzen sich. Manchmal muss man es mehrfach lesen, ehe sich ein Weg zeigt.
>
> Manchmal zeigt sich keiner. Dann denkt man an die Besetzung der großen und kleinen Rollen, erkennt, wo das Wesentliche liegt. Man sieht die Umwelt, das Milieu, die äußere Erscheinung. Manchmal muss der Schauspieler der Rolle angepasst werden, manchmal die Rolle dem Schauspieler ... Man sieht jede Gebärde, jeden Schritt, jedes Möbel, das Licht, man hört jeden Tonfall, jede Steigerung, die Musikalität der Redewendungen, die Pausen, die verschiedenen Tempi. Man fühlt jede innere Regung, weiß, wie sie zu verbergen und wann sie zu enthüllen ist ... Dann kommt die Leseprobe. Man sagt keine Details, nur denen, die man schon kennt. Aber man macht

> ihnen Lust. Kardinalfrage: Sie müssen glücklich sein, freudig, zuversichtlich, müssen an sich, an ihre Rollen glauben, auch der, der die kleinste hat. Man hört, kriegt neue Ideen, der Zufall spielt mit ... Man belauert sie ... hält fest ... spioniert." (Aus „Bühnenzauber", Sendung in SWR 2 am 9. Oktober 2003).

Das folgende Beispiel zeigt, wie Vorstellungen, in diesem Fall kulturelle Vorstellungen, die Beziehungen *zwischen* Menschen beeinflussen.

VORSTELLUNGEN 2: VOM KÜSSEN

„Unter den während des Krieges in England stationierten amerikanischen Soldaten war die Ansicht weitverbreitet, die englischen Mädchen seien sexuell überaus leicht zugänglich. Merkwürdigerweise behaupteten die Mädchen ihrerseits, die amerikanischen Soldaten seien übertrieben stürmisch. Eine Untersuchung ... führte zu einer interessanten Lösung dieses Widerspruchs. Es stellte sich heraus, dass das Paarungsverhalten – vom Kennenlernen der Partner bis zum Geschlechtsverkehr – in England wie in Amerika ungefähr 30 verschiedene Verhaltensformen durchläuft, dass aber die Reihenfolge dieser Verhaltensformen in den beiden Kulturbereichen verschieden ist. Während zum Beispiel das Küssen in Amerika relativ früh kommt, etwa auf der Stufe 5, tritt es im typischen Paarungsverhalten der Engländer erst relativ spät auf, etwa auf Stufe 25. Praktisch bedeutet dies, dass eine Engländerin, die von ihrem Soldaten geküsst wurde, sich nicht nur um einen Großteil des für sie intuitiv richtigen Paarungsverhaltens (Stufe 5 bis 24) betrogen fühlte, sondern zu entscheiden hatte, ob sie die Beziehung an diesem Punkt abbrechen oder sich dem Partner sexuell hingeben sollte. Entschied sie sich für letztere Alternative, so fand sich der Amerikaner einem Verhalten gegenüber, das für ihn durchaus nicht in dieses Frühstadium der Beziehung passte und nur als schamlos zu bezeichnen war. Die Lösung eines solchen Beziehungskonfliktes durch die beiden Partner selbst ist natürlich deswegen unmöglich, weil derartige kulturbedingte Verhaltensformen und -abläufe meist völlig außerbewusst sind. Ins Bewusstsein dringt nur das undeutliche Gefühl: Der *andere* benimmt sich falsch." (Watzlawik, Beavin & Jackson 1990, S. 20)

Vorstellungen können also konkurrieren: zwischen Menschen und in einem selbst. Das heißt: Eine Vorstellung kann sich gegen die andere durchsetzen, obwohl sie vielleicht nur stärker und nicht unbedingt zweckmäßiger sein muss. In einer äußerst unkomfortablen Situation befindet sich, wer gezwungen ist, den ungeliebten Vorstellungen anderer entsprechend zu handeln. Nicht nur Kinder erleben Erziehungsmaßnahmen gelegentlich deshalb besonders kritisch, sondern auch Mitarbeiter in Unternehmen oder Bürger in Behörden, gegängelt von als unsinnig erlebten Vorstellungen anderer, eingezwängt in Vorschriften und Vorgaben. Aus dem gleichen Grund geraten in Ehen Urlaubsplanungen zum Fiasko, weil Vorstellungen unversöhnlich aufeinandertreffen. Er stellt sich vor, wie er seine monatelang unterdrückte Sehnsucht nach Bewegung, Strand und Surfbrett stillen kann. Sie stellt sich vor, wie sie sich kontemplativ der Aura romanischer Basiliken hingibt. Vor einiger Zeit bin ich selbst in die Falle zweier für sich allein zwar bewährter, in der Situation aber konkurrierender Handlungsmuster getappt. Während ich normalerweise ein Auto mit Gangschaltung fahre, war ich leihweise im innerstädtischen Verkehr mit einem Automatikwagen unterwegs. Plötzlich entschloss sich ein Autofahrer vor mir, für mich völlig überraschend, in letzter Sekunde an einem Fußgängerübergang zu bremsen. Meine Reaktion: schnell jetzt bremsen! Das dazu gewohnheitsmäßig aktivierte Handlungsmuster aus meinem Schaltauto besteht aus Bremsen und Auskuppeln, wie in der Fahrschule gelernt und seit Jahrzehnten praktiziert. Das Ergebnis: Beide Füße gaben sich auf dem Pedal des Automatikwagens ein Stelldichein. Das Ergebnis war eine brachiale, völlig übersteuerte Vollbremsung.

2.3 Mentaler Soll-Wert für Top-Leister: Ein freier Kopf

Leere Hand und freier Kopf

Auf die Frage, was er denn beim Matchball im Wimbledon-Finale gedacht habe, antwortete ein junger Rotschopf vor fast 20 Jahren lapidar: „Nichts." Ein erfolgreicher Skispringer gab im Winter seines legendären Vierschanzentournee-Erfolgs zu Protokoll: „Ich mache mein Zeug."

Die Antworten zweier erfolgreicher Sportprofis auf die Frage, was man denn so im Augenblick eines großartigen Erfolgs denkt, muten nur auf den ersten Blick verblüffend schlicht, wenn nicht gar missverständlich an. Bei näherem Betrachten weiten die Antworten den Blick. Beide Sportler erlebten einen „freien" Kopf. Fraglos gingen ihnen Gedanken, wahrscheinlich auch Bilder durch den Kopf. Sie konzentrierten sich allerdings ausschließlich auf die Inhalte, die die Bewältigung der gestellten Anforderungen „just in time" unterstützten!

In dieselbe Richtung gehen Berichte von Sportlern, die sich während ihrer Hochleistung wie in einer Art innerem Tunnel, Trichter oder einer Röhre erleben: konzentriert ausschließlich auf das, worauf es jetzt ankommt. Diese Formen der Fokussierung sind Ergebnis jahrelangen Trainings, in denen man lernt, auf welche Gedankeninhalte es ankommt, wenn es darauf ankommt. Gelingen lebt von der abrufbaren und stabilen Unterstützung durch das mentale System.

Fokussierung schützt aber nicht nur Top-Leister, sie verengt auch Laien den Blick. So werden jedes Jahr Dutzende ahnungslos tollkühner Touristen im Gebirge, am Meer oder in der Wüste zu potenziellen Unfallopfern. Die Medien sind gespickt mit Berichten über die fatalen Folgen scheinbar gedankenloser, zumindest aber leichtsinniger Versuche, die Welt zu erobern. Die Opfer solcher Ahnungslosigkeit scheinen in einem Tunnel des Nichtwissens auf ein Ziel fokussiert zu sein, vor dem jeder Profi eingedenk der Gefahren schaudernd Abstand nimmt. Ein Beispiel dafür ist der Amateurbergsteiger-Tourist, der sich zum Ziel setzte, auf dem Gipfel des Mount Everest zu stehen, und dies auch tatsächlich erreichte. Beim Aufstieg musste er sich jedoch wegen mangelnden bergsteigerischen Könnens derart verausgaben, dass er den Abstieg nicht überlebte. Der Schutz der Fokussierung wirkt in solchen Fällen fatalerweise nur bis zum Moment der Konfrontation mit Anforderungen, die die ahnungslos Riskierenden weder kannten noch für möglich hielten und deshalb nicht kommen sahen, geschweige denn gar zu bewältigen lernten.

Die Lehre des Meisters Funakoshi

Die Idee, nicht ahnungslos, sondern wissend und trotzdem mit der Unbefangenheit und Spontaneität des Ahnungslosen zu handeln, ohne sich mit der Gehemmtheit dessen zu blockieren, der zu viel weiß, hat viele geistige Wurzeln. Eine davon gründet in der jahrtausendealten Geschichte ostasiatischer Kampfkünste, beispielsweise dem japanischen Kara-Te, der „Kunst der leeren Hand", dem Vorläufer der Sportart Karate. Was dabei „leer" bedeutet, beantwortete sich für die meisten Trainer und Athleten, die ich danach fragte, scheinbar schlüssig fast von selbst: Ohne Waffe in der Hand, denn gekämpft wird ja mit bloßer, unbewaffneter Hand. Aber genau das, lehrte Meister Funakoshi, der Begründer des heutigen Karate, ist mit „leer" in diesem Zusammenhang *nicht* gemeint. Nicht „frei von Waffen" bedeutete ihm „Leere", sondern „frei von störenden Gedanken" (Funakoshi 1973). Die Lehre des Zen überliefert dies im Sinne des *mu shin* als Leere der Gedanken und sieht darin die Voraussetzung des absichtslos absichtsvollen Tuns. Dem liegt perfekte Synergie als Voraussetzung zugrunde: Die Elemente des bio-ökosozial-mentalen Systems Mensch unterstützen sich in ihrer Wirkung gegenseitig, die Trennung zwischen Körper, Material und Kopf hebt sich auf.

„Leere" im Sinne Funakoshis zu erleben und derartig Synergien zu nutzen wünschen sich eigentlich alle, besonders bei Anforderungen, die nach eigener Bewertung und Einschätzung mit Routine allein nicht zu schaffen sein werden, bei denen Automatismen versagen und die deshalb besondere Anstrengungen erfordern. Gerade bei hohen und höchsten Anforderungen kommt Bewertungs- und Abschätzungsprozessen eine zentral ankernde Organisationsleistung zu: Aus dem kaum überschaubaren Kosmos aller möglichen Gedanken sollen ausschließlich die verfolgt werden, die die Bewältigung der gestellten Anforderungen und damit das Gelingen stützen. Umgangssprachlich und aus dem Alltagswissen ist dann vom „freien", „klaren" oder „kühlen" Kopf die Rede, der einer jungen Schwimmerin angesichts eines Hais im Meer, wie es scheint, abhandenkam.

> **DER HAI**
>
> Ein Sportjournalist fragte mich als Experten für Mentales Training im Sport, was ich von der Methode eines australischen Schwimmtrainers hielte, der seinen Schwimmern riet, sich vorzustellen, sie würden von einem Hai verfolgt, eine Vorstellung sozusagen als Mentalturbo. Meine Antwort: „Im Prinzip nicht schlecht, nur was machen die Schwimmer bei der Wende?" Diese Geschichte erzählte ich meinen Studierenden in einem thematisch einschlägigen Seminar an der Universität als anschauliches Beispiel. Daraufhin meldete sich eine Studentin, national erfolgreiche Triathletin, um ihre Erfahrung mit just diesem Thema zu berichten. Im Trainingslager in Australien habe ihr ein Trainer genau diesen Rat gegeben, der da wohl verbreitet sei. Im Schwimmbecken habe das dann auch immer wunderbar funktioniert. Zum Beinahe-Drama allerdings geriet dann ein Training im offenen Meer, bei dem ihr ein leibhaftiger Hai begegnet sei, dem sie in panischer Angst davonzuschwimmen versuchte, ohne allerdings zu wissen, ob er sie wirklich verfolgte. Schlechter, verkrampfter und erschöpfender sei sie noch nie geschwommen. Obwohl Kenner ihr hinterher versicherten, es hätte sich um eine vergleichsweise harmlose Haiart gehandelt, sei sie seitdem nie mehr im Meer geschwommen.

Auch Sorgengepeinigte wollen den Kopf „frei" bekommen, um Dinge klarer zu sehen. Examens- und Präsentationskandidaten ringen darum genau wie Personen, die eine herbe Niederlage erlitten oder ein Projekt in den Sand gesetzt haben. Sie alle sind aus der Routine gekippt. Sobald das soziale Umfeld das Problem erkennt, können sich die Betroffenen zusätzlich zu den eigenen Anstrengungen kaum vor Ratschlägen retten, die wiederum an der Voraussetzung Nummer eins, dem Kopf, ansetzen: sich „keinen Kopf" zu machen oder sich nicht „kopfscheu" machen zu lassen, „einfach nichts zu denken" und „es einfach zu tun". Einfach ist das bestimmt nicht, aber machbar. Dazu muss man sich die notwendigen mentalen Voraussetzungen fürs Gelingen erarbeiten: zweckmäßige Vorstellungen als Basis für konstruktive erfolgszuversichtliche Bewertungen und Handlungen.

2.4 Wie man Vorstellungen ändert: Figuren und Gewohnheiten

Die vorstehenden Beispiele verdeutlichten einen mentalen Mechanismus, der für Top-Leistungen grundlegend wichtig ist: den ebenso schnellen wie sicheren, wirksamen und leichten Zugriff auf gewohnte Handlungsmuster, denen Vorstellungen als mentale Landkarten und Navigationssysteme zugrunde liegen. In den geschilderten Situationen löste der Zugriff auf eine zwar tief verankerte, aber in diesem Fall unzweckmäßige Vorstellung eine untaugliche, weil misslingende Strategie aus. Im Beispiel des Bremsens potenzierte sich deren Wirkung zusätzlich durch den Schreck auf die momentan als bedrohlich, mit Schädigungskonsequenzen eingeschätzte und bewertete Situation.

In allen beschriebenen Ausgangssituationen setzte sich offensichtlich eine Gewohnheit als routiniert verfügbares Handlungsmuster in Szene, ob die Betroffenen wollten oder nicht, obwohl es zur Bewältigung der gegebenen Situation nicht taugte. Dieses In-Szene-Setzen gewohnter Handlungsmuster geschieht augenblicklich wie das Umlegen eines Schalters. Die mentale Situation kippt, „mit einem Schlag" sieht man ein anderes Bild. Es greifen zwei mentale Mechanismen, die in der Psychologie bestens erforscht sind:

- Das Wahrnehmungsfeld springt um, als würde man einen Kippschalter umlegen. Dieser Mechanismus ist aus der Psychologie als **Figur-Grund-Prinzip** bekannt.
- Es wird auf eine eingeschliffene, gewohnte handlungsleitende Vorstellung, das heißt eine **Gewohnheit**, zugegriffen.

Das Figur-Grund-Prinzip

Wahrnehmung gibt Orientierung, weil man sich damit ein Bild von der Situation macht, in der man handelt. Unser Wahrnehmungsfeld strukturiert sich dabei um die uns bedeutsamen Inhalte, ausgehend von dem, was uns im Moment sinnstiftend und deshalb wichtig erscheint. Dabei heben sich diese bedeutsamen Inhalte immer vor einem (Hinter-)Grund als prägnante, sinnhafte Figuren ab, auf die sich dann auch unser Handeln richtet. Hier greift ein mentaler Mechanismus, den erstmalig der dänische Psychologe Rubin vor etwa 100 Jahren als das Figur-Grund-Prinzip beschrieb. Demnach organisiert sich nicht nur unsere Wahrnehmung um Figuren, die vor einem (Hinter-)Grund hervortreten, auch unser Handeln orientiert sich an Figuren und nicht an ihrem Grund. Ein Torwart im Tor ist so eine Figur vor dem Hintergrund des Tores und seines Umfelds. Er hebt sich als Figur prägnant von dem Hintergrund seines Tores ab und zieht Wahrnehmen und Handeln von Stürmern an, besonders, wenn sie den Ball überraschend vor die Füße gespielt bekommen. Auch Skiläufer, die um einen am Hang stehenden Sportfreund herumfahren wollen, erfahren, wie „anziehend" Figuren wirken. Sie sehen den Freund als Figur, farblich oft auch noch schrill abgehoben, starren ihn an und halten wie hypnotisiert auf ihn zu, obwohl Ausweichraum in jeder Richtung reichlich vorhanden ist. Ganz ähnlich ergeht es einem, wenn man einen Raum mit einer großen Zahl Wartender betritt, zum Beispiel ein Theater oder Hotelfoyer vor einer Vorstellung oder einem Vortrag. Man glaubt, niemanden zu kennen. Plötzlich sieht man einen

Bekannten – und auf einen Schlag „verschwinden" alle Anwesenden, weil das bekannte Gesicht zur Figur wird und alle anderen zum Grund. Je attraktiver der oder die Bekannte, umso stabiler bleibt diese Figur-Grund-Ordnung.

Abbildung 3 Der Rubinsche Becher, das Figur-Grund-Phänomen: Ein Pokal oder zwei Gesichter? (Rubin 1921)

Abbildung 3 verdeutlicht die Wirkung dieses Mechanismus. Sie lässt die Wahrnehmung des Betrachters zwischen zwei „Figuren" hin- und herspringen: Einmal sieht er den Pokal, dann wieder die zwei Gesichter als Figur. Das Hin- und Herspringen ergibt sich in dieser Abbildung, weil Pokal und Profile als gleichwertig wahrgenommen werden, sodass der Betrachter sich nicht entscheiden kann.

In die zweckmäßige Figur kippen

Das Figur-Grund-Prinzip steuert unsere Wahrnehmung auch im Alltag. Werdende Mütter und Väter sehen nur noch Schwangere. Wer vorhat, ein blaues Auto einer bestimmten Marke zu kaufen, sieht plötzlich überall blaue Autos. Unter Entscheidungsdruck springt die Wahrnehmung oft pausenlos hin und her, wie gefangen von dem Dilemma: Soll ich oder soll ich nicht? Auch bei Autofahrern, die sich angeregt mit dem Beifahrer unterhalten und dabei den Straßenverkehr nebenher und unbewusst wahrnehmen, kann die Wahrnehmung mit einem Schlag umspringen: Sobald sich ein anderer Verkehrsteilnehmer in eine Lücke vor den Fahrer drängelt, wo eigentlich gar keine ist, und sich als andere, bedeutsamere „Figur" in dessen Wahrnehmungslandschaft schiebt, richtet sich die volle Aufmerksamkeit auf den Straßenverkehr. Das Figur-Grund-Prinzip zeigt auch, wie Wahrnehmen und Handeln in einem untrennbaren Funktionskreis verbunden sind. Man nimmt wahr, weil man handelt, und vermag zu handeln, weil man wahrnimmt. Wenn aber dieser Automatismus des Umspringens auf eine Figur einer robusten psychologischen Gesetzmäßigkeit gleichkommt, wäre dies ja der Schlüssel zum Gelingen ausgerechnet dann, wenn hohe Anforderungen zu bewältigen sind, bei denen Routine nicht weiterhilft. Der Automatismus des Umspringens versetzt uns in die Lage, mit einem Griff auf ein zweckmäßiges Handlungsmuster wie auf eine passende Landkarte beziehungsweise ein mentales Navigationssystem zuzugreifen, wenn es schwierig wird.

Top-Leistern gelingt es auch in schwierigen Situationen, jenseits der Routine professionell auf Inhalte und innere Landkarten und Navigationssysteme schnell und sicher zuzugreifen, um ihr Handeln zu stützen und zu stabilisieren. Die zweckmäßige Landkarte wird zur Figur, die kompetentes Handeln stützt, vor dem Grund einer Vielzahl anderer Landkarten, die im Moment weniger zweckmäßig erscheinen. So weiß ein erfahrener Chirurg, wenn er eine Schlagader verletzt hat, welche seiner Landkarten ihn jetzt zweckmäßig und weiterführend unterstützt, und vermag augenblicklich darauf zuzugreifen. Den jungen und unerfahrenen Kollegen dagegen, der noch über keine angemessenen stabilen Landkarten verfügt, wirft die gleiche Situation aus der mentalen Balance. Er kann zwar, bildhaft gesprochen, in seiner Kartensammlung suchen, wird aber auf die Schnelle keine passenden Karten finden. Ruhe und Souveränität kommen ihm abhanden, seine Gedanken richten sich auf mögliche Konsequenzen.

Möglicherweise beginnt er, unzweckmäßige Handlungsmuster zu aktualisieren, die zu Unsicherheit, Hektik oder gar Panik führen und so fatales Verhalten nach sich ziehen können. Der unerfahrene Tennisspieler lässt sich von der Figur seines ans Netz vorrückenden Gegners „anziehen", während der erfahrene den offenen Platz wahrnimmt und den Gegner lobbt oder passiert. Auf vielen Golfplätzen ist Geld mit dem Herausfischen von Bällen aus Wasserhindernissen zu verdienen: Sie ziehen scheinbar Golfbälle magisch an. Der mentale Mechanismus dahinter: Der Teich wird zur Figur und zieht damit die Wahrnehmung und Konzentration des Golffreunds an, zulasten des Schwungs.

Gewohnheiten

Gewohnheiten sind der zweite mentale Mechanismus neben dem Figur-Grund-Prinzip. Sie gelten als robuste, über vielfache Wiederholungen eingeschliffene Handlungs- und Vorstellungsmuster.

Im Alltag beurteilt man sie in der Regel keineswegs nur positiv. Meist sind sie verpönt, oft auch als schlechte Angewohnheiten wie Rauchen, zu viel Essen oder Fernsehen. Interessanterweise sind Gewohnheiten nur ein Thema, wenn sie lästig sind. Dann entwickeln sie nämlich eine Art Eigenleben, dem man oft machtlos gegenübersteht. Wahrscheinlich deshalb fällt es einem auch so schwer, sich von langjährigen Gewohnheiten zu trennen: Sie wurden über Jahre eingeschliffen und sind deshalb so hartnäckig wirksam, dass sie einen fast schon zu ihrem Opfer machen. Die Chance zur Veränderung bietet sich nur dem, dem sich entweder fundamentale Einsichten öffnen oder der mit vergleichbarer Hartnäckigkeit alternative Programme dagegensetzt und trainiert.

Was eine fundamentale Einsicht sein kann, verdeutlicht vielleicht die Rauchentwöhnung meines Bruders. Er hatte geraucht, solange ich denken kann, bis mir eines Tages plötzlich auffiel, dass er ohne Tabak auszukommen schien. Auf meine erstaunte Frage nach dem Warum erzählte er mir sein Erlebnis an einem kalten Regenabend. Es muss wohl einer jener Abende gewesen sein, an denen man nicht einmal einen Hund vor die Tür schicken würde. An diesem Abend erfuhr er eine intensiv erlebte Mangellage, sprich, das starke Bedürfnis zu rauchen, konnte es aber mangels entsprechender Vorräte nicht stillen. Um nicht in den nasskalten Abend hinauszumüssen, suchte er im Haus nach unentdeckten Restbeständen und wurde nach einer Weile tatsächlich fündig. Allerdings schmeckten die Glimmstängel alt und trocken, genussneutral bis abstoßend. Nach einigen Zügen fragte er sich, ob er wirklich schon so süchtig sei, dass er wie ein Junkie rauchen müsse, ohne Genuss, nur, um sich mit Nikotin zu versorgen. Das war die Geschichte von der letzten Zigarette. Der Auslöser war eine Umbewertung, die eine Vorstellungs- und danach eine Verhaltensänderung bewirkte.

Gewohnheiten lassen sich positiv nutzen

Offensichtlich sind Gewohnheiten stabile, sehr schnell aktualisierbare Denk- und Handlungsmuster. Sie entstehen nie plötzlich, sondern schleichen sich ein. Sofern sie der Situation und ihren Anforderungen entsprechen, sind sie extrem nützlich, hilfreich und entlastend. Damit bietet der Mechanismus der Gewohnheit konstruktive Perspektiven, die sich positiv nutzen lassen. Gelingt es nämlich, statt unzweckmäßiger und kontraproduktiver zweckmäßige und inhaltlich produktive Landkarten und Navigationssysteme für Handlungsmuster gewohnheitsmäßig aufzubauen, sind die idealen Voraussetzungen für erfolgreiches Handeln gelegt. Der Grund: Gewohnheiten, die einmal gelernt, eingeschlichen, eingeschliffen oder eingefahren sind, lassen uns ziemlich störungsresistent und außerordentlich handlungssicher agieren. Voraussetzung für den Aufbau neuer, produktiver Gewohnheiten ist ein systematisches Training.

Figur-Grund-Prinzip und Gewohnheiten konstruktiv nutzen

Es lohnt sich, die Mechanismen Figur-Grund-Prinzip und Gewohnheiten etwas genauer zu betrachten. Gelänge es nämlich, beide so zu nutzen, dass sie sich im Bedarfsfall produktiv und unterstützend abrufen lassen, hätte man eine belastbare mentale Voraussetzung fürs Gelingen jenseits der Routine geschaffen. Der Aufbau zweckmäßiger innerer Landkarten und Navigationssysteme als Gewohnheiten hätte neben der inhaltlichen Seite dann noch einen weiteren Vorteil: Man könnte auf sie wie auf eine „Figur" der Wahrnehmung schnell und sicher zugreifen. Beides zu trainieren ist möglich und damit eine Fundierung mentaler Voraussetzungen fürs Gelingen, wie Sie in den Kapiteln 3 und 4 lesen können. Anforderungen, so unangenehm sie auch sein mögen, ganz gleich, wie stark sie fordern, wandeln sich auf diese Weise in potenzielle Entwicklungschancen. Sie sind sicher, schnell und perspektivisch zu bewältigen und bieten damit auch Übungs- und Lernchancen, die das individuelle Leistungspotenzial überdauernd positiv verändern können.

Die Vollbremsung

Aus dem Aufbau prägnanter Figuren und neuer Gewohnheiten durch Training erwachsen psychologisch belastbare mentale Voraussetzungen fürs Gelingen. Nehmen wir als Beispiel die Situation einer Vollbremsung mit dem Auto. Diese Situation tritt zwar nur selten auf und ist deshalb wenig geübt und schon gar nicht trainiert. Aber wer sie beherrscht, erhöht seine Überlebenschancen enorm. Welche inneren Landkarten und Navigationssysteme haben Durchschnittsfahrer von einer Vollbremsung? Selbst wenn das Auto über ABS verfügt, haben es die meisten Autofahrer noch nie in den Regelbereich gebracht und damit seine Möglichkeiten ausgereizt. Ob sein Auto über ein ABS verfüge, wisse er nicht, bekannte mir jemand, der täglich fährt, auf meine Frage. Ihm sei nur aufgefallen, dass es beim Bremsen auf glatter Straße immer so rattere, obwohl die Straße doch glatt sei ... Im Ernstfall verfügt jemand mit dieser Erfahrung über eine untaugliche Landkarte, denn wie soll er ausgerechnet in der kritischen Situation plötzlich in der Lage sein, sicher, situations- und anforderungsadäquat zu bremsen? Zwar wird er im Falle des Falles auf eine Landkarte zugreifen, sie wird jedoch, zwangsläufig, untauglich sein: Wilde Aktionen in unbekanntem Gelände, orientierungslos, die ungünstigsten Voraussetzungen fürs Gelingen, denn man wird zum Objekt des Autos, es macht mit einem, was es will. Mit einer mentalen Landkarte, die die einzelnen Handlungsschritte abbildet, wäre man besser vorbereitet. Das aber setzt voraus, die Schritte des Bremsvorgangs zu beschreiben und im Kopf durchzuspielen:

- Beim Bremsen Lenkrad mit beiden Händen „10 nach 10" halten.
- Kupplung und Bremse sofort und gleichzeitig treten, mit aller Kraft.
- Weit über das Hindernis hinausschauen.
- Druck am Pedal aufrechterhalten.

Das ist die Skizze einer inneren Landkarte der Figur „Vollbremsung mit dem Auto". Genau den gleichen Weg geht der Flugkapitän im Kapitel 4.1, wenn er trainiert. Wer das Bremsen mental trainieren möchte, folgt am besten den weiteren Anleitungen zum professionellen Mentalen Training in fünf Schritten. Mehr und Genaueres dazu erfahren Sie in den Kapiteln 3 und 4.

Top-Leister und Anfänger

Figur-Grund-Prinzip und Gewohnheiten sind mentale Mechanismen, die sich für den schnellen und sicheren Zugriff auf eine geeignete Landkarte eignen. Experten unterscheiden sich von Anfängern grundlegend darin, dass sie über eine große Sammlung mentaler Landkarten für alle möglichen und denkbaren Fälle verfügen, auf die sie im Falle des Falles schnell und sicher zugreifen. Ein Polizeioffizier bekannte mir einmal: „Ich hasse den Zufall." Das bedeutet konkret:

„Ich empfinde tiefe Abneigung gegenüber Situationen, in denen ich Gefahr laufe, ohne taugliche mentale Landkarte unterwegs zu sein."
Fachleute, denen man Intuition unterstellt, verfügen über eine Vielzahl von so weit verinnerlichten Landkarten, dass sie darauf sogar unbewusst automatisch zugreifen können. Natürlich kann auch Glück im Spiel sein, doch darauf sollte man als Könner nicht allzu sehr vertrauen. Vorstellungen als innere Landkarten und Navigationssysteme muss man entwickeln und trainieren. Profis wissen das, denn sie können sich nicht dem Zufall ausliefern, insbesondere dann nicht, wenn Lösungen und Erfolge gefordert sind, die mit eingefahrenen Routinelandkarten nicht zu leisten sind. Die Methode der Wahl: Erarbeiten und Trainieren von Kompetenz in „guten" Zeiten, um in schwierigen sicher und schnell darauf zurückgreifen zu können, per Mentalem Training.

3 DIE METHODE: DAS MENTALE TRAINING

Vorstellungen sind wie Landkarten für unser Handeln. Wir orientieren uns nicht nur daran, sie sind auch die Grundlage, um innere zielführende Navigationssysteme zu programmieren. Navigationssysteme führen einen Schritt für Schritt sachlich, unaufgeregt, handlungs- und treffsicher zum gewünschten Ziel, wenn man sie mental trainiert. Mit Mentalem Training kann man per „Probehandeln" (also im Kopf) ohne praktische Ausführung trainieren, ohne Gerät, ohne Hilfsmittel: überall. Damit gelingt es, Anforderungen jenseits der Routine besser zu bewältigen und mit Beanspruchung effektiver umzugehen. Ziele des Mentalen Trainings sind ein optimaler Eigenzustand, effektives Handeln und ein klarer Weg im Umgang mit Anforderungen jenseits der Routine.

DARÜBER LESEN SIE IN DIESEM KAPITEL:

- Das Ziel: Gut sein, wenn's drauf ankommt
- Mentales Training ist Probehandeln
- Mit Mentalem Training fit, jenseits der Routine
- Mentale Landkarten und Navigationssysteme
- Das 3-4-5-Prinzip
- Mit Mentalem Training Eigenzustand, Handeln und Wege optimieren
- Handlungsbereit und handlungsfähig
- Drei Beispiele aus der Praxis von Könnern
- Missverständnisse zum Mentalen Training
- Situationen, die man mit Mentalem Training besser bewältigt
- Mentale Voraussetzungen für erfolgreiches Training: Ziele, Motivation, Konzentration und Kompetenzüberzeugung

3.1 Training – der Weg zur Top-Leistung

Glück ist keinesfalls hinderlich. Fürs Gelingen einer Top-Leistung sollte man sich aber besser nicht darauf verlassen, sondern etwas können und auf solide persönliche Leistungsvoraussetzungen wie Fähigkeiten, Fertigkeiten und Kompetenz bauen, die durch Training erworben und entwickelt werden. Das ist systematische planvolle Arbeit, die im Sport als unbestrittene Voraussetzung für erfolgreiches Handeln gilt. Entsprechendes Expertenwissen wurde nicht nur über Jahrzehnte weiterentwickelt, sondern auch wissenschaftlich systematisiert. Prinzipien des Trainings bestimmen deshalb heute nicht nur den Alltag von Hochleistungssportlern, sondern finden sich inzwischen auch in Bereichen, in denen existenziell bedrohliche Anforderungen bewältigt werden müssen, zum Beispiel in der Luft- oder Seefahrt, dem Militär oder bei Rettungs- oder Sicherungskräften. Sogar Künstler wie Musiker, Tänzer oder Schauspieler profitieren von Prinzipien des Trainings: systematisch, planvoll und kontrolliert zu arbeiten, um Fähigkeiten, Fertigkeiten und Handlungsabläufe zu optimieren. Traditionell verwenden sie aber nicht den Begriff „trainieren", sondern bezeichnen das mehrmalige Wiederholen vor den Aufführungen als „üben", „proben" oder „einspielen". Dass diese Art der Arbeit ganz erheblich mental beansprucht, kann jeder Kunstschaffende bestätigen.

3.1.1 Das Ziel: Gut sein, wenn's drauf ankommt

Top-Leister müssen optimal handeln zum definierten, festgelegten Zeitpunkt. Nicht vorher, nicht nachher, sondern *just in time*. Der Vortrag oder die Präsentation soll genau dann, wenn alle Zuhörer im Saal sitzen, überzeugen und mitreißen. Jetzt kommt es darauf an, mit ruhigem wie sicherem Zugriff umzusetzen, was vorhanden ist. Leider aber scheitern viele Künstler, Sportler oder Referenten oft daran, dass sie wohl wissen, wie es geht, und ihre Sache auch beherrschen, ihr Können aber nicht dann zu zeigen vermögen, wenn es erforderlich ist. Das *Just-in-time*-Prinzip gilt ohne Einschränkung für jeden, ob man nun ein Frühstücksei oder Spaghetti kocht, im Volkshochschulkurs aquarelliert oder sein Fahrverhalten ampelkonform regelt.

Training

Mit Training kann man persönliche Leistungsmöglichkeiten entwickeln und stabilisieren, um handlungsfähig zu sein, wenn es darauf ankommt. Dafür trainieren Weitspringer oder Fußballer genauso wie Piloten oder Ingenieure und Arbeiter, die eine Fertigung hochfahren, oder Musiker, die proben. Im Hochleistungssport ist es eine Selbstverständlichkeit, zielgerichtet, systematisch, planmäßig und kontrolliert auf der Basis der Erkenntnisse der Trainingswissenschaft zu trainieren. Training, Gelingen und Leistung gelten seit jeher als drei untrennbar miteinander verbundene Systeme: Training ist die Voraussetzung fürs Gelingen, für eine Leistung. Ein Sportler, der nicht trainiert, ist keiner – egal, auf welchem Niveau er seinen Sport ausübt. Lautete die Antwort auf die Frage: „Was trainierst du denn?", schlicht: „Nichts", würde dies auf extrem niedriges Freizeitsportlerniveau, Krankheit oder Verletzung hinweisen. Allerdings erwartet man selbst von einem verletzten Spitzensportler, dass er auch in der Rehabilitation systematisch trainiert.

Im Sport ist Training also eine Selbstverständlichkeit. Würde dagegen ein Firmenmitarbeiter beanspruchen, ganzjährig täglich fünf Stunden lang zu trainieren, stieße er ziemlich sicher auf Unverständnis. In Unternehmen wird Training zwar gern als notwendig und zweckmäßig eingefordert, aber aus verschiedensten Gründen nicht mit der Konsequenz wie im Hochleistungssport umgesetzt. Immerhin: Ein Umdenken hat begonnen. Häufiger als früher fordern Unternehmen und Ausbilder Training als Systembestandteil beispielsweise in der Personalentwicklung. Unternehmens-, Verkaufs- oder Motivationstrainer, um nur einige zu nennen, bieten einschlägige Veranstaltungen in den unterschiedlichsten Organisationsformen an. Denn natürlich muss nicht nur im Hochleistungssport mehr und mehr trainiert werden, sondern auch überall dort, wo die Optimierung und Ökonomisierung im Umgang mit technischen Systemen wie Maschinen, Instrumenten und Werkzeugen oder sozialen Systemen wie Gruppen und Teams einen wichtigen Wettbewerbsvorsprung bedeuten.

Um von Training sprechen zu können, müssen mindestens drei Grundsätze erfüllt sein:

- Training muss **systematisch** angelegt sein und nicht zufällig und beiläufig. Für ein Mentales Training reicht es keineswegs aus, die Augen zu schließen, ein bisschen mit dem Kopf zu wackeln, mit den Händen Bewegungen anzudeuten und sich dabei einzureden, man sei der Größte.
- Training lebt von der **planmäßigen, wiederholten** und nicht von der gelegentlichen und vereinzelten Ausführung. Zugrunde liegt ein Plan mit ausdrücklich formulierten Zielen, Trainingseinheiten und -methoden.
- Training ist **kontrolliert** und erfordert klare, das heißt kontrollierbare Ziele, denn Trainingserfolg bemisst sich letztlich erst an den überprüfbaren Ergebnissen.

3.1.2 Was Training anstrengend, aber erfolgreich macht

Training wirkt aufgrund von Beanspruchung, die den Organismus aus seiner Gleichgewichtslage, der Komfortzone, auslenkt. Treppensteigen oder Laufen beispielsweise steigert die Pulsfrequenz, je nach Geschwindigkeit, mitunter auf das Doppelte der Ruhefrequenz. Da jeder lebende Organismus über die Fähigkeit der Selbstregulation verfügt, pendelt er nach der Beanspruchung wieder in eine neue Gleichgewichtslage auf etwas höherem Niveau zurück, er passt sich automatisch an. Man kann dies getrost als das Überlebensprinzip auch des Menschen ansehen, der ja die Hitliste der anpassungsfähigsten Organismen anführt. Anpassungsprozesse optimieren sich einerseits durch natürliche Auslese recht radikal, wie Charles Darwin in seinem Gesetz von der Erhaltung der Arten beschrieben hat, andererseits lassen sie sich aber auch etwas humaner durch Training optimieren. Sowohl bei der Auslese wie beim Training wird die Voraussetzung jeder Anpassungsfähigkeit, die Fitness, optimiert. Darunter versteht man die flinke, aber nachhaltige und ausdauernde Anpassung an Situations- und Anforderungsbedingungen. Körperliche Fitness gilt dabei als vertrautes Phänomen und Trainingsgegenstand. Genauso lassen sich aber auch soziale und mentale Leistungsvoraussetzungen trainieren.

Keine Fitness ohne Training. Training ist eine Eigenleistung:

- Diese Eigenleistung lässt sich **nicht delegieren**,
- sie ist **jetzt** zu tun, vertagtes Training bleibt wirkungslos,
- sie bringt **aus dem Gleichgewicht** durch Verlassen der Komfortzone,
- sie braucht klare, überprüfbare und explizit formulierte **Ziele**,
- sie trainiert **alle wichtigen Systeme** des Menschen, körperliche genauso wie mentale.

Erfolgreiches Training lebt von den kleinen, systematischen und regelmäßigen Schritten auch im Alltag. Die Frage muss lauten: „Was tue ich jetzt, um meinem großen Ziel einen Schritt näher zu kommen?", und nicht: „Wovon möchte ich weiter träumen und wie komme ich in Riesenschritten (möglichst ohne eigene Leistung) dorthin?" Zwar locken die Titelseiten der Fitness-Magazine mit Versprechungen, innerhalb weniger Tage zum Waschbrettbauch, zur Bikinifigur, zur Stressbewältigung oder zur inneren Balance zu gelangen. Das mag den Magazinen neue Leser einbringen. Verwirklichen aber lassen sich solche Ziele nur durch konsequentes, anstrengendes und langfristiges Training.

3.1.3 Training erfordert Ziele, Motivation, Konzentration und Kompetenzüberzeugung

Jenseits von selbst ernannten Schnell-und-super-Programmen fordert erfolgreiches Training als systematische, planvolle und kontrollierte Tätigkeit vier mentale Voraussetzungen:

- Wer trainiert, muss vorab klären, wohin sein Training führen soll, welche **Ziele** er anstrebt (siehe Kapitel 3.6.1).
- Training verlangt **Motivation** und **Sinn**. Jeder muss für sich selbst klären, was ihm das Training bedeutet und was ihn zu der gewählten Trainingsform veranlasst (siehe Kapitel 3.6.2).
- Aus dieser Motivations- und Sinnbasis ergeben sich die Ausrichtung des Trainings und die **Konzentration** auf das, was jetzt zu tun ist (siehe Kapitel 3.6.3).
- Das beste Training bewirkt wenig, wenn man danach nicht überzeugt von der erworbenen Kompetenz zu Werke geht: **Kompetenzüberzeugung** (siehe Kapitel 3.6.4).

Im Trainingsprozess empfiehlt es sich, diese vier Voraussetzungen stets im Auge zu behalten, um Verlauf und Entwicklung nicht nur planend vorauslaufend, sondern auch begleitend und rückblickend permanent abzuklären. Das ist vor allem in schwierigen Zeiten wichtig, wenn die Dinge nicht so laufen, wie es gedacht, geplant oder gar trainiert war.

3.2 Das Mentale Training – die Methode

3.2.1 Mentales Training ist Probehandeln

Mentales Training entwickelt, stabilisiert und optimiert Vorstellungen als Prüf- und Führungsgrößen unseres Handelns so, dass sie unser Handeln unterstützen und fördern. Es werden zunächst innere Landkarten als Basis eines mentalen Navigationssystems programmiert, um – bildlich gesprochen – auch in unwegsamem Gelände über Orientierung und ebenso sichere wie zielführende Wege zu verfügen. Denn im Mentalen Training spielt man per Probehandeln (im Kopf) Abläufe durch, ohne sie gleichzeitig in Form von Bewegung auszuführen. Jeder kennt das und praktiziert es im Alltag: beim Überlegen, wie sich bestimmte Arbeitsschritte oder Tätigkeiten durchführen lassen, oder beim gedanklichen „Abfahren" eines Weges, den man zwar einmal gefahren ist, aber noch nicht sicher kennt. Vor dem „geistigen Auge", in der Vorstellung, werden dann Wege und Handlungsmöglichkeiten durchgegangen. Damit erarbeitet man planmäßig, systematisch, bewusst und kontrolliert Orientierung nicht nur über seinen momentanen Eigenzustand und sein Handeln, sondern auch über seine Abläufe und Wege. Die Vorstellung gleicht dabei einer Landkarte – sie ist Abbild des Gebiets, in dem man sich bewegen will. Auf der Grundlage solcher inneren Landkarten wird dann durch Mentales Training sozusagen ein Navigationssystem programmiert, mit dem man Schritt für Schritt Abläufe abrufen kann. Kommt man dann wirklich in die Situation, die man meistern möchte, gibt man sein Ziel ein, um unter Rückgriff auf das Navigationssystem auch in wenig vertrautem Gelände sicher handeln zu können.

In jedem Hotelzimmer hängen ein Lageplan der Zimmer und die Vorschriften zum Verhalten im Brandfalle. Für den Ernstfall gerüstet sind aber nur Hotelgäste, die sich die Mühe machen, diesen Plan in eine mentale Landkarte umzuwandeln und die Orientierung über den erforderlichen Eigenzustand (Ruhe bewahren ...), das geeignete Handeln (Treppe gehen ...) und die Abläufe und Wege (aus dem Zimmer hinaus rechts ...) planmäßig, systematisch, bewusst und kontrolliert zu erarbeiten. Die so entstehende Vorstellung gleicht einer Landkarte, als Abbild des Gebiets, in dem man sich bewegen will, auf deren Basis dann ein Navigationssystem programmiert wird, über das man Handlungsabläufe abrufen kann. Tritt der Ernstfall tatsächlich ein, bewegt man sich unter Rückgriff auf die Orientierungsgrundlage der trainierten mentalen Landkarte und des Navigationssystems sicherer, auch in wenig vertrautem Gelände. Ohne vorausgehendes Mentales Training dagegen ist die Chance gering, bei Bedarf umsichtig zu handeln.

Aus diesem Grund spielt ein Astronaut in der Vorbereitung auf seinen Raumflug den Start im Simulator über 100-mal durch, meist mit Komplikationen, denn nur wenige Starts verlaufen perfekt. Bei diesen Simulationen trainiert er für den „Ernstfall" des „richtigen" Starts, er kann aber schon bei jeder Simulation seinen Eigenzustand, seine Handlungen und die Wege nicht nur real, sondern auch mental trainieren.

Mentales Training ist das planmäßig wiederholte, systematische, bewusste und kontrollierte Optimieren von Vorstellungen des Eigenzustands, einer Handlung oder eines Weges ohne gleichzeitige praktische Ausführung. Man kann damit „innere Navigationssysteme" entwickeln, die einen Schritt für Schritt zum Ziel führen.

Vorausschauendes Probehandeln

Klassische Anwendungsfelder für Mentales Training sind Situationen jenseits der Routine vor allem auch deshalb, weil man sich durch vorausschauendes Probehandeln präventiv wappnen kann, das eigene Handeln im Falle des Falles zu stützen. Beinahe müßig scheint hier der Hinweis, dass Mentales Training genau dann besonders wichtig und wirksam wird, wenn man bei der Bewältigung von Anforderungen nicht mehr auf die bekannten sicheren, wirksamen und schnellen Muster der Routine zugreifen kann – weil die Anforderung selten ist, urplötzlich auftritt oder ungewöhnlich schwierig ist. Ein anschauliches Beispiel dafür ist der Flugkapitän, der von seinem ersten Triebwerksausfall zwar überrascht wurde, aber trotzdem souverän zu handeln vermochte, weil er auf der Grundlage einer inneren Landkarte ein Navigationssystem für den Ernstfall mental programmiert hatte. Er trainierte es immer wieder, sprach und spielte es im inneren Film immer wieder durch und musste es nur Schritt für Schritt abrufen, als der Triebwerksausfall tatsächlich eintrat.

> **DER FLUGKAPITÄN**
>
> „Die Erfahrung hat nun gezeigt, dass es sich empfiehlt, alle möglichen Flugsituationen nach dem Konzept des Mentalen Trainings aufzuarbeiten und zu trainieren. Technische und/oder fliegerische

> Probleme wie das asymmetrische Ausfahren der Landeklappen, der teilweise Ausfall der Hydraulik oder Probleme mit der Stromversorgung können aus der Dokumentation des Flugzeugs heraus abgearbeitet werden. Dem folgen drei Schritte:
> 1. Das **Aufschreiben** dieser einzelnen Punkte auf ein Blatt Papier, in der Reihenfolge, in der sie im Ernstfall sequenziell abgearbeitet werden müssen.
> 2. Das **Auswendiglernen** dieser Punkte wie bei einem Gedicht.
> 3. Und als letzter und wichtigster Schritt: das **entspannte Hinsetzen**, um sich mental in die Situation im Flugzeug zu versetzen und die Situationen durchzuspielen.
>
> Ich habe mir folgende Strategie zurechtgelegt. Meine Fahrt von zu Hause zum Flughafen mit der S-Bahn dauert ungefähr eine Stunde und ich habe in meinem Pilotenkoffer ein kleines Heft, in dem die ‚Kochrezepte' für alle denkbaren unnormalen Situationen aufgelistet sind. Wenn ich nun in der S-Bahn sitze, hole ich mir dieses Heft heraus, schlage willkürlich eine Seite auf, zum Beispiel steht da: Ausfall des Landeklappensystems. Nun versuche ich, mir für den kommenden Flug, den ich an diesem Tag abfliegen muss, vorzustellen, dass genau dieses Problem bei diesem Flug auftritt. Ich klappe mein Heft wieder zu, versuche, mich mental in die 737 zu setzen, und stelle mir vor, wie, eben bei diesem Flug, das Problem ‚Ausfall des Landeklappensystems' zu bewältigen ist.
>
> Wenn ich das getan habe und mit meiner mentalen Vorbereitungsarbeit fertig bin, hole ich mir mein Heft wieder heraus und vergleiche das, was ich mental trainiert habe, mit dem, was in meinem Heft steht, und überprüfe, ob ich bestimmte Dinge vielleicht verkehrt gemacht oder verwechselt habe. Damit kann ich mich noch mal versichern, dass ich bei diesem fliegerischen Problemfall auf dem aktuellen und korrekten Stand bin. Natürlich lassen sich in einer Stunde von den vielen möglichen Problemen, die auftreten können, nur eins oder zwei mental durchspielen; aber über die muss ich mir schon mal keine Gedanken mehr machen."

Die Erfahrung des Flugkapitäns zeigt, wie Mentales Training die Bewältigung unbekannter Situationen erleichtert und vereinfacht, weil vorher gedachte Arbeitsschritte abgerufen werden können. Dies reduziert im Ernstfall die Belastung und setzt Kapazität frei, um über die generelle Bewältigungsstrategie nachdenken zu können. „In diesem

Zusammenhang", so der Flugkapitän, „kann man das Mentale Training oder die mental vorbereiteten Situationen mit einer Seilsicherung im Hochgebirge vergleichen. An den Punkten des Weges, die mit Seil gesichert sind, ist man geschützt, man kann also innerlich mal loslassen, sich auf die schon vorbereitete Hilfestellung einlassen. Wenn man nun den gesicherten Weg für ein kurzes Stück verlässt, geschieht dies mit der inneren Sicherheit, genau an dieser Stelle den vorbereiteten Weg oder den bekannten Weg zu verlassen, und man versucht, im Gelände auch möglichst bald wieder den abgesicherten und mit speziellen Sicherheitsstrategien versehenen Bereich zu erreichen."

Bilder, Sprache und Körperwahrnehmung

Die im inneren Navigationssystem programmierten Schritte können einem beim Mentalen Training ganz unterschiedlich bewusst sein:

- Als **Bilder** wie bei einer Hürdenläuferin, die sich ihren Lauf, auf fünf Bilder vereinfacht, vorstellt. Die Ausgangslage ist ihr Problem: „... am Start ist meine Schwierigkeit, dass ich sehr schnell aufstehe und nicht mit dem Oberkörper unten bleibe. Das erste Bild ist also, dass ich mir vorstelle, am Start mit dem Oberkörper extrem unten zu bleiben und die Knie nach vorne und hoch zu bringen. Das zweite Bild ist dann das Reingehen in die Hürde. Es ist sehr wichtig, dass man den Oberkörper vorne lässt, das heißt so zusammenklappt wie ein Taschenmesser ..." Ein anderes Bild beschreibt ein Pilot: „Vor meinem inneren Auge stelle ich mir einen Flug vor wie einen dünnen Draht von A nach B, und an diesem Draht hängen an bestimmten Positionen Schilder, auf denen genau steht, was ich tun muss: also an dieser Stelle das Hilfstriebwerk aktivieren, an dieser Stelle eine Kurve einleiten oder an jener Stelle die Landeklappen ein- oder ausfahren. Und ich fahre nun vor meinem inneren Auge diesen Draht ab, und immer, wenn so ein Schild kommt, wird es eben abgearbeitet."

- Als **Sprache** wie bei dem Patienten, der nach seiner Unterschenkelamputation das Gehen mit der Prothese praktisch wieder neu lernen musste. Er begleitete zunächst die Phasen seines Gehens per Sprechen: „Innen" signalisierte ihm am Schrittanfang das mittige Aufsetzen der Ferse (Ziel: die Füße eng nebeneinanderzusetzen). „Druck" signalisierte im Mittelstand, den Oberkörper aufrecht über der Standfläche zu halten, um nicht zur Seite abzukippen (Ziel: stabiler Oberkörper im Mittelstand). „Aab" signalisierte ihm, das Hüftgelenk maximal zu strecken. Ein lang gezogenes „Aab" hatte dabei eine rhythmisierende Funktion, um die Bewegung zu verlängern (Ziel: verbesserte Streckung am Ende des Schritts). Zusammengefasst lautete die individuelle sprachliche Bewegungsanweisung zum Gehen: „Innen", „Druck", „Aab".
- Als **Körperwahrnehmung**, die ein Windsurfer so beschreibt: „Ich gleite entspannt eingehängt im Trapez über das Wasser. Meinen vorderen Arm strecke ich locker und hänge mich mit meinem Gewicht an den Gabelbaum. Ich spüre, wie der Gabelbaum stark in meinen Händen zieht und wie mein Brett beschleunigt. Mit meinem hinteren Arm halte ich das Segel voll dicht gezogen."

Bilder, Sprache und Körperwahrnehmung erfährt man aber keineswegs immer getrennt, wie es in diesen Beispielen scheinen mag, sie können in der Vorstellung auch, vergleichbar den Farben eines Bildes, zusammenfließen. Bei Entspannungsübungen werden Klienten zum Beispiel aufgefordert, die Augen zu schließen und sich vorzustellen, wie sie an einem warmen karibischen Sandstrand, von einem lauen Lüftchen umweht, in der Sonne dösen und dem ruhigen Rhythmus der sanften Meeresdünung lauschen. Ob man sich beim Mentalen Training eher für eine sprachliche oder bildhafte oder in der Körperwahrnehmung gestützte Vorstellung oder eine Kombination davon entscheidet, hängt außer von individuellen Vorlieben auch vom eigenen Wissen und Können ab. Könner erleben Vorstellungen oftmals auf einen Rhythmus, ein Bild oder einzelne Signale reduziert. Diese wesentlichen Signale nenne ich Knotenpunkten (siehe Kapitel 3.3.3). Ein Autorennfahrer, den ich bat, mir eine Strecke zu beschreiben, musste passen, er habe die Strecke nur in Bildern und als

Bilderfolge im Kopf. Auch versierte Tennisspieler spüren schon beim Schlag allein über die Körperwahrnehmung, ob sie den Ball getroffen haben oder nicht. Ähnlich ergeht es dem Basketballspieler beim Freiwurf, der im Augenblick, in dem der Ball die Hand verlässt, spürt, ob er einen Korb „macht" oder nicht. Im Alltag geht es einem oft ähnlich: Probiert man zum Beispiel eine Hose an, spürt man oft schon beim Hineinfahren, ob sie passt oder nicht.

Zweckmäßige innere Landkarten sind nicht nur im Sport von Vorteil. Die Erkenntnisse über das Mentale Training wurden hier nur zum ersten Mal systematisch genutzt und werden seit 50 Jahren ständig weiterentwickelt. Innere Landkarten sind im Privatleben genauso hilfreich, etwa bei der Konfliktbewältigung in Familien oder beim Bedienen elektronischer Geräte. Auch in der Arbeits-, Betriebs- und Organisationspsychologie, bei der Optimierung von Arbeitsabläufen, der Fehlerforschung oder bei Kontroll- und Steuertätigkeiten, zum Beispiel an komplexen Mensch-Maschine-Systemen, hat man erkannt, dass mentale Landkarten zur Optimierung der Arbeitsqualität beitragen, weil sie Besonderheiten schon im Vorfeld signalisieren. Auch ein Kapitän macht sich anhand von Wetterkarte, Wolkenformationen oder Strömungsverläufen ein Bild und vermag sich mental entsprechend auf seine Fahrt vorzubereiten.

3.2.2 Mit Mentalem Training fit jenseits der Routine

Aus der Wahrnehmungspsychologie ist bekannt, dass man nur sieht, was man weiß. Auch aus diesem Grund erweist sich Mentales Training als wirksame Methode: Über differenzierte und spezifische innere Landkarten präzisiert und differenziert man die eigene Sicht und Perspektive und vermag deshalb effektives Handeln schnell, sicher und wirksam „wie im Schlaf" abzurufen. Wenn man eine Anforderungssituation wahrnimmt, bewertet man sie, entscheidet sich für eine passende Landkarte, die die notwendige Handlung unterstützt, und führt sie aus. Dies ist deshalb so hilfreich fürs Gelingen, weil man sich planvoller, zweckmäßiger und effizienter bewegen kann, bei voller Konzentration mental mit dem beschäftigt, was einem hier und jetzt hilft.

Wer nicht mental trainiert oder sich wenigstens mental vorbereitet, bewegt sich oft in einer weitgehend unbekannten und deshalb schwierigeren Situation, also jenseits seiner Routine quasi auf Neuland, ausgerüstet mit nur unzureichenden Landkarten und Navigationssystemen. Er ist den Umständen mit allen Risiken und Nebenwirkungen ausgeliefert und läuft deshalb Gefahr, nach dem Prinzip „schnell und heftig" zu verfahren. Der Effekt ist eine unangemessene, oft übersteuernde Reaktion. Ein typisches Beispiel dafür bot der Fußballtrainer, der nach dem verlorenen Spiel die millionenfach versammelte Fernsehgemeinde in einem Maß an seinem Ärger teilhaben ließ, dass er sich danach tagelang und tausendfach entschuldigen musste: Er war mental für ein Interview nach dem Spiel nicht gut vorbereitet.

Drei Beispiele zeigen die Notwendigkeit mentaler Landkarten in verschiedenen Anwendungssituationen:

Gehen trainieren

In Deutschland bekommen pro Jahr über 200 000 Menschen ein künstliches Hüftgelenk eingesetzt, die meisten zum ersten Mal, etwa jeder fünfte als Revision, weil degenerative Veränderungen am Hüftgelenk das Gehen zur Qual werden ließen. Für diesen aufwendigen Eingriff entscheiden sich die Betroffenen im Durchschnitt nach sechs bis acht Jahren Leidenszeit. Diese Zeit zwischen dem Hoffen auf Besserung und der Angst vor dem Eingriff versuchen viele Patienten mit ausgeprägteren Schon- und Ausweichhaltungen beziehungsweise -bewegungen oft mehr schlecht als recht, meist unter großen Schmerzen, zu überbrücken. Nach dem Eingriff müssen sie dann praktisch neu gehen lernen, denn ihre Gehroutine und damit das Gangbild haben sich in den Jahren derart verändert, dass sie sich mit der alten schmerzenden

Gehtechnik dysfunktional belasten. Das heißt: Die Patienten müssen nach der Operation eine mentale Landkarte für das „neue" Gehen entwickeln, um es planmäßig, systematisch und bewusst zu kontrollieren (Mayer, Görlich & Eberspächer 2002).

Operieren trainieren

Ein Motorradfahrer wird im Urlaub nach einem Sturz in irgendein Provinzkrankenhaus seiner Urlaubsinsel eingeliefert. Die Diagnose: Bänder-Totalschaden am rechten Schultergelenk, operative Versorgung unumgänglich. Sollte der Arzt in seiner bisherigen Laufbahn wenige oder gar keine Operationen dieser Art durchgeführt haben, befindet er sich bei diesem Eingriff jenseits der Routine, also auf Neuland mit allen Konsequenzen, auch für den Patienten. Ein Arzt ohne Erfahrung in der Durchführung des Eingriffs befindet sich in der Situation eines Wanderers, der sich in unbekanntem, gefährlichem Gelände ohne taugliche Landkarte bewegt. Mentales Training würde dem Arzt helfen, eine klare, differenzierte und stabile Vorstellung seines Vorgehens beim Eingriff aufzubauen. Ein erfahrener Unfallchirurg ließ mich wissen, dass er die gedankliche Vorbereitung von Operationen und Operationstechniken im Kopf heute nicht mehr brauche. Aber früher, als junger Assistenzarzt, habe er oft nächtelang Skizzen und Notizen von Operationstechniken angefertigt, um sein Handwerk zu lernen. Dem lässt sich nichts hinzufügen, er hat mental trainiert. Wer über taugliche Landkarten verfügt, braucht keine neuen, wohl aber, wer noch keine hat. Allerdings müssen auch vorhandene Landkarten ständig im Handeln überprüft werden, ob sie noch stimmen und den aktuellen Standards entsprechen. Wer über einen Satz tauglicher innerer Landkarten verfügt und auf sie zugreifen kann, hat mehr Handlungsalternativen, besonders in kritischen Situationen (Eberspächer & Immenroth 1999).

Mitarbeiten trainieren

Auch in die Beurteilung des Qualifikationsniveaus von Arbeitern fließt ein, dass erfolgreiche Arbeiter an Maschinen sich von weniger erfolgreichen ganz wesentlich durch ihr „Mitdenken" unterscheiden. Sie sehen Probleme schon kommen, die weniger engagierte Kollegen erst bemerken, wenn es zu spät und eine Korrektur unter Umständen nicht mehr möglich ist. Die Begründung liegt auf der Hand: Mitdenkende Arbeiter verfügen mit ihrer präzisen, differenzierten und stabilen Vorstellung über mentale Landkarten von Arbeitsabläufen und Entwicklungen, die sie in die Lage versetzen, Abläufe antizipierend abzusehen und *just in time* zu handeln. Gute Torhüter verhalten sich übrigens ganz ähnlich: Sie denken mit, sehen vieles „vorher" und leiten aus Merkmalen der momentanen Spielsituation die wahrscheinlichsten nächsten Schritte ab. Damit erleben sie weniger Überraschungen, minimieren die weiteren Verlaufsmöglichkeiten und maximieren die eigene Handlungssicherheit.

3.3 Mentales Training nach dem 3-4-5-Prinzip

Die folgenden Kapitel führen systematisch an die Praxis des Mentalen Trainings heran. Wie jedes sinnvolle Training setzt auch das Mentale Training eine Entscheidung über die **Ziele** und die Kenntnis der **Wege** voraus, auf denen sich die notwendigen **Schritte** gehen lassen, um zu den beabsichtigten **Wirkungen** zu kommen. Aufbauend auf diesen Überlegungen habe ich das **3-4-5-Prinzip des Mentalen Trainings** entwickelt:

- **3 Ziele** (Kapitel 3.3.1)
- **4 Wege** (Kapitel 3.3.2)
- **5 Schritte** (Kapitel 3.3.3)

Die **Wirkungen** (Kapitel 3.3.5) schließlich sind, wie bei jeder Trainingsmethode, immer an bestimmte **Grundsätze** (Kapitel 3.3.6) gebunden, die es zu beachten gilt.

3.3.1 3 Ziele des Mentalen Trainings

Die drei Ziele des Mentalen Trainings sind im Idealfall so synergetisch aufeinander abgestimmt, dass man optimal handlungsfähig ist, wenn es darauf ankommt:

- **Eigenzustand** – der Zustand, in dem man sich zu einem Zeitpunkt erlebt;
- **Handeln** – die Aktion, mit der man wirksam wird;
- **Weg** – die Raum-Zeit-Veränderung.

Eigenzustand, Handeln und Weg unterstützen sich im optimalen Fall gegenseitig.

Ziel 1: Optimaler Eigenzustand

Zu jedem Augenblick erlebt man sich in einem bestimmten mentalen und körperlichen Zustand, den man über ein differenziertes, manchmal diffuses Spektrum seiner Gefühle, seines Antriebs, seiner Stimmungen und Aktiviertheit beschreiben kann. Die Rede ist vom Eigenzustand, der jedem Handeln sozusagen die Melodie unterlegt. Zuweilen geht man wie auf Wolken oder könnte Bäume ausreißen, bei anderer Gelegenheit fühlt man sich schlapp wie ein nasses Handtuch oder leer und ausgebrannt. Die innere Landschaft des Eigenzustands ist zum einen unglaublich vielfältig und zum anderen eine grundlegende Voraussetzung, Aufgaben erfolgreich anzugehen und zu bewältigen. Deshalb gilt es, den Eigenzustand der Situation und den Anforderungen entsprechend anzupassen. Mit Mentalem Training lässt sich dieses Ziel zielsicher ansteuern. Der Eigenzustand ist eine mentale Konstruktion in mehr oder weniger ausgeprägtem Einklang mit körperlichen und Umgebungsbedingungen. Wo sonst könnte er besser reguliert werden als im eigenen Kopf?

Der Soll-Wert des Eigenzustands hängt von der zu bewältigenden Anforderung ab. Ein Gewichtheber sollte sich vor dem Gewicht anders erleben als ein Schütze vor der Scheibe. Das abendliche Einschlafen erfordert einen anderen Eigenzustand als das Vorhaben, ein Dutzend Umzugskartons von der ersten in die vierte Etage zu schleppen. In der psychologischen Diagnostik verfügt man über eine Reihe von Befindlichkeits- und Eigenzustandsskalen. Eine davon ist die 1970 von Nitsch vorgelegte, die auf zwei Grundfaktoren basiert: Handlungsbereitschaft und Handlungsfähigkeit. Abbildung 4 zeigt sie in ihren Grundzügen. Sie können darin ankreuzen, in welchem Grad zwischen „kaum" und „völlig" jeder der acht Begriffe auf Ihren augenblicklich erlebten Zustand zutrifft.

	Eigenzustand	
	Handlungsbereitschaft	
trifft kaum zu		trifft völlig zu
energiegeladen	I	I
kontaktbereit	I	I
anerkannt	I	I
selbstsicher	I	I
	Handlungsfähigkeit	
fröhlich	I	I
ruhig	I	I
erholt	I	I
schläfrig	I	I

Abbildung 4 Skala zur Erfassung des Eigenzustands (Ausschnitt, vereinfacht nach Nitsch 1970)

Vor einem Auftritt, einer Prüfung, einem Wettkampf oder einer Präsentation wäre der in den Skalen mit „o" markierte Eigenzustand zweifellos erfolgversprechender als der mit „x" markierte.

Handlungsbereitschaft		
	trifft kaum zu	trifft völlig zu
energiegeladen	I . . . . x . . . . o . .I
kontaktbereit	I . . . . x . . . . o . . .I
anerkannt	I . . . . x . . . . o . .I
selbstsicher	I . x . . . . o I
Handlungsfähigkeit		
fröhlich	I . . . . x . . . . o I
ruhig	I . . . . x . . . . .o I
erholt	I . x . . . . .oI
schläfrig	I . . . . o . . . . x . .I

Abbildung 5 Markierter Eigenzustand zweier Personen (x und o).

Ziel 2: Optimales Handeln

Vorrangiges Ziel im Sport oder beim Arbeiten ist es, optimal zu handeln, um Anforderungen situations- und anforderungsgerecht zu bewältigen. Sport- oder Arbeitstechniken sind optimierte Handlungsmuster, um einen bestimmten Effekt zu bewirken: zum Beispiel einen Ball zu schlagen oder eine Naht zu legen. Im Sport spricht man von der perfekten, gelungenen oder auch missglückten *Technik* bei Athleten. Auch im Alltag, wo Techniken nicht so klar und prägnant abgegrenzt sind wie im Sport, geht es um Techniken: bei der Bedienung von Videorekordern oder Computern, bei der Selbstverteidigung, beim Vortragen oder Verhandeln, wenn es gilt, durch eine bestimmte Körpersprache zu überzeugen, beim Fahren mit einem fremden Auto, das mehr Elektronik zu haben scheint als eine Boeing 747. Das alles sind alltägliche Handlungs- und Bewegungsabläufe, die man je nach Anforderung gelegentlich, am besten wie im Schlaf, beherrschen muss. Dasselbe gilt auch für Experten wie Piloten, Chirurgen, Zahnärzte, Sportler, Gerüstbauer, Architekten und viele andere. Zwar halten Handbücher oder Bedienungsanleitungen vielfache Bewältigungshilfen zur Optimierung der notwendigen Handlungsfolgen bereit, doch erlernen und verinnerlichen muss man sie selbst.

Golfspieler erfahren vom Lehrer, dem Pro, wie man den Schläger hält, wie man Schwünge für Drives und Annäherungsschläge ansetzt, wie man den Ball anspricht oder wie man die Fahne auf dem Grün bedient. Jeder Skilehrer und jeder Unternehmenstrainer lebt von seinem Wissen um Bewegungs- und Handlungstechniken, sei es am Steilhang, sei es bei der PowerPoint-Präsentation. Nicht nur Sportlehrbücher sind voll von Reihenbildern solcher Bewegungs- und Handlungsabläufe, auch Begleittexte für Studierende der Zahnerhaltungskunde geben Bewegungsanweisungen: „Das Winkelstück wird dabei wie ein Federhalter mit Daumen und Zeigefinger geführt, wobei man sich mit dem Mittelfinger am Nachbarzahn abstützt (nie im Gegenkiefer abstützen!)" (Seidel 1998, S. 3). Leider nützen alle diese Unterweisungen weniger als nichts, wenn sie nicht dem, der sie umsetzen soll, in einer internen Repräsentation, das heißt als mentale Landkarte vorliegen. Zu diesem Zweck aber müssen sie in seinen Kopf hinein: durch Mentales Training.

Ziel 3: Optimale Wege

Rennfahrer oder Produktionstechniker suchen per Probehandeln mental optimale Wege und trainieren sie, indem sie sich den Verlauf einer Rennstrecke oder einer Materialzuführung vergegenwärtigen. Messebauer, Veranstalter oder Event-Manager nehmen Besucherströme mental vorweg. Bei Chirurgen, Piloten, Springreitern und Skiläufern bietet es sich geradezu zwingend an, mentale Landkarten und Navigationssysteme ihrer Handlungs- und Operationsabläufe zu erarbeiten und zu trainieren. Gute Lehrer verfahren ebenso und greifen auf gelungene Unterrichtsentwürfe zurück.

> **BEISPIEL: DER OPTIMALE WEG**
>
> „Jetzt geht's hinauf zum Galgenkopf. Hier nützen wir den Randstein aus, um uns abzustützen in die Rechtskurve hinein, dann lange außen bleiben, ganz außen, um erst zum Schluss wieder rechts rein, in

> die Gerade, die Döttinger Höhe hinein, beschleunigen zu können ...", beschreibt der Motorradrennfahrer Helmut Dähne seinen Weg in einem Streckenabschnitt auf der legendären Nürburgring-Nordschleife. Hunderte Male ging er ihn im Kopf durch, bevor er seinen Streckenrekord aufstellte (siehe auch Kapitel 4.2).

Drei Beispiele aus der Praxis von Top-Leistern

Könner haben von wichtigen Abläufen differenzierte, spezifische und klare Vorstellungen entwickelt, über die sie stabil und sicher verfügen und an denen sie sich zuverlässig und genau orientieren können. Sie verfügen über ein inneres Navigationssystem. Einen „freien" Kopf (siehe Kapitel 2.3) haben sie, weil sie schnell und sicher auf dieses Navigationssystem zugreifen und von dessen Wirksamkeit überzeugt sind. Drei Beispiele aus der Praxis verdeutlichen diesen professionellen Zugriff. Beim ersten Beispiel handelt es sich mit dem Entspannen zwar um eine Alltagstechnik. Besonders wichtig ist die Technik aber für Hochbeanspruchte: Sie müssen sie beherrschen, um ihren Eigenzustand zu regulieren.

Beispiel 1: Die Regulation des Eigenzustandes – durch Entspannung

Entspannung ist gefordert, wenn man zur Durchführung der gewünschten Handlung zu aktiviert, zu aufgeregt ist. Das Herz klopft bis zum Hals, der Mund trocknet aus und der Magen samt Inhalt scheint ein Eigenleben zu entwickeln. So erleben die meisten das Warten vor einem wichtigen Auftritt, einer Prüfung oder vor einem Einstellungsgespräch. In solchen Situationen gilt es, die Handlungsfähigkeit zu stabilisieren, indem man das Aktivationsniveau, also das psychische und physische Erregungsniveau, absenkt und sich wirksam entspannt und beruhigt.

Das nach meiner Erfahrung hilfreichste Grundprinzip für Entspannung ist die von Jacobson (1934) entwickelte Methode der Progressiven Muskelentspannung: Spannen Sie die Muskelpartie, die Sie entspannen wollen, erst einige Sekunden an, so stark es geht, atmen Sie dann aus und lassen Sie los, spüren die Entspannung nach der Anspannung. Wichtige Körperpartien für das Entspannen sind naturgemäß die, die unter mentalem Druck als erste in den Schraubstock der Muskeln geraten:

- **Gesicht,**
- **Schultern** und
- **Sitzfläche.**

> **WIE SICH TOP-LEISTER ENTSPANNEN**
>
> Zur Entspannung der Sitzfläche stellen Sie sich zunächst vor, Sie müssten mit den Gesäßbacken etwas einklemmen. Halten Sie diese Spannung einige Sekunden und lassen Sie dann mit dem Ausatmen los. Die Entspannung der Schultern funktioniert am besten, indem Sie beide Schultern hochziehen, fast bis neben die Ohren. Die Spannung halten und dann loslassen und die Schultern nach unten fallen lassen. Die Entspannung der Arme und Hände: Fäuste ballen, Arme mit aller Kraft anspannen, die Arme beginnen dann nicht selten zu zittern, das soll und kann man nicht unterbinden. Nach dieser Spannung ausatmen und loslassen. Ein Bild, das sich in meiner Praxis gut bewährt hat, ist, die Arme seien mit Sand gefüllt, und dieser Sand würde dann mit dem Loslassen durch die Fingerspitzen herausrieseln. Zurück bleiben entspannte Arme. Den Entspannungszustand können Sie prüfen: Fragen Sie sich einfach, ob Sie bereit wären, jetzt Arme oder Schultern zu heben oder aufzustehen. Hat sich die Entspannung eingestellt, sind Sie dazu schlicht zu unaktiviert.
>
> Die Entspannung des Gesichts induzieren Sie durch Aufeinanderbeißen der Zähne und dadurch, dass Sie die Zunge mit aller Kraft an den Gaumen drücken. Diese Spannung strahlt auf das Gesicht, den Unterkiefer und den Hals aus. Nach einigen Sekunden, wenn Sie die Zunge loslassen und auf die untere Zahnreihe legen, strahlt die Entspannung auf das ganze Gesicht aus.
>
> Der Entspannungszustand, den man durch diese regulierte Muskelspannung und die vertiefte Atemkonzentration erreicht, lässt sich intensivieren, wenn man sich auf das Ausatmen konzentriert und die Atempause beobachtet. Die Konzentration auf die Atempause ist ein außerordentlich intensives und wirksames Entspannungssignal.

> Konzentrieren Sie sich darauf, erleben Sie diese Pause bewusst, reden Sie mit sich auch darüber: Sie werden dabei feststellen, dass Sie nicht in der Lage sind, zur gleichen Zeit bewusst andere Gedanken zu denken, denn man kann zu einer Zeit nur eine Sache bewusst tun oder denken! Über die Atempausen-Konzentration gelangt man schnell und wirksam in einen angenehmen Entspannungszustand. Unterstützend wirkt dabei, wenn man durch die Nase ein- und durch den Mund ausatmet. Das vermittelt ein Gefühl des Aus-dem-Bauch-, des Aus-der-Mitte-Atmens.

Mit zunehmender Routine kann man das Entspannungserleben in kürzester Zeit, quasi per Vorstellung abrufen: Man braucht die Anspannung mit anschließender Entspannung nicht mehr durchzuführen, sondern sich nur noch vorzustellen (Eberspächer 2009).

Beispiel 2: Die Regulation des Handelns – Windsurfen

Wer mit seinem Surfbrett unter Wettbewerbsbedingungen schnell halsen will, muss eine Power-Halse beherrschen. Es empfiehlt sich, diese per Mentalem Training systematisch, geplant und kontrolliert zu erarbeiten.

> **EIN WINDSURFER BESCHREIBT SEINE TECHNIK BEI DER POWER-HALSE**
>
> „Ich gleite, eingehängt im Trapez, entspannt über das Wasser. Mit meinem locker gestreckten vorderen Arm halte ich den Gabelbaum. Er zieht stark in meinen Händen, das spüre ich intensiv. Mein Brett beschleunigt. Der hintere Arm hält das Segel dicht gezogen. Meine Füße stehen stabil in den Schlaufen. Ich blicke voraus und beobachte das Wasser. Mein vorn stehendes Bein beuge ich leicht und ziehe dabei mit dem vorderen Fuß in der Schlaufe die Luvkante leicht nach oben. Mit meinem hinteren Fuß belaste ich das Heck von oben. Ich schaue, wo ich Platz zum Halsen habe.

Jetzt geht das Halsen los: Meine linke Hand greift den Gabelbaum weiter hinten. Danach gleitet mein hinterer Fuß aus der Schlaufe, und ich setze ihn neben meinen vorderen Fuß auf die Leekante. Mit meiner Segelhand halte ich das Segel weiter dicht und bewege mich aus Luv nach oben über meine Füße. Dabei fällt der Trapeztampen aus den Haken. Diese Hochbewegung entlastet das Brett und ich spüre, wie es beginnt, leicht abzufallen. Ich stehe über meinem Brett, lasse mich jetzt in die Hocke fallen und stoppe meine Tiefbewegung kräftig ab. Dabei ziehe ich mit dem Segelarm den Gabelbaum ganz nah an die Brust. Mit meinem Mastarm gebe ich dem zunehmenden Segelzug nach, bis der Arm fast gestreckt ist. Das Rigg zieht mich jetzt kraftvoll in die neue Fahrtrichtung. Um meine Position beizubehalten, halte ich mit der Rumpfmuskulatur kräftig dagegen. Im Drehen des Bretts halte ich mein Segel immer noch dicht. Jetzt lässt der Zug in meinem Segel mit zunehmender Kurvenfahrt deutlich nach und ich kann mein Rigg schiften, weil ich im Segel kaum noch Zug spüre."

Beispiel 3: Die Regulation des Weges – Formel-1-Rennfahrer

Ein Formel-1-Pilot beschrieb, wie er eine Runde auf dem Grand-Prix-Kurs des Nürburgrings fährt.

EIN FORMEL-1-RENNFAHRER BESCHREIBT EINE RUNDE

„Die erste Kurve nach der langen Start- und Zielgeraden ist das Castrol-S. Speziell nach dem Start muss man sich dort sehr disziplinieren, um heil durchzukommen. Im Rennen ist die Gerade bis zur Kurve eine Möglichkeit, zu überholen. Das Tempo geht von 300 hinunter auf 140 km/h. Die nächste Kurve ist die Ford-Kurve, die man mit Tempo als Links-rechts-Kombination fahren kann. Das geht sehr flüssig, ohne Probleme im dritten Gang. Im Wendepunkt der Dunlop-Kurve muss man sehr spät und sehr hart bremsen und optimal aus der Kurve heraus beschleunigen für den folgenden Bergaufstieg zur Bit-Kurve. Beide Kurven sind relativ problemlos und einfach zu fahren. Nur wenn es nass ist, wird es schwierig ... In den Passagen nach der Dunlop-

Kurve beschleunigt man durch die leichten Kurven hindurch, im ersten Linksbogen bin ich im fünften Gang bei etwa 250 km/h.
Aus der Bit-Kurve in den Hatzenbach: Ein leichter Rechtsknick wird voll gefahren. Hier erreichen wir im höchsten Gang, bei uns dem siebten, die Maximalgeschwindigkeit jenseits von 300 km/h. Dann nähert man sich der Schlüsselstelle, der Veedol-Kurve. Dort kann man am besten überholen. Man kann sehr spät bremsen und muss darauf achten, dass man sehr kontrolliert über die Randsteine fährt, die einen bestimmten Schwierigkeitsgrad darstellen, um mit bestmöglicher Geschwindigkeit herauszukommen. Die letzte Kurve zur Start- und Zielgeraden ist eine Rechtskurve. Im Scheitel ist man auf 110 km/h herunter, was im dritten Gang gehen müsste. Die Kurve ist ebenfalls wichtig, weil sie mit einer maximal möglichen Geschwindigkeit verlassen werden muss. Das ist entscheidend für die folgende Start- und Zielgerade, um maximal Speed zu bekommen bei der Anfahrt zur Castrol-S-Kurve." (*Welt am Sonntag* vom 24. Juni 2001)

3.3.2 4 Wege des Mentalen Trainings

Die genannten drei Ziele Eigenzustand, Handeln und Weg lassen sich auf vier Wegen erreichen. Der erste davon scheint der einfachste und deshalb wohl auch der verbreitetste zu sein. Das Beobachten anderer, auch von Modellen, hat sich als Weg zum Einstieg am besten bewährt. Die drei anderen Wege bauen darauf auf und werden in der Ausführung zunehmend schwieriger. Für eine optimale Wirkung des Mentalen Trainings empfiehlt es sich, die vier Wege kombiniert zu nutzen, entweder gleichzeitig oder nacheinander.

Weg 1: Andere beobachten

Bei meinem letzten Urlaub an der Nordsee habe ich das erste Mal Kite-Surfern zugeschaut: Ein kleines Brett mit zwei Schlaufen und eine Art Gleitschirm reichen ihnen offensichtlich aus, um sich recht flott über die Wellen tragen zu lassen. Wer etwas neu erlernen möchte, ist gut beraten, in einem ersten Schritt einfach zu beobachten, wie es die machen, die die Sache schon beherrschen. Schauen, was und wie jemand bestimmte Aufgaben und Anforderungen bewältigt, kann eine großartige Vorlage für den Entwurf einer eigenen Vorstellung sein. Ein Modell, sei es ein Bild, ein Film oder eine Person, wird beobachtet. Wie machen es die anderen, die Erfolg haben? Warum haben manche Misserfolg? Aus solchen Beobachtungen lassen sich auch zweckmäßige Hinweise ableiten, wie man beispielsweise mit einem Snowboard Lift fährt, sich bei einem Vortrag hinstellt oder ein bestimmtes Programm am PC anwendet.

Vor einiger Zeit habe ich selbst vor der Bewältigung einer Aufgabe vom Training durch Beobachten profitiert: Als Teilnehmer eines Fahrsicherheitstrainings standen wir Teilnehmer vor der Anforderung: drei tischgroße Styroporblöcke in Reihe, der mittlere deutlich nach links versetzt, zu umfahren, den ersten links herum, den zweiten rechts, den dritten wieder links. Das eingebaute Problem: Das zur Verfügung gestellte Auto hatte auf den hinteren Reifen kein Profil, und die Einfahrschneise war durch eine Schmierseifenschicht zur Rutschbahn mutiert. Das Resultat: Wild schleudernde Teilnehmer verschoben Styroporblöcke. Ich stellte mich vor meinem Einsatz weit hinter die zu fahrende Linie und peilte zwischen den Blöcken durch und siehe da, es war möglich, mit minimalsten Lenkbewegungen durchzufahren, ohne zu berühren und gleichzeitig das Auto auf der schlüpfrigen Fahrbahn auf Linie zu halten. Ich war der Einzige, der dieses Kunststück fertigbrachte. Nicht weil ich besser fahren konnte. Sondern weil ich mir durch gezieltes Beobachten eine zweckmäßigere Landkarte gezeichnet hatte als die anderen Teilnehmer. Auf dieser Grundlage habe ich meinen Handlungsablauf entwickelt und passend abgerufen, wie es einem Navigationssystem entspricht. Die Eckpunkte: Eigenzustand: locker und ruhig; Handeln: Lenkrad wie ein rohes Ei nur mit den Fingern anfassen, langsam bewegen; Weg: Fast gerade fahren, weit vorausschauen, „weiche" Kurven.

Viele Rennfahrer, ob auf vier oder zwei Rädern oder auf Schnee, beobachten die (Fahr-)Linien ihrer Mitbewerber und Konkurrenten, um daraus für sich Hinweise abzuleiten. Das Beobachten gilt auch als ein klassischer Lernschritt bei Fortbildungen, Kursen oder Seminaren. Dennoch ist es nur der erste von vier Wegen, denn wie jede Methode hat es Grenzen: Steht das Beobachten allein und für sich, erweist es sich, entgegen landläufiger Annahme, als ziemlich ineffizient. Zwar sollen Generationen von Chirurgen auf diese Weise das Operieren gelernt haben, getreu dem Motto: Wer lange genug als Hakenhalter fungiert, schaut sich das Operieren dabei ab. Tatsächlich hat diese Schau-her-ich-mache-es-dir-noch-einmal-vor-Methode erhebliche Schwächen. Die gravierendste dürfte wohl sein, dass die Beobachtungsmethode gegen das Grundprinzip jeder Kommunikation verstößt: Der Sinn einer Botschaft entsteht beim Empfänger. Jeder macht sich beim Beobachten *sein* Bild. Weil man aber nur die Oberfläche beobachten kann, bleibt Beobachten als Lernmethode nur dann erfolgreich, wenn der Beobachtende vom Beobachteten oder einem außenstehenden Experten zusätzlich Informationen über Prozesse erhält, die seiner Beobachtung nicht direkt zugänglich sind und deren Stellenwert und Bedeutung sich ihm nicht ohne Weiteres erschließen.

Weg 2: Mit sich selbst sprechen

Beobachtetes speichert man am besten, indem man es mit sich selbst ein oder mehrere Male durchspricht, so, wie man ein Gedicht auswendig lernt oder wie sich ein Schauspieler seinen Text einprägt. In der Routine spricht man nicht mit sich. Denken Sie daran, wie Sie das letzte Mal Ihre Wohnungstür abgeschlossen haben, als Sie einkaufen gingen. Bestimmt haben Sie nicht mit sich darüber gesprochen, wie Sie den Schlüssel ins Schloss ... Anders verhält es sich, wenn man drei Tage verreist und die Türe abschließt, während unten das Taxi zum Flughafen wartet. Dann fragt man sich sehr wohl: Habe ich den Pass, die Tickets, die Reiseunterlagen? Dieses Sprechen mit sich selbst ist alltäglich und allgegenwärtig, wenn man sich außerhalb der Routine bewegt (siehe Kapitel 1.4). Es kann stabilisieren – vor, während und nach dem, was man tut oder getan hat. In der Regel sind Selbstgespräche für andere unhörbar, laut sprechen wir nur dann mit uns, wenn es wirklich anstrengend und schwierig wird. An diesem Punkt setzt das Mentale Training an: Per innerem Sprechen gilt es, das Beobachtete zu festigen und in die eigene innere Struktur einzubauen, bis es sitzt.

Erst beim Sprechen erkennt man Schwach- und Leerstellen. Diese Erfahrung kennt jeder, der schon einmal ein Gedicht oder einen Liedertext auswendig gelernt hat. Wenn man das selbst Gesprochene dann auch noch aufschreibt oder -zeichnet, ist man auf dem besten Wege, eine stabile innere Landkarte auf der Basis des Beobachteten zu erstellen und in ein Handlungsdrehbuch zu verarbeiten. Dieses Drehbuch wird zur Grundlage, an der entlang sich handeln lässt. Übrigens eignen sich Selbstgespräche auch, den Eigenzustand zu regulieren.

Weg 3: Visualisieren

Scherzhaft habe ich Studenten einmal erklärt, Training durch Visualisieren sei Video für arme Leute. Im Ernst: Man lässt einen Ablauf vor seinem geistigen Auge passieren, betrachtet einen inneren Film unter Einbezug aller Sinne und Eindrücke. Modell und Akteur dieses Films kann man selbst oder jemand anderes sein. Nicht nur Menschen sind als Vorlagen geeignet, sondern auch alle anderen geeigneten Modelle wie Zeichnungen, Filme, Pläne, Strichmännchen, Grafiken und Ähnliches.

Weg 4: Ideomotorisch trainieren

Beim ideomotorischen Trainieren wandert man über die Visualisierungsebene nach innen und bezieht alle *inneren* Sinne und Sinneserlebnisse ein: Druck, Zug, Spannung, Entspannung, Winkelstellungen, Belastung, Entlastung. In allen Farben und Formen soll eine innere Landschaft entstehen, die ein möglichst lebhaftes vital präsentes Erlebnis erschließt. Ein Schwimmer erzählte mir sein Gefühl, wie ein Delfin zu gleiten. Der betagte Patient mit der Hüftendoprothese, der sich leichtes, beschwingtes Gehen vorstellen sollte, erinnerte sich plötzlich an seine Zeit als Tänzer zurück. Der Bitte, sich möglichst auch so zu bewegen, folgte er zunächst zögerlich, fast verlegen, zunehmend mit unvermuteter respektabler Eleganz und eindrucksvoller Hingabe.

```
                  4 Wege des Mentalen Trainings

   ┌─────────────┐  ┌─────────────┐  ┌─────────────┐  ┌─────────────┐
   │ beobachten  │  │  mit sich   │  │visualisieren│  │ideomotorisch│
   │             │  │  sprechen   │  │             │  │  trainieren │
   └─────────────┘  └─────────────┘  └─────────────┘  └─────────────┘
```

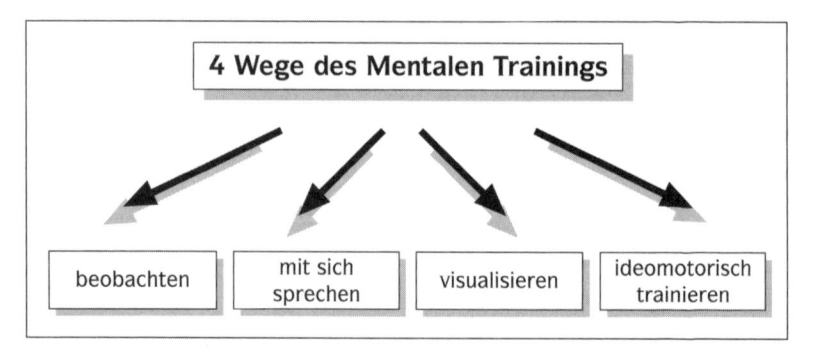

Abbildung 6 4 Wege des Mentalen Trainings

3.3.3 5 Schritte des Mentalen Trainings

Um an das Mentale Training systematisch herangehen zu können, müssen diese vier Wege als Nächstes in ein fünfstufiges Trainingskonzept integriert werden.

Schritt 1: Instruktion

Fängt man ganz neu an, benötigt man als ersten Schritt eine Instruktion. Irgendwoher muss man erfahren, wie und was man zu trainieren hat, am besten aus kundigem Mund oder geeigneten Texten, zum Beispiel Instruktionsfibeln, wie wir sie für chirurgische Eingriffe entwickelt haben (siehe Kapitel 4.4). Autodidakten erarbeiten sich solche

Instruktionen in eigener Arbeit. Die Regel ist das nicht. Experten, Lehrer oder Trainer können die Aufgabe des Instruierens am ehesten übernehmen. Letztere sind dafür sogar ausgebildet.

Als Instruktion wirkt eine Handlungsanweisung, die an die innere Struktur und die Voraussetzungen eines Lernenden anknüpfen kann. Gute Instruktionen holen Lernende mit ihren Handlungsinformationen und -anweisungen dort ab, wo sie sind. Schlechte Instruktionen dagegen sind wie die meisten Anfahrtsskizzen zu Hotels: Sie werden von jemandem aufgezeichnet, der den Weg kennt, und knüpfen deshalb an dessen Kenntnisstand an, nicht an den des anreisenden Ortsunkundigen. Eine gute Instruktion lässt sich unmittelbar umsetzen, ob sie nun von einem Buch, einem Lernprogramm, einem Trainer oder Lehrer stammt. Ausgewiesene Sachexperten versagen oft als Lehrer, weil sie über ihren Gegenstand zu viel und über die innere Landschaft derer, denen sie Instruktionen darüber vermitteln sollen, zu wenig wissen. Eine gute Instruktion gibt Lernenden eine Antwort auf die Frage: „Was muss ich nun tun?" Bei neuen Handlungsmustern gelingt das Anknüpfen an die Struktur der Instruierten am besten, wenn man auf Vertrautes zurückgreift. Mein Fahrlehrer hat mir das Einnehmen der optimalen Position am Lenkrad eines Autos zum Beispiel so erklärt: „Stellen Sie sich vor, das Lenkrad sei das Zifferblatt einer Uhr. Greifen Sie das Lenkrad jetzt, die Räder stehen geradeaus, zehn vor zwei. Stellen Sie den Abstand zwischen Ihrem Sitz und dem Lenkrad so ein, dass Sie, mit dem ganzen Rücken angelehnt, ohne die Schulter von der Lehne zu nehmen, die rechte neben die linke Hand legen können und umgekehrt." In einem anderen, den meisten vertrauten Kontext beginnen Instruktionen in aller Regel mit: „Man nehme ..." Im Grunde ist eine Instruktion nichts anderes als ein Rezept.

Schritt 2: Beschreiben

Als Nächstes muss der Lernende oder Trainierende den per Instruktion vermittelten Bewegungs- oder Handlungsablauf oder Weg erfassen und verinnerlichen, indem er versucht, ihn mit eigenen Worten, Gesten und Handlungen wiederzugeben. Hierbei ist besonders die individuelle Sicht der Instruktion unter Einbezug möglichst vieler Sinnesmodalitäten wichtig und ausschlaggebend. Ein und derselbe Ablauf kann von zwei Trainierenden in Abhängigkeit von ihrem Vorwissen und -können, ihrem Talent, ihren Stärken und Schwächen völlig unterschiedlich beschrieben werden. Neben dem Lerneffekt für den Trainierenden sichert das Beschreiben auch die Überprüfbarkeit: Aus den Aufzeichnungen ersieht ein Trainer oder Lehrer, ob die Instruktion richtig verstanden wurde und in seinem Sinne angemessen „angekommen" ist.

Schritt 3: Internalisieren

Nachdem der Trainer oder Lehrer die Beschreibung „abgesegnet" hat, wird sie verinnerlicht, internalisiert, am besten auswendig gelernt wie ein Gedicht oder eine Rolle in einem Theaterstück. Damit macht sich der Trainierende den Ablauf zu eigen und kommt in die Lage, sich den Handlungs- und Bewegungsablauf immer und immer wieder subvokal, also per Selbstgespräch, oder im Bild zu vergegenwärtigen. Im Laufe dieses subvokalen und/oder bildhaften Durchgehens treten bestimmte Phasen oder Stellen immer prägnanter hervor, andere dagegen verblassen und laufen nur noch teilautomatisch oder schließlich unbewusst mit. Dies ist ein Zeichen für beginnende Automatisierung.

Schritt 4: Knotenpunkte beschreiben

Jetzt werden die Knotenpunkte der Bewegung herausgearbeitet, das heißt die für die Handlungsausführung entscheidenden Stellen. Wenn man andere beim Handeln beobachtet, erkennt man Knotenpunkte daran, dass plötzlich stille Konzentration eintritt, jedes Gespräch erstirbt, denn jetzt ist im Ablauf ein Punkt erreicht, an dem man keine Fehler machen darf, weil dies unangenehme Folgen nach sich ziehen könnte. Knotenpunkte sind also Punkte, die wenig Handlungsspielraum lassen, die exakt getroffen werden müssen, ansonsten gelingt das Weitere nicht, weil es vom vorausgegangenen Knotenpunkt abhängt. Der erste Knotenpunkt beim Tennisaufschlag beispielsweise ist der Ballwurf – wenn er misslingt, misslingt auch das Folgende. In manchen Zusammenhängen spricht man deshalb auch von Schlüsselstellen. Knotenpunkte und Schlüsselstellen gibt es beim chirurgischen Operieren genauso wie beim Kochen, beim Golfschwung, beim Tennisaufschlag oder beim ersten Eindruck. Das Herausarbeiten der Knotenpunkte dient dazu, die einzelnen Elemente des Handlungs- oder Bewegungsablaufs zu systematisieren und so seine Struktur zu erfassen. Knotenpunkte sind einerseits individuell vom jeweils mental Trainierenden und bezogen auf seine Voraussetzungen und Möglichkeiten festzulegen und andererseits auf die strukturellen Erfordernisse des Handlungsablaufs abzustimmen. Wie Straßenkreuzungen entscheiden sie über den weiteren Verlauf.

Schritt 5: Knotenpunkte symbolisch markieren

Im fünften Schritt müssen nun die Knotenpunkte, wo es möglich und sinnvoll erscheint, symbolisch markiert und dem Rhythmus der Bewegung angepasst werden. Diese rhythmisierten Symbole fassen dabei die entsprechenden Handlungsschritte in Kurzformeln zusammen und können damit bei der konkreten Bewegungsausführung schnell und problemlos abgerufen werden. Durch solch eine symbolische Markierung können die Knotenpunkte in den Bewegungsrhythmus aufgenommen werden und ihn rhythmisch unterstreichen. „Blick – Stand – Zuuug – Ab" sind beispielsweise die vier Symbole für den Basisabschlag eines Golfprofis, „Am – ster – dam" der Rhythmus beim Aufschlag eines Tennisprofis, mit dem ich über Jahre gearbeitet habe. Solche Rhythmisierung ist bei komplexeren Handlungen Ergebnis eines systematischen Aufbaus, beginnend mit der Instruktion. Ein

Beispiel dafür findet sich im Kapitel 3.3.4 mit dem Abschlag eines Golfprofessionals. Die folgende Abbildung fasst die fünf Schritte zusammen.

Das Mentale Training ist also eine systematische Arbeit in fünf Schritten (siehe Abbildung 7). Am Anfang steht eine sorgfältig formulierte Instruktion, die dann vom Lernenden auswendig gelernt, aufgeschrieben, in ihre Knotenpunkte zerlegt und schließlich rhythmisiert wird. Das ist systematische Arbeit, die Schritt für Schritt abzuleisten ist.

5 Schritte des Mentalen Trainings

Anforderungsdauer

Schritt 1: Instruktion

Schritt 2: Beschreiben

Schritt 3: Internalisieren

Schritt 4: Knotenpunkte beschreiben

Schritt 5: Knotenpunkte symbolisch markieren

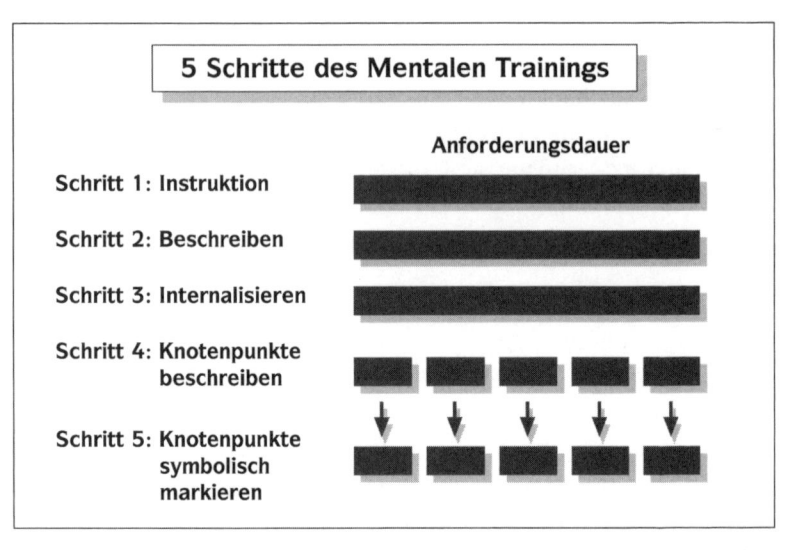

Abbildung 7 5 Schritte des Mentalen Trainings

3.3.4 „Und hopp" reicht nicht! – Missverständnisse zum Mentalen Training

Gelegentlich kann ich mich des Eindrucks nicht erwehren, dass einschlägige Schnellanleitungen das Pferd vom Schwanz her aufzäumen: Den Lernenden oder Trainierenden wird eine Vision vorgegeben („Stell dir einfach vor ...") und mit einigen rhythmisierenden Formulierungen suggeriert, damit ihr Ziel erreichen zu können. Golfschwünge werden auf ein „Und Zuuug!" reduziert, und so mancher Skilehrer scheint zu glauben, man könne einem Anfänger mit dem Ansatz „Schau her, ich zeig es dir noch mal: hopp, hopp, laaang" weiterhelfen. Den Graben zwischen Vision und rhythmisierend verkürzender Formulierung soll ein sogenanntes Mentaltraining überbrücken. Wie genau, bleibt ein Geheimnis. Ansätze dieser Art wecken falsche Erwartungen, mit denen der Misserfolg programmiert ist. Natürlich lebt der meisterliche Schwung vom Rhythmus und seinen Knotenpunkten. Beides muss jedoch systematisch erarbeitet werden. Skilehrer haben diese Arbeit in der Regel hinter sich, Skischüler erst noch vor sich. Deshalb gilt es, sie dort abzuholen, wo sie stehen; es reicht nicht, hinzusuggerieren, wo sie stehen sollten, und das mit irgendwelchem zeitgeistigen „Mentaltraining" zu verknüpfen.

Einem Laien einen Golfschläger in die Hand zu geben, den Ball hinzulegen und ihm den Abschlag mit der Bewegungsanweisung „Blick – Stand – Zuuug – Ab" erklären zu wollen, ist schlicht blauäugig. Dennoch trifft man diese Art der Vermittlung häufig an.

Ein Beispiel aus einem anderen Gebiet, der Zeichenkunst, verdeutlicht die Problematik weiter. Eine meisterhafte Strichzeichnung lebt vom Vereinfachen und Reduzieren, allerdings so, dass sich die charakteristische Gestalt dem Betrachter so eindeutig wie eindrücklich erschließt. Sie lebt ferner von der Verkürzung, der Überzeichnung und dem Herausarbeiten von Schlüsselmerkmalen. Um eine Katze in ihrer würdevollen Ruhe aus dem Pinsel fließen lassen zu können, bedarf es der Arbeit unzähliger Studien, einfühlsamer Beobachtung und der Kunst eines Meisters im Zeichnen. Einem zeichnenden Laien zu signalisieren, er könne das Gleiche auch nur annähernd ausdrucksstark und mit wenigen Strichen zeichnen, würde in die Irre führen. Das liegt daran, dass der Laie die innere Landschaft, aus der schließlich die Zeichnung erwächst, weder bearbeitet noch erfasst hat. Eine Strichzeichnung ist die Reduktion auf das Wesentliche mit der geringsten denkbaren Anzahl von Strichen. Das Essenzielle aber zu erkennen und ins Bild zu bringen, setzt tiefes durchdringendes Erkennen voraus – ein Wissen, Können und Einfühlungsvermögen, das in jahrelanger Arbeit erworben wurde.

Abbildung 8 Eine meisterhafte Strichzeichnung lebt von der Reduktion (Dürckheim 1991)

In allen Bereichen, in denen mental trainiert wird, kommt es darauf an, Komplexes herunterzubrechen. Sportliche Bewegungen eignen sich besonders gut, um dieses Prinzip zu demonstrieren.

Abbildung 9 zeigt, wie ein Golfpro für das Mentale Training des Abschlags eine komplexe Bewegung auf einen Bewegungsrhythmus mit sieben Knotenpunkten reduziert.

3.3 Mentales Training nach dem 3-4-5-Prinzip

Abbildung 9 Bewegungsrhythmus eines Könners beim Golfabschlag mit sieben Knotenpunkten

Instruktion	Knotenpunkte	Rhythmus
Hinter den Ball, ca. 3-4 Schritte • Linker Fuß leicht nach vorn, Gewicht rechts • Schläger rechte Hand		
Blick auf das Ziel – „**Dahin**", Zwischenziel schauen	„Dahin"	
Bein losgehen, leichter Schlenker mit rechtem Handgelenk → Blick auf Zwischenziel. Hochziehen von Handschuh		
Linke Hand an linker Schulter → Hemd hochzupfen und Arm nach oben schütteln. „**Komm jetzt, das ist mein Schlag!**"	„Komm jetzt, das ist mein Schlag!"	
Schläger hinter Ball setzen → **Handwechsel** Gewicht nach hinten und Körper strecken. 3 x mit rechtem Fuß tippen, Griff mit links fassen, aufs Ziel sehen – „**Dahin**"	„Dahin!"	BLICK
Schläger mit beiden Händen fassen – über Zwischenziel ausrichten, in die Fußstellung gehen und mehrmals tippen. → Blick wieder auf das Ziel – „**Komm jetzt, das ist mein Schlag!**" + Waggle (Handgelenke, Füße)	„Komm jetzt, das ist mein Schlag"	STAND
Blick wieder auf den Ball → Schläger kurz dahinter setzen → nochmals Waggle + Blick geht wieder auf das Ziel – „**zum Ziel!**"	„zum Ziel!"	ZUUUG
→ Schläger kurz zwischen Ball und Füße, dann hinter den Ball → Drehung aus Oberkörper/Schulter bis Spannung im rechten Oberschenkel außen → Rotation im linken Arm und Abwinkeln der Handgelenke (Einklinken in Schiene) → Arme heben, langsamer gradueller Anstieg der Kraft, weiter Rotation gegen Unterkörper bis zur maximalen körperlichen Spannung (= Endpunkt) → Leichte Vorwärtsbewegung „setzen!" und Armbewegung nach unten	„Setzen!"	AB
→ Unterkörper stabil • **Linke Hüfte aus dem Weg drehen!** • Linkes Bein strecken • Linker Fuß flach auf den Boden		
→ Blick auf dem Ball lassen „**Kopf unten!**" • Lang werden mit Armschwung, Rückseite von linker Hand stabil • Gewicht vollkommen auf linker Seite, Oberkörper frontal zum Ziel • Stabiles Finish • Schläger wieder vor den Körper mit Drehbewegung in die linke Hand	„Kopf unten!"	

3.3.5 Wirkungen des Mentalen Trainings

Wirkung 1: Konzentration

Handlungen müssen ständig reguliert und zielbezogen gesteuert werden. Das gilt für Stehen und Gehen ebenso wie für Autofahren oder Schreiben. Diese Regulation geschieht auf unterschiedlichem Bewusstseinsniveau hierarchisch strukturiert. Am deutlichsten wird die hierarchische Struktur des Handelns in der Darstellung von Hacker (1998), der von einer intellektuellen, einer perzeptiv-begrifflichen und einer sensomotorischen Regulationsebene ausgeht.

- Die voll bewusste **intellektuelle** Regulationsebene ist die höchste Ebene. Sie umfasst das gesamte vorbereitende, begleitende und nachbereitende Denken und Handeln. Dieses Denken ist bewusst und, an die Sprache gebunden, *bewusstseinspflichtig*.
- Die teilbewusste **perzeptiv-begriffliche** Regulationsebene ist unterhalb der intellektuellen einzuordnen. Hier können Handlungen zwar bewusst erlebt werden, müssen es aber nicht, sie sind bewusstseins*fähig*, aber nicht bewusstseins*pflichtig*.
- Auf der unbewussten **automatischen** Ebene läuft die Regulation von Handeln unbewusst ab und kann allenfalls über taktile Information bewusst werden.

Abbildung 10 Regulationsebenen des Handelns mit Beispielen (Hacker 1998)

Regulationsebene	Handlungsbeispiel
A: voll bewusst, intellektuell *bewusstseinspflichtig*	Neues lernen, zum Beispiel ein Gerät bedienen, eine sportliche Technik einüben oder ein schwieriges Gespräch führen
B: teilbewusst, perzeptiv-begrifflich *bewusstseinsfähig*	Bewusst sind nur die Schlüsselstellen, der Rest geht automatisch: „Jetzt schalten ..."
C: unbewusst, automatisch	Alltagshandlungen wie Treppensteigen, Türen öffnen, Gewohnheiten

Auf der intellektuellen Ebene kann man zu einer Zeit nur eine Sache verfolgen. Sie fordert und fördert also höchste Konzentration. Das heißt im Umkehrschluss: Wer sich konzentrieren will, muss sich nur bewusst und vorsätzlich mit einer Sache befassen. Unbenommen davon, kann man sich auf den anderen Ebenen „nebenher" mit weiteren Inhalten befassen – solange einem dies nicht bewusst wird, steht keine Konzentrationsminderung zu befürchten. Das können Sie leicht in einem kleinen Experiment ausprobieren: Schalten Sie das Radio ein und suchen Sie einen Sender, in dem gesprochen wird. Machen Sie es sich jetzt bequem und konzentrieren Sie sich ausschließlich auf Ihre Atmung. Beobachten Sie, wie sich Ihr Brustkorb hebt und senkt. Alles geht sehr ruhig und langsam. Das Radio läuft, aber Sie beobachten jetzt nur die Phase nach dem Ausatmen, die Atempause. Konzentrieren Sie sich nur darauf, machen Sie sich ein Bild davon und konzentrieren Sie sich nur auf dieses. Wenn Sie jetzt noch versuchen, nebenher zu hören, wer im Radio spricht, „entgleitet" Ihnen die Atempause oder umgekehrt. Wenn Sie sich voll auf Ihre Atempause konzentrieren, „verschwindet" das Radio. Das Mentale Training fordert diese bewusste Zuwendung nicht nur, sie macht sie zur unabdingbaren Voraussetzung: Wer nicht weiß, was und wie er es tut, braucht gar nicht anzufangen. Konzentration ist somit sowohl Voraussetzung als auch Wirkung des Mentalen Trainings.

Wirkung 2: Ordnung

Die fünf Schritte des Mentalen Trainings aufzubauen erzwingt eine bestimmte Ordnung. Ein Beispiel, was damit gemeint ist, mag der professionelle Golfspieler geben, der auf meine Frage, was man denn beim Golf treffen müsse, antwortete: „Das Loch!" Er übersah dabei die Voraussetzungen dafür, nämlich den Ball zu treffen, davor den Schläger, davor sich selbst (siehe Kapitel 3.6.3). Der Golfer zäumte das Pferd also vom Schwanz her auf, merkte es aber erst, als er gezwungen war, seinen Schwung in systematischer Ordnung aufzubauen. Ein Skispringer im Anlauf ordnet seine Gedanken: im Anlauf volle Sohle stehen, Unterlippe locker, im Absprung Hüfte schieben, in der Luft spielen. Alternativ dazu könnte man alle Konsequenzen bei Sieg und Versagen durchdenken – was beinahe zwangsläufig zum Scheitern führt. Häufig gehen Sportler diesen Weg, die bei einem Wettbewerb für sie selbst unerwartet in Führung liegen und mental nicht auf diese Situation vorbereitet sind. Wer ein Bewerbungsgespräch führt und sich dabei ständig mit dem erwünschten Ergebnis befasst (unbedingt die Stelle bekommen), wird ebenso scheitern wie die Fußballmannschaft, die unbedingt gewinnen will und dabei das Spielen vergisst: Weil sie nämlich vor lauter Ergebniseifer ihre Tätigkeit vernachlässigt, die erst das gewünschte Ergebnis bringt, wenn sie gut genug ausgeführt wird.

Wirkung 3: Klarheit

Den Beginn vieler Klärungsprozesse leitet die analysierende Frage ein: „Was mache ich und wie mache ich das eigentlich?" Man vergegenwärtigt sich sein eigenes Tun und Lassen und geht damit in eine Beobachterrolle oder Metaperspektive, das heißt, man macht sich zum Gegenstand seines eigenen Reflektierens als Ausgangspunkt einer wie immer ausgerichteten Verhaltensänderung. Von nicht vorhandener Klarheit zeugt das folgende Beispiel: Bei der akademischen Feier zum Abschluss des Studienjahrs und zur Verabschiedung der Absolventen erhält der Verfasser der betreffenden Dissertation aus der Hand des Dekans einen Preis. Es wird von ihm eine kurze Dankesrede erwartet – ein vielhundertköpfiges Auditorium lauscht mit gespannter Erwartung. Diese Nachricht ruft auch bei ausgezeichneten Absolventen Stress hervor, erst recht, wenn das Auditorium so hochrangig besetzt ist wie bei akademischen Feiern. Dieser Tage konnte ich wieder einmal Zeuge einer solchen Feier sein. Ein junger Mann erhielt die Auszeichnung überreicht und hielt eine verbal charmante, ansprechende kurze Rede. Nonverbal schien sie mir nicht entfernt so ansprechend, weshalb ich ihn im Anschluss fragte, warum er eine Hand in der Tasche behalten, auf einem Fuß, neben dem Rednerpult stehend, sich daran mit einer Hand abgestützt habe.

Zu meinem Erstaunen bekannte er, sich an nichts dergleichen erinnern zu können. Seine Körpersprache schien ihm einen Streich gespielt zu haben.

Professionelle mentale Vorbereitung setzt Klarheit über das eigene Verhalten und damit dessen Überprüfbarkeit voraus. Für den jungen Mann hätte das bedeutet, dass er sich ein inneres Drehbuch für seine öffentliche Ansprache geschrieben und entsprechend trainiert hätte. Fünf Punkte hätte ich ihm als die Knotenpunkte für seinen Auftritt vorgeschlagen:

- Auf beiden Beinen stehen.
- Die Hände unterstützen das Reden.
- Ruhig durchatmen.
- Vor Redebeginn die Zuhörer drei Sekunden freundlich anschauen.
- Mit einer einfachen, frei vorgetragenen Anrede beginnen.

Wirkung 4: Coping

Coping ist das Entwerfen einer eigenen Bewältigungsstrategie, indem man sich auf die eigenen Möglichkeiten besinnt, von denen man sich die besten Bewältigungsvoraussetzungen verspricht. Im Prinzip gibt es drei Strategien: Fliehen, Standhalten oder Ändern der äußeren Umstände. Welche angemessen ist, hängt von der Situation und der Anforderung ab. Wer alles als Herausforderung nimmt, ist nicht zwingend intelligent, genauso wie der Fliehende nicht zwingend feige zu sein braucht. Die Menschheitsgeschichte ist auch die Geschichte der Entwicklung von Coping-Strategien. Die Militärgeschichte rühmt listige und findige Heerführer, die sich neue, für die Gegner überraschende Strategien ausdachten, indem sie wie Hannibal Elefanten über die Alpen quälten oder wie die englischen Langbogenschützen ritterliche Regeln ignorierten und nicht den geharnischten französischen Ritter beschossen, sondern sein Pferd.

> **COPING**
>
> Ein junger kampflustiger Samurai fordert einen alten Krieger immer und immer wieder zum Kampf. Monatelang weist der alte Krieger ihn ab. Eines Tages schließlich willigt er ein und schlägt vor, damit man ungestört sei, den Kampf auf einer Insel im nahe gelegenen See auszutragen. Das Boot ruderte der Alte. Noch vor dem Anlegen springt der junge Krieger kampfentschlossen vom Boot ans Ufer der Insel. Da wendet der Alte das Boot und rudert zurück. In diesem Fall galt: Es siegt nur, wer nicht kämpft.

Die jeweils passende Coping-Strategie zu wählen und einzusetzen ist vielleicht die Quintessenz des Lebens. Der evangelische Theologe Friedrich Christoph Oetinger (1702–1782) formulierte sie, als er seinen Schöpfer bat, ihm die Kraft zu geben, zu ändern, was zu ändern sei, die Gelassenheit, das Unabänderliche zu ertragen, und die Weisheit, zwischen beidem zu unterscheiden. Als Schwabe scheint er das Fliehen in sein Weltbild nicht integriert zu haben, wohl aber das gelassene Standhalten und das kraftvolle Ändern.

Wirkung 5: Verfügbarkeit

Eine selbst erarbeitete innere Landkarte als Teil der eigenen kognitiven Struktur ist so in Fleisch und Blut übergegangen, dass sie jederzeit verfügbar und damit leichter abrufbar ist. Ein nicht mehr im Dienst stehender, aber erfahrener Fallschirmjäger versicherte mir, die jahrelang gedrillten Muster seien so stabil in ihm vorhanden, dass er sicher sei, er könne sie auch heute noch, mitten in der Nacht geweckt, vollständig abrufen. Deshalb wird beim Militär gedrillt: damit Können auch „im Schlaf" und unter extremen Stressbedingungen sitzt und verfügbar ist – als Gewähr für das Überleben.

Wirkung 6: Stabilisierung

Erlebter Zeit- und Problemdruck scheint sich auf Handeln besonders destabilisierend auszuwirken. Viele geraten dabei außer sich, verlieren den Kopf, weil sie für solche Situationen keine innere Landkarte gezeichnet haben, auf die sie gegebenenfalls zurückgreifen können. Durch eine systematisch erarbeitete innere Landkarte hat man jederzeit die Möglichkeit, auf ein stabiles Handlungsmuster zuzugreifen – wie auf eine gute alte Gewohnheit, die sich über lange Jahre so sehr eingeschliffen hat, dass eine Veränderung kaum mehr möglich scheint. Nach dem gleichen Prinzip kann man auch zweckmäßig stabiles Handeln „einschleifen".

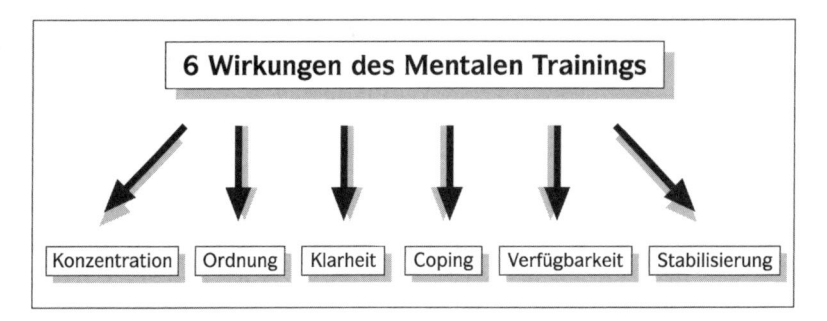

Abbildung 11 6 Wirkungen des Mentalen Trainings

3.3.6 Grundsätze des Mentalen Trainings

Grundsatz 1: Positive Einstellung

Wichtigste Erfolgsvoraussetzung für das Mentale Training ist eine positive oder zumindest neugierig-zuversichtliche Grundmelodie. Auf sie bauen Sinnzuschreibung und Motivation und damit die Bereitschaft zur Eigenleistung. Das gilt für alle Lebensbereiche, ob es sich um Training, eine Therapie, eine Kur, eine geschäftliche oder private Investition oder die grundlegende Lebenseinstellung handelt.

Wer von einer Methode nichts hält oder ihr keine positive Einstellung entgegenbringt, lässt besser die Finger davon. Das gilt auch für das Mentale Training.

Grundsatz 2: Zielsetzung

Vor jedem Training steht die Zielsetzung: „Was möchte ich nach dem Training besser können als vorher und wie kontrolliere ich das?" Mit jedem, auch dem Mentalen Training, strebt man eines oder mehrere Ziele an. Erst Ziele geben dem Training Qualität. Es wäre höchst befremdlich, wenn jemand trainieren würde, ohne zu wissen, wofür und wozu. Grundsätzlich sind sehr unterschiedliche Zielsetzungen möglich. Beim Mentalen Training kommt es besonders darauf an, dass ein Ziel **evaluierbar**, **realistisch** und **explizit** festgehalten ist.

Evaluierbar: Ein Ziel, bei dem man nicht überprüfen kann, ob man es schließlich erreicht hat oder nicht, gilt als schlecht gestellt: Es ist nicht klar, nicht evaluierbar. Evaluierbar ist ein Ziel, das vor Beginn des Mentalen Trainings eindeutig formuliert wurde: „Mein konkretes, realistisches, klares Willensziel ist: ..." Natürlich können alle Akteure, deren Mentales Training im Kapitel 3 beschrieben wird, am Ende kontrollieren, ob sie ihre Medaille gewonnen, ihre Technik verbessert haben, Weltmeister geworden sind oder ein mitreißender Redner oder ob sie als Pilot kritische Situationen besser bewältigen. Bis dahin ist jedoch eine Vielzahl von Schritten zu gehen, einer nach dem anderen.

Realistisch: Trainingsziele werden am besten so formuliert, dass die Trainierenden sie als gemäßigt neu erleben. Damit hätten sie bei ihrem Bemühen eine mittlere Erfolgswahrscheinlichkeit, eine gute Chance. Das Erreichen der gestellten Ziele fiele weder zu leicht noch zu schwer. Basis dafür ist eine realistische Selbsteinschätzung des Ausgangs- oder Ist-Zustands vor Trainingsbeginn. Um zu einer realistischen Selbsteinschätzung zu gelangen, sollte man seine eigenen und die Bewertungen anderer genauer anschauen (siehe Kapitel 3.6.4).

Explizit: Nun braucht man das Ziel nur noch zu explizieren. Das bedeutet, es wird nicht im Stillen bewahrt, sondern von Hand aufgeschrieben. Der Vorgang des Aufschreibens zwingt zu einer intensiveren Auseinandersetzung: Er ermöglicht es, das Ziel zu konkretisieren, umzuformulieren, zu kontrollieren, und beugt dem Vergessen vor. Ziele, die man nicht aufschreibt, sind kaum hilfreich, schon gar nicht, um darauf ein Training aufzubauen.

Damit ist die Zielsetzung als Basis für das Mentale Training entwickelt. Auf ihrer Grundlage können Sie Instruktionen als individuelle Handlungsanweisungen für die jeweiligen Handlungsziele ausarbeiten. Das kann man allein oder, noch besser, gemeinsam mit einem Experten tun. Der Vorteil: Ein Experte sieht noch andere Aspekte und kann Ihre geschriebene Instruktion überprüfen und gegebenenfalls korrigieren.

Grundsatz 3: Entspannung

Vor dem Mentalen Training muss man entspannt sein, dann ist die „innere Tafel" gereinigt, alle Gedanken ordnen sich jetzt um Entspannung, nichts stört mehr. Jetzt können Sie die Tafel neu „beschreiben" und sich auf die Inhalte konzentrieren, die Sie mental trainieren wollen. Gehen Sie in Gedanken und, wenn es Sie unterstützt, mit angedeuteten Bewegungen Ihren mentalen Inhalten nach: Eigenzustand regulieren, handeln und Weg beschreiben. Mehr zum Thema Entspannung und Entspannungstechniken finden Sie in diesem Buch im Kapitel 3.3.1 oder ausführlicher in meinem Buch *Ressource Ich - Stressmanagement in Beruf und Alltag*.

Grundsatz 4: Eigenerfahrung

Wer mental trainieren will, sollte schon Erfahrung mit den Handlungen besitzen, die durch das Mentale Training optimiert werden sollen. Wer noch nie mit dem Kopf unter Wasser war, wird schwerlich Tauchen mental durchgehen können. Wenn Sie noch keine Eigenerfahrung haben, hilft es, an eine ähnliche Situation anzuknüpfen. Ich bin als Student gelegentlich im Kino vor Beginn der Vorstellung in einer der vorderen Reihen aufgestanden, habe so getan, als ob ich jemanden im Publikum suchen würde, und dabei versucht, mich zu entspannen, obwohl ich den Eindruck hatte, alle schauen mich an. Mein Ziel war es, entspannt vor einer größeren Gruppe zu stehen, als Vorbereitung auf meine Unterrichtsversuche als Student vor Klassen. Das Betreten voll besetzter Säle gegen den Blick der schon Sitzenden ist eine ähnliche Übung. Noch heute, wo ich schon sehr viele Vorträge vor einem großen Publikum gehalten habe, stelle ich mich im leeren Vortragssaal auf die Bühne, stelle mir vor, alle Zuhörer säßen bereits auf ihren Plätzen, und „schaue" mir meine mentalen Landkarten für diesen Auftritt in diesem Raum durch.

Wenn ich heute zu einem Interview in ein Fernsehstudio komme, nehme ich in der „Mehrzweckhaltung" Platz, wie sie zum Beispiel bei Politikern und erfahrenen Talkshow-Gästen zu beobachten ist. Diese Haltung hat den Vorteil, dass man vergleichsweise locker wirkt, aber die Gefahr bannt, unkontrollierte Körperbewegungen auszuführen, insbesondere auch bei emotional fordernden Fragen.

Es handelt sich um eine komfortable Position mit folgenden Merkmalen:

- Die Beine sind übereinandergeschlagen;
- die Hände liegen auf dem Oberschenkel des oberen Beines aufeinander, die Finger sind nicht verschränkt;
- der Interviewpartner wird freundlich und aufmerksam angeschaut. Geschaut wird in die Richtung des übergeschlagenen Beins. Dies signalisiert Öffnung und Zuwendung zum Gesprächs-

partner und eröffnet zudem die Bewegungsfreiheit, mit einer oder mit beiden Händen zu gestikulieren, ohne zu lebhaft oder gar unkontrolliert zu erscheinen.

Auch ein Golflehrer knüpfte bei mir an Eigenerfahrung an, als er mir als Anfänger die Bewegung des linken Arms beim Schwung beschrieb: „Stellen Sie sich vor, Sie hielten ein mit Sand gefülltes Spielzeugeimerchen Ihrer Tochter so in der linken Hand, dass der Daumen oben auf dem Griff liegt. Jetzt schwingen Sie so, dass der Daumen am rechten Umkehrpunkt nach rechts zeigt, am linken nach links!" Das war mir eine gute Vorstellungshilfe, ich konnte auf Bekanntes zurückgreifen und daraus eine neue Bewegungsvorstellung entwickeln. Auch beim Präsentieren einer Vorlage, eines Papiers oder eines Produkts vor einem Gremium können Sie auf eine bekannte Vorstellung zurückgreifen, indem Sie sich vorstellen, Sie wollten etwas verkaufen. Begrüßen Sie die Zuhörer wie gute Kunden, vielleicht sogar Bekannte, denen Sie eine gute Botschaft zu vermitteln haben, von der Sie selbst überzeugt sind.

Grundsatz 5: Eigenperspektive

Beim Mentalen Training muss man an der eigenen, persönlichen Perspektive ansetzen, an seiner Sicht, nicht an der einer anderen Person. Jeder verfügt über andere Voraussetzungen und Erfahrungen, über unterschiedliches Wissen und Können. Jeder hat seine Perspektiven der Dinge, die Außenstehende nicht kennen. Vergleiche mit anderen sind deshalb nicht unbedingt hilfreich. Wer seine Kompetenz verbessern will, fängt am besten dort an, wo er steht. Niemals da, wo er glaubt, dass er stehen sollte, weil er annimmt, dass die anderen ... Wer also beim Kindergeburtstag seine achtjährige Tochter und deren Freundinnen mit einigen kleinen Zaubertricks verblüffen möchte, orientiert sich besser nicht an David Copperfield. Sondern er fängt da an, wo er vom Können her steht, und führt etwas vor, woran er selbst Freude hat.

Grundsatz 6: Lebhafte Vorstellung

„Vergegenwärtigen" war der Ausdruck, den J. H. Schultz, der Begründer des Autogenen Trainings, für das intensive, emotional gesättigte Vorstellen wählte. Mir scheint dies ein besonders treffender Begriff für das Einbeziehen aller Sinne zu sein. Wer sich mental in eine Situation hineinarbeitet, um eine mentale Landkarte zu entwerfen, versucht am besten, sich alle Bilder, Farben, Geräusche, Kräfte und Gerüche vorzustellen. Das Sprechen allein bringt dabei zu wenig Einbezogenheit. Ein Skispringer rief mich zu Beginn der Saison, vor dem ersten Wettkampf an, er fühle sich in der Luft wie ein Stück Holz. „Welche Vorstellung hast du?", fragte ich ihn. „Ich sage mir ja, was ich tun soll; aber das kommt nicht an!", sagte er und klang ziemlich verzweifelt. Wir kamen überein, dass das Reden allein zu wenig einbezieht, zu wenig Engagement fordert, den Puls nicht beschleunigt, zu wenig lebhaft und existenziell ist. Ich riet ihm deshalb, sich die Schanze, das Umfeld, die Kälte, seine letzten guten Sprünge vom Anfang bis zur Landung in den Auslauf hinein zu vergegenwärtigen, den eisigen Wind zu spüren und die kalte Nase beim Flug. Auch wenn man an seinen Urlaub denkt oder eine Situation, die einen vollkommen absorbiert und fasziniert hat und alle Sinne aktiviert, schwelgt man plötzlich in dieser Situation.

Leider können wir uns nicht nur positive Situationen in allen Einzelheiten vergegenwärtigen, sondern auch negative. Deshalb bleiben Niederlagen und Misserfolge oder Krankenhaus-, Unfall- oder Kriegserlebnisse mitsamt ihrem bitteren Beigeschmack oft viel zu lange haften. Alle Hilfsmaßnahmen zur Überwindung solcher Traumata setzen am selben Prinzip an: Sie vergegenwärtigen die alte und schreiben eine neue Geschichte, die die alte überlagern und zum Verblassen bringen soll.

Grundsatz 7: Wechsel mit motorischem Training

Wer seine Trainingsergebnisse nicht regelmäßig an der materiellen Realität überprüft, läuft Gefahr, sich zum Stammtischexperten oder Besserwisser zu entwickeln. Daher gilt der Grundsatz: Mentales Training macht nur dann Sinn, wenn es prinzipiell an der äußeren Realität scheitern kann, wenn also der Trainingsverlauf stets an tatsächlich ausgeführten Handlungen auf seine Effekte hin überprüft wird. Der Astronaut in der monatelangen Startvorbereitung muss seine inneren Landkarten immer wieder im Simulator auf Tauglichkeit hin kontrollieren genauso wie Sportler ihre mental erarbeiteten Bewegungsabläufe täglich im Training oder Patienten in der Rehabilitation die Bewegungen der in Mitleidenschaft gezogenen Gliedmaßen. In der gleichen Weise werden Arbeits- und Fertigungsabläufe mental konzipiert und permanent im Produktionsprozess überprüft.

7 Grundsätze des Mentalen Trainings						
Positive Einstellung	Zielsetzung	Entspannung	Eigenerfahrung	Eigenperspektive	Lebhafte Vorstellung	Wechsel mit motorischem Training

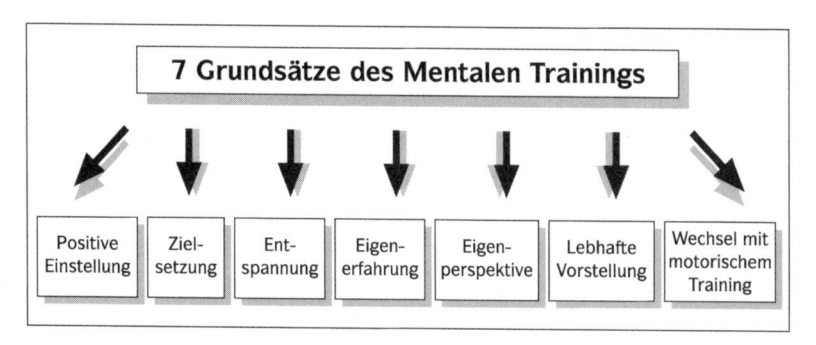

Abbildung 12 7 Grundsätze des Mentalen Trainings

3.4 Situationen, die man mit Mentalem Training besser bewältigt

Routinesituationen erfordern keine größere mentale Anstrengung. Die gestellten Anforderungen und die zur Verfügung stehenden Bewältigungsvoraussetzungen, die Ressourcen, sind in Balance, alles „läuft" automatisch, effektiv und reibungslos schnell. Ganz anders sieht es aus, wenn Anforderungen gestellt sind, die man als neu, schwierig, wichtig und jenseits der Routine erlebt. In der Alltagssprache ist dann zwar nicht von mentaler Beanspruchung die Rede, sondern von Stress und Druck. Gemeint aber sind Gedanken, die uns wie Magnete von den bewährten Landkarten und Navigationssystemen abziehen und um sechs Merkmale kreisen:

- große **Bedeutsamkeit**,
- hohe **Anforderungen**,
- ungewisser **Ausgang**,
- schädigende **Konsequenzen** bei Misserfolg, außergewöhnlich positive Konsequenzen bei Erfolg,
- Nichtwiederholbarkeit, **Einmaligkeit** und
- **Zeitnähe**.

Menschen, die vor einer Situation mit diesem Anforderungsprofil stehen, erleben sich als mental beansprucht, bis zum Stress (Eberspächer 2009). Es ist für sie nicht einfach, sich auf ihr routiniertes Handlungsrepertoire zu verlassen. Genau darin aber liegt ihre einzige Chance. Das stützende Selbstgespräch sollte bei schwierigen Situationen unter Bezug auf die mental erarbeiteten und trainierten Landkarten und entwickelten Navigationssysteme lauten:

„Ich bin überzeugt, dass ich die Fähigkeiten und Voraussetzungen habe, diese Anforderung zu bewältigen, wenn ich jetzt mein Bestes zulasse."

Ein Beispiel aus dem Urlaubsalltag mag verdeutlichen, wie Menschen unter erlebtem Problem- und auch Zeitdruck zu schnellem, heftigem, unzweckmäßigem Handeln neigen. Ein Unternehmer sprach mich nach einem Vortrag an und schilderte mir sein Verhalten, das ihn im Urlaub zwei Trommelfelle und beinahe das Leben kostete. Dieser erfolgreiche Unternehmer und Entscheider verbringt den Urlaub mit seiner Familie seit Jahren an der Adria mit ihrem tiefblauen glasklaren Wasser. Er sitzt auf seinem Boot, nicht allzu fernab vom Strand, fischt mit einem Netz, wie schon so oft. Das Netz bedeutet ihm sehr viel, er fischt damit schon seit Jahren. Plötzlich rutscht ihm das Netz aus den Händen und schwebt langsam auf den Meeresgrund, nur ein paar Meter tief, aber immerhin. „Mein Netz, oh je, schnell rausholen", so war dann wohl das innere Sprechen des Freizeitfischers gekippt. Er springt sofort ins Wasser, um nach dem versinkenden Netz zu tauchen, plötzlich ein Knall und Schmerz im einen Ohr – Schreck! Schnell auftauchen, was ist wohl mit dem Ohr? Beim (zu) schnellen Auftauchen noch ein Knall, Schmerz im anderen Ohr. Später sollte der Arzt diagnostizieren: Beide Trommelfelle waren geplatzt, Stichwort Wasserdruck. An der Wasseroberfläche bekommt der „Netztaucher" zwar wieder Luft, aber auch Orientierungsschwierigkeiten, weil sein Gleichgewichtsorgan im Innenohr zu Schaden gekommen war, mit der Folge des Kontrollverlusts. Er versucht, die Familie am Strand mit den Armen fuchtelnd um Hilfe zu rufen. Frau und Kinder winken fröhlich zurück, weil sie denken, der Papa mache wieder, wie so oft im Urlaub, irgendeinen Spaß.

Das Fazit der Geschichte ist so schnell wie einleuchtend gezogen: Der Unternehmer griff, aus der Routine des Bootsalltags gekippt, schnell und heftig auf eine nicht nur untaugliche, sondern obendrein lebensbedrohliche innere Landkarte zu, weil er die Bewertung des Ziels (Netz wiederhaben) über die systematische Tätigkeit des Tauchens stellte. Er wollte das Endergebnis, ohne die vorauslaufende Tätigkeit ordentlich ausgeführt zu haben. Dazu aber hätte er entweder Glück gebraucht oder geeignete Landkarten, die per Mentalem Training programmiert wurden. Nur mit ihrer Hilfe wäre eine zielführende Bewältigungsstrategie möglich gewesen. Im Fall des „Netztauchers" hätte dies bedeutet, dass er eine Landkarte „Tauchen" nach dem 3-4-5-Prinzip mental erarbeitet hätte einschließlich Druckentlastung der Trommelfelle (Nase zuhalten und dagegen Luftdruck aufbauen) und handlungsunterstützendem Selbstgespräch. Nur so hätte er eine reelle Chance gehabt, gut zu tauchen und das Netz zu holen. So aber verließ er sich nur auf sein Glück und lieferte sich dem Zufall aus. Nach der 3-4-5-Methode hätte er in den einzelnen Phasen sein Verhalten im Vorfeld mental trainieren und den Anforderungen weniger gefährdet beggenen können (siehe Kapitel 3.3).

3.5 Kritik am Mentalen Training

Häufig begegnet mir als Kritikpunkt am Konzept des Mentalen Trainings, die Landkarten seien das eine, die Realität, auf die man treffe, halte aber noch viel Unwägbares bereit, auf das man sich mit meinem Konzept der vorbereiteten Landkarten dann doch nicht vorbereiten könne. „Jeder Bauch ist anders!", warf ein zweifellos erfahrener Chirurg als kritischer Zuhörer bei einem einschlägigen Kongress ein, als wir das Konzept des Mentalen Trainings in der Chirurgie vorstellten. Das ist richtig. Allerdings gibt es in jedem Bauch unveränderliche Bedingungen, mit denen man in aller Regel fest rechnen kann. Auch wenn es banal klingt: Das Herz findet man beispielsweise in aller Regel links, Lungenflügel sind paarig, arterielles Blut ist hellrot und so weiter. Wenn man sich auf diese wiederkehrenden Sachverhalte, Fußballer würden von Standardsituationen reden, optimal vorbereitet, stellt man Kapazitäten für das Unvorhergesehene beziehungsweise Unvorhersehbare frei. Auch die Aussage einer Nachrichtenmoderatorin des Fernsehens verweist auf die Problematik mentaler Landkarten als prognostische Wirklichkeitsentwürfe: „Ich spiele vor einem Interview Frage und Antwort im Kopf einmal durch. Wenn das Gespräch läuft (*Kommentar des Autors:* wenn die mentale Landkarte mit der äußeren Realität konfrontiert wird), ist es genau so, wie der amerikanische Oberkommandierende General Tommy Franks mal gesagt hat: Kein Kriegsplan (*Kommentar des Autors:* mentale Realität) überlebt den ersten Feindkontakt (*Kommentar des Autors:* äußere Realität). Da darf man nicht an vorgefertigten Fragen kleben, sondern muss zuhören, spontan reagieren und Pingpong spielen ..." (*FAZ* vom 27. März 2003). Dieses spontane Pingpong gelingt allerdings nur, wenn man die Standardsituationen trainiert hat und wie im Schlaf beherrscht.

Auch in der Fliegerei bringen Kritiker gern das Argument vor, beim richtigen Fliegen, in realen Notsituationen, träten ganz andere Anforderungen auf als die mental trainierten. Die Erfahrung zeigt aber, dass bei einem Systemausfall in einer unerwarteten Situation immer auch Teile der vorbereiteten mentalen Lösungen abgefragt werden. Diese mental erarbeiteten Module und Sequenzen stabilisieren als feste, bekannte Abläufe ein mentales Drehbuch. Sie verringern die Freiheitsgrade für die Entscheidungsfindung und Improvisation und damit auch das Risiko des Scheiterns. Der Vorteil: Die Piloten müssen nur in einem eingeschränkten Bereich improvisieren und sich auf Neues einstellen. Dazwischen aber können sie immer wieder auf mental vorbereitete Abläufe zurückgreifen und diese mit in ihre Handlungsstrategie einbauen.

3.6 Voraussetzungen für erfolgreiches Mentales Training

3.6.1 Ziele

Klare, überprüfbare Ziele sind die beste Voraussetzung für ein gutes Gelingen. Wer sein Ziel nicht kennt, dem ist kein Weg der richtige, denn er weiß nicht, wie und worauf hin er sich synergetisch organisieren soll. So konnte ich einem Teilnehmer, der mich in einem Seminar nach den „besten Trainingsmethoden" fragte, auch nur antworten, dies hinge ganz wesentlich von seinen Trainingszielen ab: „Wofür wollen Sie trainieren, was ist Ihr Ziel?" Jedes Training ist auf eines oder mehrere Ziele gerichtet, verstanden als angestrebter Endzustand mit der Ausgangsfrage: „Was will ich mit meinem Training erreichen, was ich jetzt noch nicht kann?" Im Prinzip läuft es auf gesteigerte Kompetenz hinaus, verstanden als die Fähigkeit, Probleme zu lösen. Drei Ziele lassen sich dabei ansteuern: Man kann Wissen und Können entweder lernen, also neu erwerben, oder verbessern oder stabilisieren.

Am Beispiel des psychischen und physischen Entspannens lassen sich diese drei Zielstellungen recht einleuchtend verdeutlichen: Wer sich überhaupt nicht entspannen kann, muss diese Fertigkeit durch

Training neu erwerben. Beim Verbessern sollen der Verlauf und das Ergebnis des Entspannens optimiert werden: kürzer, tiefer, effektiver und störungsresistenter. Beim Stabilisieren soll als Trainingsziel die Fähigkeit erworben werden, nicht nur unter idealen, sondern auch unter widrigen Bedingungen zu entspannen.

Trainingsziel: Entspannung

Abbildung 13 Trainingsziele am Beispiel Entspannung

Ziel	Handlung
Entspannung lernen (Genauere Beschreibung der Lernschritte im Kapitel 3.3.1 oder weiterführend in Eberspächer, 2009)	1. Instruktion (siehe Kapitel 4.3.1) 2. Beschreiben („Wie ich mich entspanne") 3. Internalisieren (Landkarte „zeichnen") 4. Knotenpunkte beschreiben, z. B.: - Liegen - Unterlippe locker - Atempause spüren 5. Knotenpunkte rhythmisieren, z. B.: - „und auuuuus"
Entspannung verbessern	Trainieren, schneller auf Entspannung „umzuschalten", kürzer und tiefer zu entspannen
Entspannung stabilisieren	In den unterschiedlichsten Situationen trainieren, mit zunehmender Schwierigkeit: z. B. beim Warten, im Taxi, vor wichtigen Terminen, in Arbeitspausen, wenn man beginnt, sich zu ärgern, bei Lärm und anderen störenden Einflüssen

Eine Meisterleistung der stabilen Kompetenz, sich unter wahrlich widrigen Bedingungen zu entspannen, demonstrierte der Kommandant einer Raumstation. Gelegentlich, berichtete ein mitfliegender Kosmonaut, seien die Versorgungssysteme ausgefallen. Als Reparaturzeit standen dann maximal 40 Minuten zur Verfügung, danach hätte sich die Situation der Besatzung dramatisch zugespitzt. Der Kommandant hatte seine eigene Methode, mit dieser Lage umzugehen: Bei einem Ausfall der Versorgungssysteme legte er sich erst einmal einige Minuten schlafen, um danach die Reparatur in Angriff zu nehmen. Sein

Verhalten begründete er damit, nach einem Ausfall der laut surrenden Aggregate sei es an Bord endlich einmal still genug, um in Ruhe zu entspannen. Dieser Kosmonaut war offensichtlich trainiert, sich zu entspannen. Er hat die Fertigkeit dazu nicht nur erworben, sondern im Laufe der Zeit so weit verbessert und stabilisiert, dass er sie in Situationen anwenden konnte, in denen andere nicht im Entferntesten an Entspannung dachten, weil sich ihre Gedanken wie magnetisiert auf die Konsequenzen im Falle des Misslingens richteten.

Ziele können ganz unterschiedliche Verbindlichkeit haben. Man erkennt sie für sich am unterschiedlichen Energieeinsatz. Gelegentlich *könnte* es, manches Mal *sollte* es, nicht selten aber, und das ist die eigentliche Nagelprobe, *muss* es passen, ohne Wiederholungschance. Dabei sind keineswegs nur hohe Anforderungen wie das Landen eines Flugzeugs bei extremem Wind (siehe Kapitel 4.1) dem *Just-in-time*-Prinzip unterworfen. Viele Menschen verlangen zum Beispiel in der Arztpraxis oder Apotheke mit den Worten: „Ich kann nicht schlafen", nach einem Schlafmittel. Im Grunde ist diese Aussage falsch: Jeder kann schlafen, es fragt sich nur, wann. Das Schlafmittel soll also lediglich bewirken, dass der Schlaf sich zum passenden Zeitpunkt einstellt. Diese Punktlandung scheint vielen gerade dann zu misslingen, wenn es angesagt ist, nämlich abends oder nachts im Bett. Bei langatmigen Vorträgen oder langweiligen Konzerten haben dagegen die wenigsten Menschen ein Einschlafproblem.

Ziele herunterbrechen

„Weltmeister", antwortete ein Rennfahrer wie aus der Pistole geschossen, als ich ihn nach seinem höchsten Ziel fragte. Mein Stirnrunzeln veranlasste ihn, nachzuschieben, dass es für ihn in der Formel 1, in der er Fuß fassen wolle, doch kein anderes Ziel geben könne, als Weltmeister zu werden: „Sonst kann ich es ja gleich lassen." In meiner täglichen Praxis erhalte ich auf meine Standardfrage nach den Zielen eigentlich immer ein hohes Ziel als Antwort, nicht nur von Profisportlern, auch von Normalbürgern. Ein Beispiel: Ich fahre im Jahr mit einem Hollandrad etwa 3.000 Kilometer, tagaus, tagein. Vor Kurzem erzählte mir ein junger Kollege, sein Vater, Mitte 50, Chefarzt einer Klinik, plane, etwas für seine Gesundheit zu tun. Ich riet zum Hollandrad, als Fitnessgerät für aerobe Ausdauer bei niedrigster Einstiegsschwelle, das sich gerade für Flachlandbewohner leicht in den Alltag integrieren lässt, bei jedem Wetter. Die Antwort des Kollegen auf meinen Vorschlag, den ich eigentlich als Empfehlung für den Vater verstanden wissen wollte: „Das habe ich ihm auch gesagt, aber er meint, bevor er auf so ein Altmänner-Fahrrad steigt, fährt er lieber gar nicht!" Es musste wohl, wenn schon, denn schon, ein Rennrad mit Titanrahmen und sündhaft teuren Komponenten sein. Eines von denen, die nach ein- oder zweimaliger Nutzung zu Tausenden in deutschen Kellern und Garagen verrotten. Dieses verbreitete Wenn-schon-denn-schon-Denkmuster erstickt so manchen guten Vorsatz im Keim, beim „Weltmeister"- Profirennfahrer genauso wie beim Gesundheitssportler. Der Gedanke: „Wenn ich schon etwas tun will, dann mit einem ganz hohen Ziel, sonst kann ich es ja gleich lassen", ist verständlich. Allerdings vernebeln derart hohe Ziele oft den Blick für die Umsetzung und den leichten Einstieg. Der Grund: Sie wurden nicht „heruntergebrochen", sie knüpfen nicht an konkrete Handlungsschritte an. Man bewegt sich im Falle des Gesundheitssportlers lieber gar nicht als in einer alltagskompatiblen Form, dem Hollandrad.

Selbstredend ist es ein weiter Weg zur Weltmeisterschaft oder zur beruflichen Spitzenposition, genauso wie zur Rehabilitation nach einem Herzinfarkt, dem Bau eines Hauses oder auch nur dahin, zehn Pfund weniger zu wiegen. Aber diese und andere Ziele taugen nur dann etwas, wenn sie da anknüpfen, wo Sie sich befinden. Wie ernst es Ihnen wirklich ist, klärt und entlarvt die Frage: „Welche meiner Handlungen bringen mich bei der nächsten Gelegenheit meinem Ziel einen Schritt näher?" Das gilt für Rennfahrer, die Weltmeister werden wollen, genauso wie für Chefärzte, die fitter werden möchten, so unterschiedlich ihre Zielsetzungen auf den ersten Blick auch zu sein scheinen. Beide wären mit dieser Frage auf einer Handlungsebene angekommen, das heißt, sie wüssten, was sie bei der nächsten Gelegenheit zu tun hätten. Natürlich steht es allen frei, sich visionär mit den höchsten Zielen zu befassen, getreu dem Wenn-schon-denn-schon-Prinzip, nach dem die meisten ihr schlechtes Gewissen beruhigen. Aber utopische Visionen bewirken, dass der Möchtegern-Rennradfahrer am Ende überhaupt nichts tut. Und aus dem Nichtstun ergibt sich keine Fitness. Der Klinikchef kommt seinem Ziel keinen Schritt näher! Dafür kann er mit vollen Backen visionär von seiner Zukunft als gertenschlanker fitter Mittfünfziger erzählen und träumen. Leider haben weder Träume noch Vorstellungen jemals die Welt verändert, es sei denn, jemand hätte sie in die Tat umgesetzt.

Alle Ziele, für deren Erreichen man nicht bereit ist, bei der nächsten Gelegenheit etwas zu tun, sind mentaler Ballast. Man sollte sie am besten vergessen!

Mit dem ersten Schritt anfangen

Was muss er also tun, der Herr Doktor mit dem Fitnesswunsch? Er muss einen Anfang dort finden, wo er ist, und sich genau da abholen. Damit beginnt er mit einem realistischen Schritt. Gute Anfänge haben eines gemeinsam: die niedere Einstiegsschwelle. Er muss dazu seine Antwort auf die Frage finden: „Wie kann ich das Radfahren in meinen Lebensraum und meine Lebenszeit so einbauen, dass ich es gern und motiviert betreibe?" Dazu kommt er, bei seinem Zeitbudget, um ein Alltagsfahrrad nicht herum, sozusagen für das Basistraining. Später kann er darauf je nach Erfahrung und Engagement immer noch im wahrsten Sinne des Wortes aufsatteln und sich ein Rennrad kaufen. Weil er im Alltag nach dem Prinzip mäßig, aber regelmäßig schon einen recht guten Trainingszustand aufgebaut hat, wird er schneller zu einem Erfolgserlebnis kommen als ohne Vorerfahrung. Der Alltag auf dem Hollandrad würde ihn dem Rennradfahren, von dem er träumt, einen Schritt näher bringen. Ich selbst trainiere nach dem gleichen Prinzip: Weil ich mit Freude Fahrzeuge mit zwei Rädern bewege, mit und ohne Motor, fahre ich natürlich auch Rennrad, seit über 30 Jahren, die Basis hole ich mir auf dem Hollandrad. Die zusätzlichen paar Tausend Kilometer Rennrad fallen dann leichter, und ich erlebe sie als etwas Besonderes. Fazit: Will man ein Ziel herunterbrechen, kommt man nicht darum herum, zwischen Wunschziel und Willensziel zu unterscheiden.

Wunsch und Wille

Gemeinsam haben Wunsch und Wille, dass sie einen Endzustand definieren, den man von einem Ausgangszustand aus anstrebt. Damit hat es aber dann auch schon sein Bewenden, denn über die Wege dahin scheinen beide unvereinbar gegensätzlich. Ob ein Wunsch(ziel) in Erfüllung geht, hängt immer von äußeren Einflüssen oder von einer externen Instanz ab. Wer sich etwas wünscht, erbringt keine eigene Leistung, um das Ziel zu erreichen. Willensziele folgen anderen Strukturen. Auch sie richten sich auf erstrebenswerte Endzustände, aber man will sie aktiv, per Eigenleistung erreichen und man ist zu dieser Eigenleistung auch bereit und willig. Man investiert etwas dafür, wendet Kraft und Können, Zeit und Geld auf. Ich stelle mir das wie eine Leiter vor: Die Anstrengung auf dem Weg zum Ziel besteht darin, dass man sich Sprosse für Sprosse, Punkt für Punkt, Tag für Tag mit eigenem Einsatz zielstrebig voranarbeitet. Man hat bei diesen Einzelschritten immer das Endziel im Sinn. Konzentrieren Sie sich auf einige wenige Willensziele. Den Rest lassen Sie einfach geschehen. Denn er geschieht sowieso.

Ob Ziele Willens- oder nur Wunschzielqualität besitzen, lässt sich übrigens sofort prüfen: Beantworten Sie einfach nur die Frage, was Sie bei der nächsten Gelegenheit bereit sind, tatsächlich selbst zu tun, um dem angezielten Endzustand einen Schritt näher zu kommen. Falls Sie für eine Eigenleistung keine Veranlassung sehen, ist Ihr Ziel wohl nur ein Wunschziel. Falls Sie zwar wissen, was als Erstes zu tun wäre, Sie sich aber nicht dazu durchringen können, was sich ja auch prächtig rationalisieren und schönreden lässt, hat Ihr Ziel ebenfalls noch keine Willensqualität. Wer beispielsweise abnehmen möchte, hat zwei Möglichkeiten: Er kann entweder jedem mitteilen, demnächst weniger essen zu wollen, was aber aus diesem oder jenem Grund jetzt noch nicht möglich sei. Oder er kann jetzt etwas tun und beispielsweise nur die Hälfte essen oder seine Kalorienzufuhr auf anderem Weg reduzieren. Diese Vorgehensweise macht das Ziel greifbarer und hilft übrigens auch Marathonläufern oder Triathleten, wenn sie während ihrer großen Beanspruchung Schwierigkeiten erfahren. Sie laufen dann am besten im Wortsinne von einem Schritt zum nächsten. Für Ziele, die man wirklich erreichen will, ist übrigens auch immer Geld da, selbst wenn man es sich leihen muss, oder Zeit, selbst wenn man anderes dafür vernachlässigt.

Anstrebungsziele

Anstrebungsziele sind positiv formuliert: „Ich mache jetzt diese Aktion!" Deshalb setzen sie Wissen und Können voraus: Man muss wissen, wie es geht, sonst vermag man diese Aktion nicht einmal zu formulieren. Mit Vermeidungszielen hat man es da leichter, sie kann jeder Dilettant formulieren. Er signalisiert damit zwar Fachwissen und vermag sich sogar als Experte aufzuspielen, wäre aber nicht in der Lage, mitzuteilen, wie es geht. Aus dieser Freiheit von jeglicher konstruktiven Verpflichtung erwächst das Selbstbewusstsein an allen Stammtischen, wenn es um die Verbesserung der politischen Landschaft oder auch der ganzen Welt geht. Es ist leichter, anderen zu raten, was zu vermeiden ist, als selbst zu tun, was zu tun ist. Jeder kann seinem Chef raten, was er vermeiden muss: Kunden verprellen, Mitarbeiterinnen und Mitarbeiter ungleich behandeln und so weiter. Der Chirurg muss vermeiden, Blutgefäße zu verletzen, und der Redner, langatmig zu reden. Anstrebungsziele bestimmen dagegen einen konkreten Endzustand und eröffnen damit auch Vorgehensweisen, die einen dem Endzustand näher bringen. Vergleichen Sie es ruhig mit einem Kochrezept: „Man nehme ..."

Konkrete Ziele

Je konkreter ein Ziel auf der Handlungsebene beschrieben wird, umso wirksamer ist es. Ziele beziehen sich auf:

- **Zustand**,
- **Können**,
- **Wissen**.

Es braucht Zeit und nicht selten beratende Unterstützung, um seinen aktuellen Zustand und sein Können als Ausgangszustand für seine Ziele zu analysieren. Manche setzen sich dazu an einen ungestörten Platz, anderen helfen Spaziergänge oder Gespräche mit vertrauten Menschen. Ziele aufzuschreiben ist hilfreich, am besten mit der Hand, nicht mit dem PC, denn das Schreiben mit der Hand ist Ich-näher, weil es mehr einbezieht, es ist spürbar, weil es fordert, anstrengt, emotional aufwühlt. Nicht umsonst verlangt das Gesetz, dass ein Testament von Hand geschrieben sein muss – nicht von irgendjemandem, sondern von der Person, die es hinterlassen wird. Konkrete Ziele sind immer als persönliche, individuell abgestimmte Handlungsanweisung zu formulieren. Sie müssen immer als eine Instruktion für das taugen, was Sie jetzt tun müssen, um Ihrer Vision einen Schritt näher zu kommen. Schreiben Sie Ihre Ziele auf, beginnen Sie immer mit „Ich ...". Wenn Sie trainieren wollen, damit Ihnen das Reden vor einer Gruppe besser gelingt, brechen Sie konkrete Handlungsziele herunter. Zum Beispiel so:

> **WENN ICH VOR EINER GRUPPE REDE ...**
>
> ... habe ich folgende Ziele:
> - **Körperlich**: Ich stehe locker auf beiden Beinen, bin dem Auditorium zugewandt, schaue alle an, atme ruhig. Ich unterstreiche per Körpersprache, was ich zu sagen habe.
> - **Umgebung**: Ich ordne meine Kleidung, bevor ich ans Rednerpult, meinen Platz gehe, beides habe ich vorher kontrolliert, genauso wie mein Mikrofon, den PC mit der PowerPoint-Präsentation und das Manuskript. Ich positioniere mich so zum Auditorium, dass ich jeden sehen kann.

> - **Mental**: Ich bin gut vorbereitet, überzeugt von meiner Botschaft. Ich begegne den Zuhörenden sachlich und freundlich.
>
> Diese stichpunktartigen Ziele beziehen sich auf den Zustand, das Können und das Wissen.

Weitere Beispiele für konkrete Zielanleitungen finden sich im Kapitel 4.

Glück und Pech

Obwohl Glück genau wie Pech zum Gelingen dazugehört, versuchen die wirklich Guten, den Einfluss des Zufalls zu minimieren, nach dem Prinzip: „Handle stets so, als ob Erfolg und Misserfolg alleine von dir selbst abhängen würden!" Weil es keine Welt ohne Zufälle gibt, bedeutet dies, ständig an dem zu arbeiten, was Sie selbst beeinflussen können. Erfolgreiche fragen sich nach jedem Sieg und jeder Niederlage als Erstes, was sie selbst dazu beigetragen haben. Nach einem Sieg erwächst daraus Kompetenzüberzeugung, nach Niederlagen nicht selten ein kritischer Ansatz zur Neubestimmung.

Die daraus erwachsenden Entwicklungs- und Verbesserungschancen versäumt, wer stets die Umstände, die anderen oder das Pech für den eigenen Misserfolg verantwortlich macht und sich damit grundlegender Zuständigkeit für eigenes Arbeiten entzieht. Das gilt auch für Mitarbeiter, die bevorzugt die Geschäftsleitung für ihre Arbeitsleistung verantwortlich erleben, oder Ehepartner, für deren Glück immer der andere zuständig ist. Statt selbst Verantwortung zu übernehmen, wird sie systematisch bei anderen oder in den Umständen gesucht. Ein Berufsradrennfahrer sagte mir einmal, er habe mit dem Profiradsport aufgehört, nachdem ihm aufgefallen sei, dass er Trainingsfahrten immer häufiger in Abhängigkeit vom Wetter plante. Er lieferte sich quasi den Umständen aus, die mehr und mehr sein Training bestimmten, und delegierte die Verantwortung für sein Training an die Wetterumstände. Anders ausgedrückt: Er stahl sich als entscheidendes, von seinen Erwartungen geleitetes Subjekt aus der Verantwortung.

3.6.2 Motivation und Sinn

Motivation ist eine Eigenleistung

Motivation ist die Kunst, sich selbst zum Handeln zu veranlassen. Sie ist eine Eigenleistung jedes Einzelnen, wobei ihm andere Verantwortliche mit Rahmenbedingungen nach bestem Wissen und Gewissen unterstützend und hilfreich zur Seite stehen. Man kann also andere nicht motivieren, sondern ihnen allenfalls helfen, sich selbst zu motivieren. Damit stelle ich mich gegen eine verbreitete Auffassung, in der Motivation mehr als Fremdleistung und Bringschuld denn als Eigenleistung gilt. Motivation von Mitarbeitern, Schülern, Kindern, Patienten oder Bürgern kann nicht in erster Linie als Angelegenheit von Vorgesetzten, Lehrern, Eltern, Ärzten oder Regierenden verstanden werden.

In diesem Zusammenhang fällt auch auf, wie leicht und wohlfeil gute Ideen, Anregungen oder gar Anweisungen zur Hand sind, wie andere ihr Handeln optimieren könnten. Unternehmensberater und Trainer scheinen offensichtlich genau zu wissen, was Unternehmer und Vorgesetzte verbessern müssten; Geschäftsleitung und Mitarbeitern scheint es gleichermaßen leichtzufallen, gegenseitige Empfehlungen und Anweisungen zur Bewältigung dringender Probleme auszusprechen. Ungleich höhere Anforderungen erlebt man dagegen bei sich, versucht man, sich selbst zu motivieren. Trotzdem ist die eigene Person harter Kern und eigentlicher Ansatzpunkt jeder Motivation.

Über vier Fragen zur Motivation

Im Kopf dessen, der seine Motivation aufbauen will, läuft ein innerer Gesprächsprozess in vier Fragen ab. Erst wer die folgenden vier Fragen in der Reihenfolge nein-ja-ja-ja beantwortet hat, hat entschieden, etwas zu tun. Wer davor aussteigt, tut nichts. Motivationshilfe von außen wäre, wenn einem jemand helfen würde, diesen inneren Monolog so zu stützen, dass er erfolgszuversichtliches motiviertes Entscheiden und Handeln zur Konsequenz hätte. So gesehen ist es beim Motivieren nicht damit getan, auf jemanden einzureden. Es geht vielmehr darum, den anderen zu veranlassen, sich selbst zu motivieren. Zu diesem Zweck gilt es, zuzuhören und die innere Landschaft des anderen und seine Antworten auf die vier Fragen der Motivation kennenzulernen.

Abbildung 14 zeigt den inneren Monolog mit vier Fragen der Motivation als Prozessdiagramm (mehr dazu in Rheinberg 2002).

Frage 1: Ist die Situation festgelegt?

Bevor man eine Anforderung in Angriff nimmt, stellt man sich die Frage: „Ist das Ergebnis durch die Situation bereits festgelegt?" Wenn dem so wäre, gäbe es keine Veranlassung, etwas zu tun. Beispielsweise wäre niemand für den Versuch zu motivieren, drei Meter ohne Hilfsmittel hochzuspringen: Das kann niemand schaffen, ganz gleich, wie motiviert er ist. Die Situation ist bereits festgelegt. Genauso wenig würde jemand Motivation für eine Bewerbung aufbringen, wenn von vornherein feststünde, dass es keine Chance gibt, weil die Stelle bereits besetzt ist.

Erst wenn eine Situation eine, vielleicht auch nur geringe, Chance eröffnet, fängt man an, weiterzudenken. Will sich jemand zum Beispiel zum regelmäßigen Joggen motivieren, ist die erste Frage leicht zu beantworten: Es geht fast überall, ohne große Voraussetzungen. Ist die Situation nicht festgelegt, wird in der zweiten Frage geprüft, ob es einem *selbst* möglich ist, zu handeln.

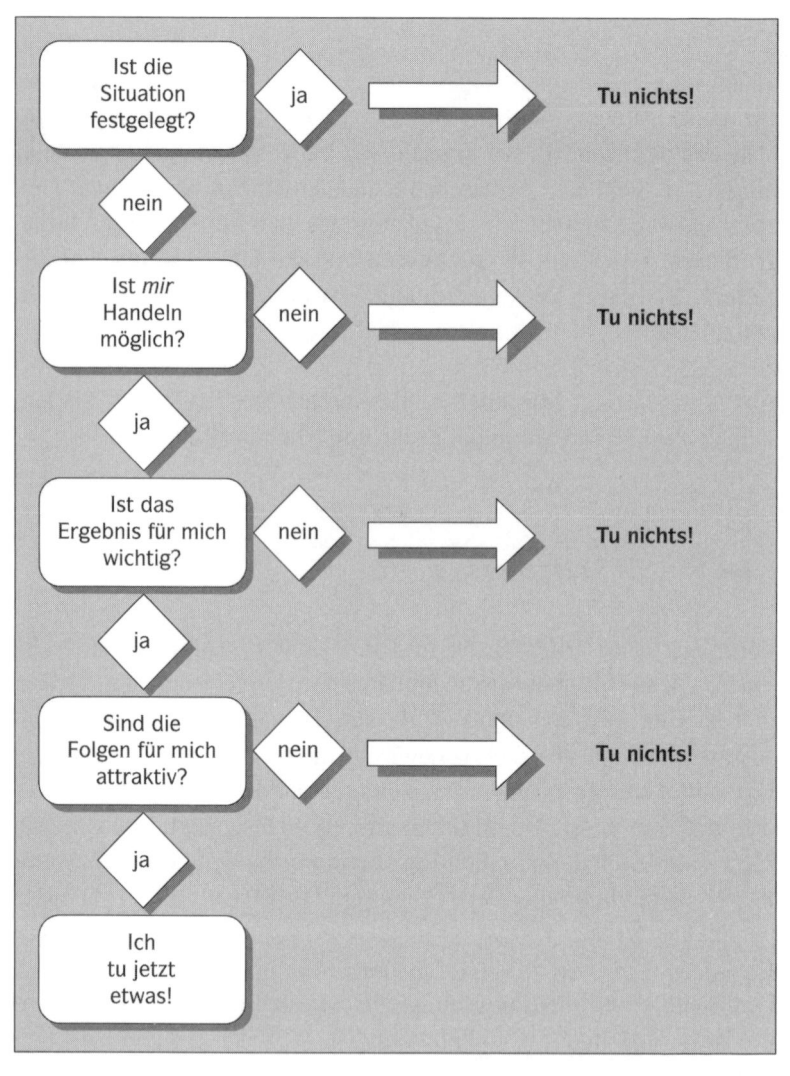

Abbildung 14 Prozessdiagramm der Motivation (vereinfacht nach Rheinberg 2002)

Frage 2: Ist mir Handeln möglich?

„Ist das Ergebnis durch mein eigenes Handeln zu beeinflussen?" Hier überprüft man die eigene Kompetenz. Man prüft sein Wissen und Können und welche Ressourcen man zur Verfügung hat, besinnt sich auf seine Stärken und seine Möglichkeiten. Ist sich jemand seiner eigenen Stärken, seines Wissens und Könnens nicht so gewiss, dass er zu einer gesunden Kompetenzüberzeugung gelangen kann, hilft ein unterstützendes Gespräch von außen weiter. Ein Bewerber prüft mit der zweiten Frage, ob er sich das Geforderte zutraut und leisten kann. Die potenziellen Jogger prüfen, ob sie körperlich dazu in der Lage sind, zu laufen. Das dürfte bei den meisten der Fall sein. Mit Kompetenzüberzeugung allein ist aber noch nichts passiert. Als Nächstes stellt sich deshalb die Frage, ob das Ergebnis wichtig genug ist, um sich dafür motiviert einzusetzen.

Frage 3: Ist das Ergebnis für mich wichtig?

Bei der dritten Frage ist angelangt, wer die Situation als veränderbar und sich selbst als hinreichend kompetent erlebt, die Anforderung anzunehmen. Käme man jetzt allerdings zu dem Schluss: „Möglich wäre es schon, können täte ich es auch, aber das Ergebnis ist mir nicht wichtig", wäre der Motivationsprozess an dieser Stelle abgebrochen. Wird das Ergebnis dagegen als interessant und attraktiv bewertet, läuft die Motivation weiter. Joggen zum Beispiel ist wichtig, weil als Ergebnis die Leistungsfähigkeit zunimmt und man sich frischer und straffer fühlt. Die Bewerbung um eine neue Stelle könnte wichtig sein, weil sie eine ansehnliche Gehaltsaufbesserung und einen erweiterten Verantwortungsbereich verspricht. Allerdings: Auch wenn die dritte Frage positiv beantwortet wird, ist die Entscheidung fürs Joggen oder für die Bewerbung noch nicht gefallen. Erst die nächste, die vierte Frage führt zur Handlungsentscheidung.

Frage 4: Sind die Folgen für mich attraktiv?

„Sind die Folgen des Ergebnisses für mich attraktiv?" Einerseits wäre die neue Stelle mit einer Gehaltsaufbesserung verbunden. Andererseits müsste der Bewerber zusätzliche zeitintensive Führungsaufgaben übernehmen und deshalb morgens früher kommen und abends länger bleiben. Erst wenn auch die letzte Frage nach den Folgen positiv beantwortet wurde, zum Beispiel, weil die größere Verantwortung als Chance und Option betrachtet wird, hat der Bewerber eine gute Chance, sich zu entscheiden und zu handeln. Der Jogger würde an dieser Stelle vielleicht fragen, ob es tatsächlich erstrebenswert ist, der Fitness zuliebe drei-, viermal in der Woche die Komfortzone zu verlassen, in der man sich eigentlich ganz wohlfühlt. Erst wer zu der Überzeugung gelangt, zum Beispiel seine Lebensqualität substanziell verbessern zu können, steht am Rubikon: Mental bereit, voll motiviert muss nun nur noch das schwache Fleisch in Bewegung gebracht werden, und zwar mit dem ersten Schritt.

AM RUBIKON

Nur wer die erste Frage in Abbildung 14 mit „nein" und die drei weiteren jeweils mit „ja" beantwortet hat, steht kurz davor, den Vorsatz motiviert in die Tat umzusetzen, etwas zu tun. Bildlich gesprochen: Er steht am Rubikon, wie es heute in der Motivationspsychologie unter historischem Bezug heißt. Man steht am Grenzfluss Rubikon wie einst Cäsar als Feldherr, der überlegte, ob er mit seinem siegreichen Heer aus Gallien über den damaligen Grenzfluss beider Reiche zurück nach Rom marschieren sollte oder nicht. Soll ich oder soll ich nicht? Bin ich bereit, mich allen Problemen zu stellen, die sich aus diesem Schritt ergeben können?

Am Rubikon steht zum Beispiel jeder entschlossene, gesundheitsbewusste Jogger, der an einem Novembermorgen vor der Arbeit das nasskalte Wetter registriert und vor der Wahl steht, wohlig weiterzuschlafen oder aufzustehen und „über den Rubikon zu gehen", indem er einen Schritt vor den anderen setzt. Besserwisser gehen nie über den Rubikon. Sie wissen zwar alles und obendrein besser, stellen sich aber nie dem rauen Wind der vollzogenen Tat. Auf diese Weise bleibt ihnen jeder Misserfolg erspart.

Basis jeder Motivation: Sinn

Nur wer in seinem Handeln Sinn erkennt, vermag auch zielbezogen und motiviert daran zu arbeiten und zu trainieren, sich weiter zu verbessern. Mentale Grundlage jeder Motivation ist demnach die Klärung der Sinnfrage, sie bildet das psychologische Fundament für jedes Training und jede Anstrengung. Wobei sich die Sinnfrage für junge Sportler und junge Manager eher selten stellt, besonders wenn sie erfolgreich sind, denn das erfolgreiche Tun mit Zukunftsperspektive trägt Motivation und Sinn praktisch in sich. Lassen allerdings Erfolg oder Kraft oder beides nach, stellt sich die Sinnfrage öfter, bis sie einem gar nicht mehr aus dem Kopf geht.

Häufig führt die Frage nach dem Sinn zur Veränderung in andere, nicht unbedingt für alle Beteiligten erwünschte Richtungen, wie bei der Radrennfahrerin, die mit dem folgenden Problem zu mir kam: Sie hatte 194 Rennen gewonnen und fragte sich nun, welchen Sinn es mache, 195 zu gewinnen. Nach langen Gesprächen fand sich letztlich nur eine Antwort: Ende des Radsports. Wer für sich keine klare überzeugende Antwort auf die Sinnfrage findet, sollte keine weitere Mühe mehr aufwenden. Ohne Sinn nämlich gerät das Training zur Plackerei und bleibt in der Regel ohne Erfolg: „Es macht ja doch keinen Sinn mehr ..." Mitarbeiter, Unternehmer oder Soldaten, die den Sinn ihrer Arbeit nicht oder nicht mehr sehen, sind kaum noch motiviert und werden früher oder später innerlich kündigen oder desertieren. „Was bedeutet mir dieses Ziel, welchen Sinn sehe ich darin und warum soll ich darauf hinarbeiten?" sind typische Sinn-Prüffragen. Bei ihrer Beantwortung geht es um die eigene Sicht, die eigene Sinnzuschreibung – und nur die eigene. Nicht die der anderen, auch nicht die des Ehepartners oder anderer nahestehender Menschen, sie können beim Ringen um die eigene Antwort allenfalls wertvolle Gesprächspartner sein, aber niemals Sinnstifter.

Sinn ergibt sich aus einer Zuschreibung

Sinn ergibt sich per Zuschreibung durch eine Person. Aus solch einer Zuschreibung ergibt sich zum Beispiel Gläubigen der Bezug zu ihrem Gott. Der Glaube an ihn erfüllt ihr Leben mit Sinn. Sinn erfährt aber auch, wer es vorzieht, Gesundheit, Familientradition, Wohlbefinden oder Geldverdienen als Bezugssystem zu wählen. Über die Dauerhaftigkeit und Tragfähigkeit von Sinnzuschreibungen kann man natürlich diskutieren. Dennoch sind sie für jede Anforderung und jede Tätigkeit erforderlich und sollten deshalb im Vorfeld abgeklärt werden. Ein schönes Beispiel für Sinnzuschreibung gibt mir seit Jahren ein Artist im achten Lebensjahrzehnt, dem ich in höchster Wertschätzung sehr nahestehe. Als Krönung seiner bis heute 65-jährigen internationalen Karriere, die ihn, wie er zu sagen pflegt, in die „besten Häuser" auf allen Kontinenten geführt hat, strebt er nun einen Auftritt in Las Vegas, der Weltmetropole des Showbusiness an. Seit geraumer Zeit arbeitet er dazu hoch motiviert an der Verbesserung seiner Nummer, die er zunächst in „kleineren Häusern" erproben und verbessern will, bewegt vom Sinn der persönlichen Vervollkommnung seiner artistischen – und damit Lebensleistung.

Selbstverantwortung

Motivation als Eigenleistung aufzubauen und aufzufassen fordert Selbstverantwortung: die Bereitschaft, Konsequenzen für Erfolg wie Misserfolg selbst zu übernehmen, um im Training konstruktiv damit zu arbeiten. Dies setzt die Überzeugung in eigene Ressourcen und Kompetenzen voraus. Wer diese Bedingungen, also die Antworten auf die vier Fragen zur Motivation, als selbst zu erbringende Eigenleistung versteht, hat einen Weg zu mehr Freude und Schubkraft im beruflichen, aber auch im privaten Bereich vor sich.

Das vorgestellte Motivationsprogramm ist kein simples *Think-positive*-Programm. Deshalb spürt man schnell, dass man mit weniger Zögern und mehr Engagement an Anforderungen herangeht und dass diese viel effizienter und klarer strukturiert ablaufen und wesentlich häufiger zu langfristig positiven Ergebnissen führen.

3.6.3 Konzentration

Priorität – die richtige Reihenfolge

Weil man in der Regel nicht nur ein Ziel verfolgt, sondern viele Ziele in vielen unterschiedlichen Bereichen, läuft man schnell Gefahr, sich zu verzetteln. Die Auswahl und Reihenfolge, also die Priorisierung der angestrebten Ziele, stellen daher weitere Voraussetzungen fürs Gelingen dar. Häufig wird dabei das Pferd vom Schwanz her aufgezäumt, wenn man, um im Zoologischen zu bleiben, das Fell des Bären verteilt, bevor er erlegt ist. So ging zum Beispiel ein junger Golfprofi vor, der regelmäßig bei wichtigen Turnieren versagte. Auf meine Frage, was man denn beim Golf treffen müsse, sagte er spontan: „Das Loch!" Irgendwann später erzählte er mir, dass er sich damals gewundert habe, wie jemand eine so blöde Frage stellen konnte. Das Problem, mit dem er zu mir kam, ist das Standardproblem, weswegen Leistungssportlerinnen und -sportler sportpsychologischen Rat suchen: Die gute Leistung im Training lässt sich im Wettkampf, im Rennen, im Spiel oder eben im Turnier nicht umsetzen. Nichts klappt mehr wie gewohnt: Das ist das Trainingsweltmeister-Problem, das im Übrigen auch im beruflichen Alltag auftritt. Nicht alle erreichen bei wichtigen Verhandlungen oder Präsentationen, im Bewerbungsgespräch oder in Prüfungen Normalform. Es lohnt, diese Problematik genauer zu betrachten.

Ein erster Schritt zum Verständnis ergibt sich aus dem weiteren Verlauf meines Gesprächs mit dem Golfprofi. „Das Wichtigste, was es zu treffen gilt, ist also das Loch?", frage ich zurück.

„Klar!", sagte er. Und dachte vermutlich: „Was denn sonst?"

„Und was muss man treffen, bevor man das Loch trifft?" Seine Antwort: „Den Ball natürlich!" Natürlich!

„Was muss man treffen, bevor man den Ball trifft?"

Langsam schien mein Golfer etwas ungehalten ob meiner dilettantischen Fragerei: „Den Schläger natürlich!" Natürlich!

„Und was muss man treffen, bevor man den Schläger trifft?"

„Ja, ich muss gut stehen."

Mit Schläger „treffen" meine ich, dass man ihn optimal schwingt. Dazu müssen ihn nach meinem Verständnis alle Körperimpulse im Idealfall so exakt treffen, dass der Schlag gelingt. Ich rekapitulierte: Das Loch müsse man treffen, davor aber den Ball, davor den Schläger und davor müsse man gut stehen. Auf meinen fragenden Blick wandte der Golfprofi ein, diese Reihung gelte natürlich („natürlich!") nur fürs Turnier, im Training sei das ganz anders, da käme es ja nicht so drauf an, da könne man erst mal schauen, dass man gut stehe, über das Schwingen in seinen Schwung finden, um sich dann einen Ball hinzulegen, um dann ganz locker ... Ah ja!

Abbildung 15 auf der nächsten Seite zeigt, was man, diesem Gespräch zufolge, treffen muss – im Turnier und im Training.

Trainingsweltmeister

Der junge Mann war ein typischer Vertreter der Gattung „Trainingsweltmeister", weil er zwei Technik- und Schwungabläufe hatte: einen, wenn es aus seiner Sicht darauf ankommt, den Turnierablauf, und einen, wenn es vermeintlich nicht darauf ankommt, den Trainingsablauf. Wenn man jetzt noch in lockeres und intensives Training, in wichtige und unwichtige Turniere, schwierige und weniger schwierige Golfplätze differenziert, gerät man leicht ins Grübeln, welche Technik wann und wo angemessen sein könnte. Kein Wunder, dass der Sportler sich in einer mentalen Falle befand: Beim Turnier war er im Kopf mit allem beschäftigt, nur nicht mit dem Wichtigsten – mit sich und seinem Schwung. In diesem Fall sind Kopf und Körper nicht synchronisiert, um sich zu stützen, sondern sie stören sich gegenseitig. Vor diesem Hintergrund lässt sich die Frage nach der mentalen Seite beim Golf vielleicht klarer sehen: Man beschäftigt sich im Kopf ausschließlich mit dem, was den Schwung unterstützt und nicht stört. Und sonst nichts.

...im Turnier

| 1. Loch | 2. Ball | 3. Schläger | 4. sich selbst |

...im Training

| 1. sich selbst | 2. Schläger | 3. Ball | 4. Loch |

Abbildung 15 Die wechselnde Zielsetzung eines Golfers, der im Turnier häufig versagt, obwohl er im Training ordentlich spielt

Konzentration in Trichter und Röhre

Sich auf das Wesentliche zu richten, auf das Gegenwärtige und dabei bis auf die unterstützenden alle inneren und äußeren Einflüsse auszublenden – das ist Konzentration. Man ist auf das Ziel und die optimale Handlung gerichtet. So weit, so gut. Offen bleibt allerdings, wie man das Störende aus dem Kopf bekommt. Der verbreitete Rat dazu lautet, sich einfach vom Störenden abzulenken: „Du musst einfach nicht daran denken!" „Sei doch ganz locker!" Diese Ratschläge halte ich für falsch, denn Konzentration lebt vom Hinlenken und nicht vom Ablenken.

In meiner Arbeit mit Athletinnen und Athleten haben sich zum Training der Konzentration das Bild und die Vorstellung von einem Trichter oder auch einer Röhre bewährt. Ein Trichter führt zusammen und bündelt. Eine Röhre richtet und führt. Eine Hürdenläuferin hat ihren Tunnel so geschildert: „Ich nehme zur Konzentration als Denkhilfe die Vorstellung, dass ich in einem Tunnel laufe. Alles, was außerhalb des Tunnels passiert, kriege ich nicht mit. Welche Konkurrenz läuft oder was die anderen machen beim Einlaufen oder ob ein Reporter da ist oder sonst etwas, interessiert mich nicht, weil ich das in meinem Tunnel nicht mitbekomme." Das Ende des Trichters ist erreicht, wenn sie durchs Ziel läuft. Für einen Rennfahrer ist es die Situation, bei der er mit seinem Fahrzeug am Start steht, die Startampel, die Strecke: „Ich und meine Aufgabe jetzt!" Um im Bild zu bleiben: Vom Eingang des Trichters ans Ende zu kommen braucht Zeit, in der sukzessive enger ausgeblendet wird.

Abbildung 16 zeigt einen Konzentrationstrichter, den sich ein Rennfahrer durch Training erarbeitete. Ins Bild gesetzt wurde die Konzentrationsphase, die Schleuse des Sportlers (Eberspächer 2009) vor der Qualifikation zu einem Autorennen. Der Start erfolgt um 13 Uhr, ab zwölf Uhr beginnt der Sportler, in seinen Konzentrationstrichter „hineinzugehen": Zunächst mit weitem Umfang, das heißt, er bekommt noch vieles aus dem Umfeld mit. Um 12.05 Uhr leiten fünf Minuten Entspannungsmusik eine mentale und körperliche Entspannungsphase ein, die etwa 30 Minuten dauert. Die folgende kurze Massage aktiviert wieder und unterstützt die zunehmend fokussiertere Konzentration. Den Eigenzustand kennzeichnet jetzt kurz vor dem Hinausfahren auf die Rennstrecke ein entspannter und aktivierter und hellwacher Kopf, auf das Fahren gerichtet. Das bewusste, vorsätzliche und absichtliche Richten auf das, was jetzt unterstützt, bindet die mentalen Prozesse in einem Maß, dass für Gedanken an Störendes keine mentale Kapazität mehr bleibt. Der Rennfahrer konzentriert sich darauf, sein Auto vom ersten Meter an mit „Speed am Limit" zu bewegen. Damit ist er ausgelastet. Unter Trigger verstehe ich ein sehr individuelles Signal, das ein bestimmtes Erleben auslöst.

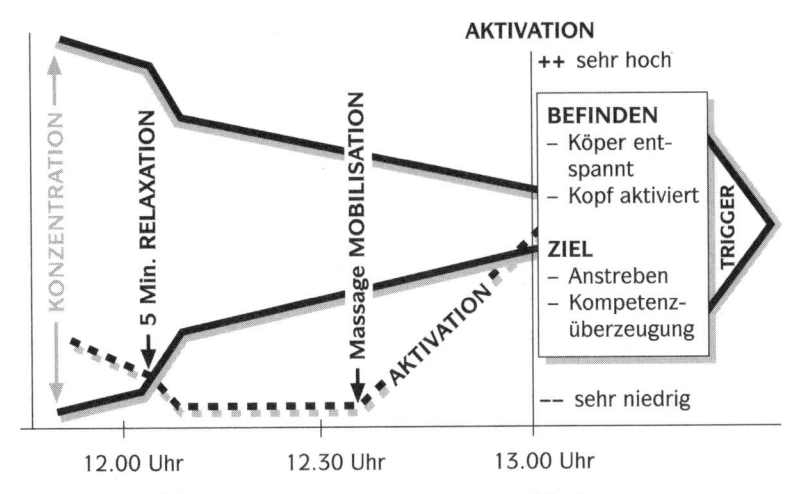

Abbildung 16 „Trichter" eines Rennfahrers vor seiner Qualifikationsrunde

Auch Rituale verbessern die Konzentration

Rituale stabilisieren durch immer gleiche Abläufe, die sehr bewusst und doch unter Reflexionsstopp, also ohne Nachdenken, ablaufen. Damit erleichtern sie es, in eine Art Konzentrationstrichter hineinzukommen. Weil Rituale immer langsam und augenblicksbezogen fokussiert auf etwas gerichtet sind, wirken sie als Konzentrations- und

Stabilisierungshilfe. Im Ritual vermag man sich auch unter wechselnden äußeren Bedingungen mental zu stabilisieren, weil man den Umweltbedingungen seine gewohnten, eingespielten Abläufe und Dinge entgegensetzt und sich so in einen hoch konzentrierten Zustand bringen kann. Durch die immer gleichen Abläufe mit dem gleichen Aufmerksamkeits- und Emotionsfokus bahnt das Äußere das Innere und umgekehrt. Einer der erfolgreichsten Radrennfahrer aller Zeiten war dafür bekannt, dass er vor jedem Rennen die Neigung seines Sattels penibelst mit der Wasserwaage kontrollierte, ein Ritual, das jeder kannte und das niemand rational begründen konnte, auch nicht der Rennfahrer selbst. Das Anziehen von Wettkampfkleidung, das Herrichten des Geräts läuft bei vielen Sportlerinnen und Sportlern rituell ab, genauso wie das Betreten der Sportstätte, das im Judo sogar regelhaft-rituell vorgegeben ist. Die ausgeprägtesten Rituale konnte ich in Japan beim Sumo beobachten, wo man den Eindruck erhält, dass das Rituelle die Hauptsache ist, unterbrochen von kurzen intensiven Kampfhandlungen. Auch im professionellen und privaten Alltag lässt sich eine Vielzahl von Ritualen beobachten.

Konzentration in Raum und Zeit

Gegenstand der Konzentration kann im Raum oder in der Zeit liegen: Man kann sich im Raum beispielsweise auf eine Zielscheibe richten, in der Zeit auf das Gegenwärtige, das Vergangene oder das Zukünftige. Beides, die Konzentration im Raum und die in der Zeit, kann sich auf dieselben oder unterschiedliche Inhalte richten: Obwohl man sich (körperlich) beispielsweise auf eine Zielscheibe richtet, kann man sich beim Schießen (mental) mit den Folgen eines Fehlschusses befassen, woraus übrigens eine wesentliche mentale Beanspruchung beim Biathlon erwächst.

Worauf konzentriert man sich nun bei schwierigen Anforderungen am besten? Dazu gibt es drei unterschiedliche Empfehlungen, je nachdem, wen man fragt: auf die Zukunft, die Vergangenheit oder die Gegenwart. Zeitgeistige Lebenshilfe nach dem Motivationsguru-Strickmuster zählt oft zur ersten, zur Zukunftskategorie: „Stell dir vor, wie du auf dem Siegerpodest ganz oben stehst unter dem brandenden Jubel der Zuschauer!" Der Vergangenheitskategorie gehört der folgende Rat an: „Stell dir vor, wie du damals den perfekten Wettkampf gemeistert hast!" Beide Empfehlungen sind nicht sonderlich hilfreich. Der Rück- und der Vorausbezug können allenfalls als mentale Kulisse für die Gegenwart taugen, in der man handelt.

Fürs Gelingen konzentriert man sich am besten im Raum und in der Zeit auf das, was jetzt zu tun ist, beziehungsweise auf das, was unterstützt. Anderenfalls entfalten Vergangenes und Zukünftiges geradezu magnetische Wirkung mit allen Störwirkungen auf das Gegenwärtige. Ob es sich dabei um eine positiv oder negativ besetzte Zukunft oder Vergangenheit handelt, ist für die Konzentration bedeutungslos: Vorfreude kann den Erfolg genauso kosten wie die Angst vor Misserfolg, Niederlage oder Verlust.

Konzentration in der Zeit: Gedanken an die Zukunft können Gelingen verhindern

Über die Zukunft mit allen Konsequenzen (physisch, materiell, sozial und mental) nachzudenken hat in unserem, von der protestantischen Ethik geprägten nordeuropäischen, aber auch im nordamerikanischen Kulturkreis Tradition. Darüber, ob diese Denkweise immer zweckmäßig ist, gehen die Meinungen auseinander. Fürs Bausparen zumindest scheint sie hilfreich zu sein: „Wenn ich jetzt spare, also verzichte, dann deshalb, weil ich später davon profitiere." Die Erziehung unserer Kinder strotzt geradezu vor Zukunftsdenken. Dem Kindergartenkind wird erklärt, es müsse in den Kindergarten, damit es später zur Schule gehen kann, der Schüler muss zur Schule, um einmal studieren oder einen ordentlichen Beruf erlernen zu können, eine Berufsausbildung gilt als Voraussetzung für Eheschließung und Familiengründung. Betrachtet man die Scheidungsquoten in Großstädten von über 50 Prozent, schaffen wir mit diesem Zukunftsdenken, sarkastisch gesehen, eigentlich nur die notwendigen Voraussetzungen für eine Scheidung. Um kein Missverständnis aufkommen zu lassen: Natürlich muss sich jeder von uns mit Zukünftigem und mit den Konsequenzen seines Handelns befassen – aber nicht ständig und nicht während des Handelns, sonst misslingen zu viele Abläufe, die nun einmal nur jetzt stattfinden (siehe Kapitel 1).

Kürzlich ließ sich eine Sportlerin von mir beraten, die in einer winterlichen Randsportart erfolgreich ist. Ihr mentales Problem sei, dass sie sich nicht konzentrieren könne. Aber nur, wenn sie international unterwegs sei, national hätte sie damit kein Problem, weil sie ohnehin alles gewinnen würde. Im Gespräch stellte sich heraus: Als einzige Repräsentantin ihrer heimatlichen Wintersportregion fühlte sie sich auf internationalen Wettkämpfen für den Zulauf an Touristen und damit auch für das wirtschaftliche Wohlergehen ihrer Region verantwortlich. Als mentale Konsequenz ergab sich aus dieser Einschätzung, dass die Sportlerin sich schwerpunktmäßig mit den möglichen wirtschaftlichen und sonstigen Konsequenzen ihres möglichen sportlichen Misserfolgs befasste. Damit verfügte sie kaum noch über die mentale Kapazität, sich ganz und gar auf ihr einziges „Kapital" als Voraussetzung ihrer Leistung zu konzentrieren: ihre sportliche Technik. Die aber gilt es genau dann zu zeigen, wenn es darauf ankommt, mit höchster Konzentration und ohne in dem Moment an Konsequenzen zu denken.

Gedanken an Konsequenzen sind immer spekulativ

An Konsequenzen zu denken bleibt immer spekulativ. Woher weiß man denn eigentlich so genau, welche Konsequenzen sich woraus ergeben? Nichts, was Menschen tun, bauen oder konstruieren, garantiert 100-prozentige Sicherheit. Das gilt für Tennisaufschläge genauso wie für Geschäftsabschlüsse oder das Betreiben von Kernkraftwerken, Flugzeugen oder Automobilen. In Anbetracht unseres Bedürfnisses nach Sicherheit verunsichert diese Erkenntnis und wirft existenzielle Fragen auf: Worauf kann man sich denn eigentlich verlassen? Wie soll man angesichts dieser Einsicht die Lust am Weiterleben behalten? Die Antwort darauf lautet: Indem man sich mit Mut und Zuversicht dem Aktuellen so konzentriert wie möglich zuwendet. Das aber setzt voraus, dass man zulässt, was man hat und was man kann, und zwar genau jetzt.

Stattdessen lernen wir von Kindesbeinen an: Bedenke stets die Konsequenzen deines Tuns. *Memento mori.* Bedenke, Mensch, dass du sterblich bist. Existenziell gehört dieser Zukunfts- und Konsequenzenbezug zu *den* grundlegenden sinnstiftenden Fragen zur Deutung menschlicher Existenz. Im Alltagsgetriebe aber wächst sich das Nachdenken über die Zukunft leicht zum Bedenkenträgertum aus und raubt die Zuversicht. Ich kenne kaum einen Unternehmer, der die Frage, ob er noch einmal ein Unternehmen gründen würde, jetzt, wo er alle Konsequenzen dieses Schrittes kennt, mit einem vorbehaltlosen „Ja" beantworten würde. Daraus schließe ich, dass viele Firmengründer geradezu blauäugig zu Werke gingen. Hätten sie alle eventuellen Konsequenzen bedacht, wäre ihnen der Mut abhandengekommen. Trotzdem haben es viele geschafft: weil sie sich auf die Chancen und Optionen konzentrierten und daraus ihre Motivation schöpften. Mir wurde in diesem Zusammenhang auch klar, dass man ärztlichen Eingriffen nach der obligatorischen Patientenaufklärung nur dann zustimmen kann, wenn man die Gedanken auf die positiven Konsequenzen richtet und daran festhält.

Das Vergangene

Beim Konzentrieren in der Zeit steht einem selbstredend auch frei, sich nicht nur auf die Zukunft zu richten, sondern sich auch Gedanken über das Vergangene zu machen, positiv wie negativ. Ein Beispiel dafür ist der Opernsänger, der unablässig an den missratenen Ton im zwölften Takt des zweiten Satzes beim letzten Konzert denkt und, gefangen in diesem Gedanken, Unsicherheiten aufbaut und neue Fehler begeht. Auch positive Erfahrungen sind, entgegen landläufiger Meinung, als Voraussetzungen fürs Gelingen nicht eben zweckmäßig. Häufig scheitert jemand, weil er oder sie zu sehr auf die Tragfähigkeit vergangener Erfolge setzte: „Dabei ist es beim letzten Mal so gut gelaufen, sodass ich davon ausging, es müsste doch dieses Mal auch klappen. Ich verstehe das nicht!", lautet eine verbreitete Stellungnahme nach unerwarteten Niederlagen. Um aus solchen Fehlern zu lernen, hat man das Missglückte zu analysieren: „Was ist passiert und warum ist das passiert?" Daraus motivierende Schlüsse zu ziehen ist die Basis für eine positive Weiterführung.

Konzentration im Raum: Wann man auf Mallorca nicht braun wird

Nicht nur in der Zeit, auch im Raum kann sich Konzentration als Hemmschuh fürs Gelingen erweisen. Wenn Sie mit dem Kopf nicht bei sich und Ihrem Körper sind, können Sie dort, wo Sie sind, nichts Rechtes bewirken. Das Gleiche gilt, wenn Sie mit dem Körper nicht da sind, wo Ihr Kopf ist. In beiden Fällen sind Sie nicht bei der Sache und deshalb ineffizient. Sie können beispielsweise am Computer an einem Text sitzen und dabei im Kopf auf Mallorca am Strand liegen. Daraus erwächst zwangsläufig das Problem: Am Computer sind Sie mit dem Kopf nicht bei der Sache, also ineffizient. In Mallorca sind Sie nur mit dem Kopf, nicht aber mit dem Körper, also braun werden Sie auch nicht. Damit müssen Sie warten, bis Sie mit „Leib und Seele" bei der Sache, das heißt vor Ort sind.

Mangelnde Konzentration im Raum führt in die Anstrengungsfalle: Sie setzen Ihre mentalen Kräfte und Energien nicht dort ein, wo es erforderlich ist, wo es gegenwärtig Anforderungen zu bewältigen gilt, sondern dort, wo Sie körperlich *nicht* sind. Die Folge: Der Wirkungsgrad sinkt, die Kräfte zersplittern, man strengt sich noch mehr an und fühlt sich massiv beansprucht. Je höher aber die Beanspruchungen, das haben wir von Kindesbeinen an gelernt, desto mehr muss man sich anstrengen. Dies kann Verkrampfung und Leistungsabfall bis zum Burn-out nach sich ziehen, weil Anstrengung nicht zwangsläufig Erfolg garantiert. Schließlich bringt man mehr Energie ein, als man steuern kann, womit ein Schwungrad angeschoben wird, wie es im Extrem unter Panik geschieht – dann hilft nicht einmal mehr Anstrengung weiter!

Der archimedische Punkt: Carpe diem

Aus diesen Überlegungen um Vergangenheit und Zukunft leitet sich zwangsläufig die Einstellung des *carpe diem* ab: „Pflücke den Tag wie eine Frucht und traue dem nächsten so wenig wie möglich", die Horaz seinen Schülern empfahl. Der Moment des Pflückens ist weder wiederholbar, noch lässt sich das Abnehmen der Frucht rückgängig machen. Man versetze sich nur in die Lage eines Bergsteigers, der sich durch Unachtsamkeit in eine brenzlige Lage gebracht hat. Seine Chance besteht darin, die aktuelle Lage nach allen Regeln der Kunst zu analysieren und alle möglichen Konsequenzen abzuwägen. Dann aber muss er sich im rechten Moment zuversichtlich für eine Aktion entscheiden, also eine zweckmäßige innere Landkarte wählen und sich ausschließlich darauf richten, was jetzt zu tun ist. Diese Vorgehensweise sichert die beste mentale Grundlage fürs Gelingen. Auch wer nicht bergsteigt: Die analoge Vorgehensweise gilt für Vortragende, Chirurgen oder Busfahrer in Anforderungssituationen jenseits der Routine.

Kürzlich sprach mich ein selbständiger Handwerksmeister und Leser meiner Bücher genau auf dieses Problem an: „Sie schreiben, man möge sich auf das konzentrieren, was man jetzt tut. Wenn ich aber morgens vor einem Gespräch bei einem potenziellen Auftraggeber genau weiß, dass meine Lohnzahlungen für diesen Monat noch nicht finanziert sind, dann ist das gar nicht so einfach, sich voll und ganz auf eben dieses Gespräch zu konzentrieren, ohne an die Konsequenzen des Misslingens zu denken!" Das ist richtig; trotzdem hat der

Handwerksmeister keine andere Wahl, als sich genau so zu konzentrieren, dass er beim Gespräch präsent ist, denn das ist die einzige Erfolg versprechende Chance, die er in dieser Situation hat. Was denn sonst? Als ich diese Überlegungen einmal öffentlich vortrug, versuchte mich ein Unternehmer, durchaus kritisch, zu belehren: „Wir Unternehmer müssen permanent planen. Was Sie hier vorgetragen haben, würde ja bedeuten, in den Tag hinein zu leben!" Meine Antwort: „Keineswegs! Denn obwohl Planung geradezu und auch zu Recht als Merkmal unternehmerischer Kompetenz gilt, bleibt die Frage, zu welchem Zeitpunkt diese Planung geschieht. Da gibt es nur eine Antwort, um die sich auch ein Unternehmer nicht herummogeln kann: im gegenwärtigen Moment!" Dass jemand morgen noch plant, ist zwar ziemlich wahrscheinlich, aber keineswegs sicher. Am 11. September 2001 mussten Tausende im World Trade Center vor den Augen der Welt diese Erfahrung machen und mit dem Leben bezahlen. Sie hatten sich ihre Tagesplanung beim morgendlichen Frühstück mit Sicherheit auch anders vorgestellt.

Jenseits von Zukunft und Vergangenheit bleibt die Gegenwart, die Konzentration fordert, um den aktuellen Moment optimal zu nutzen. Dazu bedarf es optimaler innerer Landkarten und Navigationssysteme für das, was jetzt zu tun ist.

3.6.4 Kompetenzüberzeugung

Kompetenzüberzeugung – von sich überzeugt gut sein

Die beste mentale Landkarte nützt wenig, wenn man nicht an ihre Tauglichkeit und Zuverlässigkeit glaubt. Wer an sich arbeiten und trainieren will, muss einerseits Kompetenz auf der Grundlage zweckmäßiger Vorstellungen haben und sein Handwerk verstehen, um die anstehenden Schritte tatsächlich gehen zu können. Aber dazu kommt als zwingende Voraussetzung fürs Gelingen die Überzeugung von der eigenen Kompetenz, um damit ans Werk zu gehen. Mit der Kompetenzüberzeugung trennt sich die Spreu vom Weizen. Kompetenz verliert sich nicht von einer zur anderen Anforderung, wohl aber die Überzeugung von der eigenen Kompetenz. Es gibt viele kompetente Leistungsträger. Aber nicht alle von ihnen sind auch dann von ihrer Kompetenz überzeugt, wenn es darauf ankommt. Der Kompetenteste ist nur die Hälfte wert, wenn ihm im Augenblick der Wahrheit das Herz in die Hose rutscht, weil ihn die Überzeugung verlässt, dass er es hier und jetzt kann. Kompetenzüberzeugung ist deshalb ein wichtiger Schlüssel fürs Gelingen.

Wie man Kompetenzüberzeugung aufbaut

Als erste und wichtigste Quelle von Kompetenzüberzeugung gilt die persönliche Erfahrung. Sie hängt eng mit den bewältigten Anforderungen und den daraus resultierenden Erfolgsergebnissen zusammen. In der Vergangenheit erlebte Erfolge stärken die Kompetenzüberzeugung, Misserfolge schwächen sie. Aber auch stellvertretende Erfahrungen sind hilfreich, zum Beispiel, wenn man andere beobachtet und daraus für sich Ansätze erfolgreichen Handelns ableitet: „Die machen es so und es gelingt, das probiere ich auch!" Oder: „Wenn die das können, kann ich das auch." Interessante Wirkungen auf die Kompetenzüberzeugung hat auch die sprachliche Überzeugung, zum Beispiel das Sich-selbst-Mut-Zusprechen oder die formelhafte und suggestive Vorsatzbildung: „Ich bin fest davon überzeugt, dass ich das schaffe!" Einen weiteren wesentlichen Einfluss hat der emotionale Erregungszustand, der auf die Kompetenzüberzeugung besonders dann wirkt, wenn er angemessen reguliert werden kann. Ein Gewichtheber beispielsweise benötigt fürs Gelingen einen anderen emotionalen Zustand als ein Schütze oder ein Uhrmacher. Redner, Schauspieler oder Opernsänger brauchen sogar ein angemessenes Lampenfieber, um gut zu sein, wenn es darauf ankommt. Aus dem Alltag kennen viele die Situation, dass sie sich erst mit „einer rechten Wut im Bauch" überzeugend zur Wehr setzen, verteidigen oder behaupten können.

Was Kompetenzüberzeugung unterstützt

In der Erforschung mentaler Überlebensressourcen und -mechanismen in extrem fordernden Situationen haben sich besonders drei Faktoren als erklärungsstark herauskristallisiert, die es Menschen ermöglichen, sich voll Vertrauen Anforderungen als Herausforderungen zu stellen. Antonovsky (1979), der hier bahnbrechend geforscht hat, geht im Einzelnen davon aus, dass Menschen unter höchster mentaler Belastung gute Überlebenschancen haben, wenn sie

- das, was zu bewältigen ist, als bedeutsam einordnen (**Bedeutsamkeit**),
- **verstehen** und einordnen können, was sie zu bewältigen haben (**Verstehbarkeit**), und
- die gestellten Anforderungen auch für sich als handhabbar einordnen (**Handhabbarkeit**).

Bedeutsamkeit

Größten Einfluss auf die Kompetenzüberzeugung hat die Bedeutsamkeit. Sie gilt als die motivationale und damit entscheidende Komponente persönlicher Bewältigungsvoraussetzungen: Ist sie hoch ausgeprägt, stellen sich Verstehbarkeit und Handhabbarkeit fast von selbst ein. Wer etwas hoch bedeutsam findet, hat keine Motivationsprobleme.

Fehlt dagegen die Bedeutsamkeit als motivationales Element, wird selbst ein hohes Ausmaß von Verstehbarkeit und Handhabbarkeit kaum dauerhaft nachhaltiges Handeln oder gar Training tragen. Lassen Sie mich das Gesagte am Beispiel einer 55-jährigen Lehrerin verdeutlichen, die ein künstliches Hüftgelenk, eine Teil-Endoprothese eingesetzt bekam.

3.6 Voraussetzungen für erfolgreiches Mentales Training

⇨ DIE HÜFTPATIENTIN

Sie kam nach komplikationsloser Operation und der üblichen Rehabilitationsphase in ihren Alltag zurück. Auf die Frage, wie es ihr gehe und wie sie nun trainiere, sagte sie, es gehe ihr zwar einigermaßen gut, aber sie sei jetzt halt ein Krüppel und im Übrigen zum Trainieren wohl doch zu alt. Sie müsse eben damit leben, nicht mehr alles machen zu können wie früher. Mit diesen Ansichten demonstrierte die Patientin erstens, dass sie keine **Handhabbarkeit** sah: Fürs Training sei sie zu alt. Zweitens schien sie grundlegende Funktionszusammenhänge nicht zu verstehen (**Verstehbarkeit**): zum Beispiel die Tatsache, dass die Muskulatur in ihrer Halte- und Stützfunktion ihr operiertes Hüftgelenk stabilisieren und damit entlasten kann, was wiederum der Gefahr vorbeugt, durch Entlastungs- und Ausweichbewegungen das nicht operierte Hüftgelenk mit der Zeit zu überlasten und so weiter. Drittens zerstörte die Patientin ihre Motivationsbasis durch die Feststellung, sie sei nun ein Krüppel (**Bedeutsamkeit**). Die Operation bedeutete für sie eine nicht revidierbare Schädigung mit gravierenden Einschränkungen, nicht die Chance, zukünftig neue Handlungsmöglichkeiten zu erschließen, die ihr vor der Operation verwehrt waren. Fazit: Die Kompetenzüberzeugung der Patientin war schwerwiegend geschwächt. Durch entsprechendes Training konnte sie einen Weg aus dieser mentalen Falle herausfinden (mehr dazu in Mayer, Görlich & Eberspächer 2002).

Verstehbarkeit

Verstehbare Einwirkungen nimmt man auf und kann sie mit seinen eigenen Möglichkeiten und Voraussetzungen verarbeiten und schlüssig strukturieren und klar ordnen. Man bringt sozusagen die Beziehung zwischen sich selbst und der Anforderung in Form. Das selbstregulative System Mensch ist in der Lage, aus empfangenen Einflüssen etwas zu „machen", womit man etwas „anfangen" kann. Auf diese Weise werden Einwirkungen von außen nicht nur verstehbar und handhabbar, ein Mensch kann darauf auch in Form konstruktiver

Strukturveränderung unter Aufrechterhaltung seiner Organisation eingehen. Gesundheit zum Beispiel kann aufgebaut werden, indem man bestehende Ressourcen aktiviert und neue erschließt. Dabei handelt es sich nie um ein passives Geschehen, sondern stets um einen aktiven Umgang mit der Umwelt und deren Verstehen. Entsprechend der konstruktivistischen Grundlage des Modells ist Verstehbarkeit stets bedingt durch die Verbindung zwischen Einwirkungen der Umwelt auf den Menschen und seiner Interpretation.

Handhabbarkeit

Handhabbare Umwelteinflüsse werden als aus eigener Kraft aktiv regulierbar eingeschätzt. Menschen entwickeln damit ein optimistisches Vertrauen, aus eigener Kraft oder mit fremder Unterstützung Anforderungen meistern zu können. Eine Person, die Handhabbarkeit erlebt, bewertet Stressfaktoren konstruktiv, prüft ihre Ressourcen und setzt sie so ein, dass sich daraus Möglichkeiten zur Veränderung ergeben. Jemand, dem Abläufe verstehbar und handhabbar erscheinen, hat seine Situation als aktiver Gestalter begriffen und erfüllt damit gute Voraussetzungen, dass sich Sinn und Bedeutsamkeit einstellen.

4 DIE PRAXIS DES MENTALEN TRAININGS

Die folgenden acht Anwendungsbeispiele vermitteln einen Eindruck von der Praxis des Mentalen Trainings. Ausgehend von dem im Kapitel 3.3.3 vorgestellten Modell des Mentalen Trainings in 5 Schritten finden sich Trainingsprogramme und Anwendungen in ganz verschiedenen Gebieten und mit ganz unterschiedlichem Durchdringungsgrad.

> **DARÜBER LESEN SIE IN DIESEM KAPITEL:**
>
> - Die Beispiele aus der Chirurgie (Kapitel 4.4), der Zahnerhaltungs- und der Rehabilitationsmedizin (Kapitel 4.5 und 4.6) wurden im Rahmen wissenschaftlicher Studien in ihrer Anwendung erarbeitet und kontrolliert.
> - Bei den Beispielen aus dem Leistungssport Hürdenlauf (Kapitel 4.3), Motorradrennsport (Kapitel 4.2) und Judo (Kapitel 4.7) handelt es sich um Protokolle, die von den Sportlern beziehungsweise ihren Trainern aufgezeichnet wurden.
> - Das Protokoll des Mentalen Trainings eines Flugkapitäns (Kapitel 4.1) wurde von ihm selbst erstellt.
> - Im Kapitel 4.8 wird der Trainingsansatz auf das kompetent überzeugende Reden übertragen. Idee und Prinzip der Knotenpunkte werden hier angepasst an die besonderen Anforderungen bei der Platzierung eines Statements angewendet. Diese Anforderung unterscheidet sich von der in den anderen Beispielen: Die motorische Komponente ist wenig bedeutsam und steht deshalb als Trainingsziel nicht an erster Stelle. Deshalb wird eine spezielle Form des Mentalen Trainings verwendet, die Hans-Dieter Hermann auf der Basis des 5-Schritt-Modells entwickelte.
> - Kapitel 4.9 beschreibt die Schritte und den Weg eines jungen Mannes zum Olympiasieg 2008 im Judo – Ole Bischof.

Vorbemerkung

Ich habe die folgenden Anwendungsgebiete des Mentalen Trainings wegen ihrer unterschiedlich konsequent durchgeführten Anwendung und ihrer breiten thematischen Streuung ausgewählt. Damit möchte ich zeigen, dass sich die Trainingsziele und die dafür möglichen Programme an individuelle wie an thematische Erfordernisse anpassen lassen. Die unterschiedlichen Bedürfnisse und Ziele der Trainierenden erklären auch die unterschiedlichen Akzentuierungen im jeweiligen mentalen Trainingsprogramm. Alle orientieren sich jedoch an dem im Kapitel 3.3.3 eingeführten 5-Schritt-Modell.

Vom 3-4-5-Prinzip (siehe Kapitel 3.3) wurde je nach Zielsetzung in unterschiedlichem Maß Gebrauch gemacht.

- Von den **3 Zielen** zum Beispiel interessierte sich der Motorradrennfahrer nur für den optimalen Weg, Eigenzustand und Handlung waren ihm in diesem Protokoll keine Ziele. Bei den Beispielen Hürdenlauf, Judo und Rehabilitation dagegen ging es ausschließlich darum, eine Handlungstechnik zu optimieren.
- Auch von den im Mentalen Training möglichen **4 Wegen** wird in allen Beispielen mit jeweils unterschiedlicher Gewichtung Gebrauch gemacht.
- Von den **5 Schritten** wählten die Trainierenden mit je unterschiedlicher Priorität ihre Schritte aus. Der Motorradrennfahrer beispielsweise konzentrierte sich auf die Instruktion, die auch im Zahnmedizin-Beispiel im Vordergrund steht. Im Vergleich dazu deklinieren die Sportler das 5-Schritt-Konzept von der Instruktion bis zur symbolischen Markierung der Knotenpunkte durch, weil sich ihre Tätigkeit zum rhythmisierenden Markieren von Knotenpunkten eignet.
- Die **Wirkungen** und die **Grundsätze** kommen in allen Beispielen mit vergleichbarem Gewicht zum Tragen, weil sie sich als grundlegende Voraussetzungen und zwangsläufige Konsequenzen des Mentalen Trainings ergeben.

4.1 Der Pilot – vom Flugschüler zum Flugkapitän

Ein Flugkapitän der Lufthansa beschrieb mir sein Mentales Training recht ausführlich. Hier sind einige Ausschnitte: „Schon als Junge beim Segelfliegen habe ich gemerkt, dass mentale Vorbereitung auf das Fliegen die Umsetzung im Flugzeug in der konkreten Situation erheblich erleichtert. Die Zettel, die ich mir damals geschrieben habe, besitze ich noch immer, und wenn ich sie durchlese oder mir noch mal angucke, kann ich mich sehr schnell wieder in die Segelflugsituation vor mehr als 30 Jahren zurückversetzen. Konkreter wurde der Versuch, mental zu trainieren, als ich in die Lufthansa-Flugschule aufgenommen wurde. Die Vorgehensweise damals: Ich schrieb mir aus den entsprechenden Handbüchern die Regeln, den Ablauf und die Punkte der Checklisten heraus. Das war aus etlichen Seiten zusammengefasst auf mehreren DIN-A4-Blättern die Quintessenz. Für mich war damals ganz wichtig, dass die Abfolge dieser Punkte genau so aufgelistet wird, wie sie später in der Flugsituation auftreten wird. Ich habe begonnen mit dem Einsteigen ins Flugzeug, mit dem Anschnallen, dem Verstellen des Sitzes, dem Anlassen des Motors, dem Herausrollen zur Startbahn und dann eben in der Platzrunde beziehungsweise bei Flugmanövern wie Langsamflug und bei konkreten Flugmanövern: Steigen, Sinken, mit definierter Steig- und Sinkrate und definiertem Kurvenradius; das habe ich mir alles aufgeschrieben und es auswendig gelernt.

Der eigentliche Schritt in die Umsetzung kam für mich beim Joggen. Vor meinem inneren Auge habe ich Flugsituationen und den Flug oder mehrere Flüge ablaufen lassen und so für mich durchgespielt. Ich merkte schnell, je konkreter und konzentrierter diese Umsetzung ist, umso leichter fällt mir das tatsächliche Fliegen.

Mir ist damals schon aufgefallen, dass Mentales Training eine sehr hohe innere Überwindung erfordert und sehr anstrengend ist. Ich habe häufig bemerkt, dass mir – auch nach dem Vorsatz ‚Ich möchte jetzt mental trainieren' – nach einer Viertelstunde aufgefallen ist, dass ich jetzt schon eine ganze Weile nicht mehr mental trainiere, sondern über irgendwelche anderen Dinge nachdenke. Das Konzentrieren ist ein großer Kraftaufwand, und ich habe auch das Gefühl, dass beim Mentalen Training sehr viel Energie umgesetzt wird. Es macht hungrig, es strengt an, und ich möchte das Mentale Training eigentlich mit leichtem Jogging, mit leichtem Waldlauf vergleichen, man ist hinterher erschöpft, aber auch erleichtert, wenn man es eben geschafft hat, sich eine gewisse Zeit zu konzentrieren.

Großflächig zum Einsatz kam bei mir das Mentale Training dann eigentlich beim Eintritt in das ‚Type-Rating', also damals die Umschulung auf die Boeing 737. Meine Erfahrung aus dieser Zeit: Mentales Training ist unverzichtbar, und ich möchte an einer ganz konkreten fliegerischen Situation einmal schildern, welche Unterstützung es leisten kann.

Triebwerksausfall – mental trainiert

Ein sehr schwieriges Flugmanöver, das im Simulator geübt werden muss, ist der Triebwerksausfall unmittelbar nach dem Abheben des Flugzeuges. Diese Situation ist schwierig und kritisch. Kritisch ist sie, weil der asymmetrische Schub in Bodennähe dazu führt, dass

- die **Steigleistung** des Flugzeugs abnimmt und, was noch gravierender ist,
- durch den **asymmetrischen Schub** eine Drehung um die Hochachse stattfindet, das heißt, das Flugzeug verlässt die eigentliche Startrichtung, und durch diese Drehung um die Hochachse versucht das Flugzeug, sich auf den Rücken zu legen, eine Tragfläche steigt an, die andere sinkt ab. Wenn man nicht entsprechend gegensteuert, überschlägt sich die Maschine und stürzt ab.

Die ersten Versuche, diesen Triebwerksausfall in Bodennähe abzufangen, scheitern meistens. Das heißt: Dieses Manöver ist mit einer hohen emotionalen Anspannung verbunden, und es erfordert erhebliche Trainingszeit, bis man es als Schüler beherrscht. Wenn man es nun einigermaßen kann, tritt immer die Situation auf, dass dieses Abfangen des Flugzeugs zu Schlinger- und Schaukelbewegungen führt, die recht unelegant wirken. Wenn man sich nun aber die Abfolge der Ereignisse von Zehntelsekunde zu Zehntelsekunde nicht nur veranschaulicht, sondern auch aufschreibt, wird diese kritische Situation plötzlich zu einer ganz übersichtlichen, eigentlich leicht zu überblickenden Situation.

Folgendes ist zu beachten: Beim Starten wird die Nase des Flugzeugs etwas angehoben, und wenige Meter über dem Boden explodiert nun ein Motor oder er fällt aus, das bedeutet, die Hälfte des Schubs ist verloren. Das Erste, was der Pilot wahrnimmt, ist eine Explosion, ein Knall. Und die intuitive Reaktion ist, auf diesen Knall sofort zu reagieren. Der Pilot möchte nun natürlich – weil er weiß, was kommt – den asymmetrischen Schub ausgleichen. In dem Moment aber, in dem er den Triebwerksausfall wahrnimmt, über die Ohren, über den Knall, über das akustische Signal, tritt dieses Roll- und Drehmoment des Flugzeugs noch gar nicht auf. Das heißt, durchdringt man diese Situation mental, stellt man fest, dass das Wichtigste im Moment des Triebwerksausfalls ist, erst einmal überhaupt nichts zu tun, sondern durchzuatmen und sich, so gut es geht, zu entspannen, denn man hat nun ungefähr 1,5 Sekunden Zeit, bis die Drehbewegung der Maschine um die Längsachse am künstlichen Horizont sichtbar wird. Erst dann, nach 1,5 Sekunden, ist es nun die Aufgabe, ganz weich, mit einer sanften Bewegung, die aufsteigende Fläche unten zu halten, gleichzeitig die Nase leicht abzusenken und nun in dem Moment, in dem das Flugzeug sicher steigt, das Kommando zu geben, das Fahrwerk einzufahren.

Zwei Sekunden später, wenn das Flugzeug durch die Asymmetrie die vorgeschriebene Startrichtung ein Stück verlässt, erfolgt nun eine ganz weiche Korrekturbewegung gegen die abdrehende Maschine, und nun, mit dem Querruder die Schräglage ausgleichend, kommt der eigentliche Moment, um den asymmetrischen Schub auszugleichen: Das ausgeschlagene Querruder wird nun durch einen sanften Seitenruderausschlag kompensiert. Wenn man diese sequenzielle Abarbeitung vornimmt:

- Sekunde 0 bis 1,5 also erst einmal **nichts tut**, dann
- Sekunde 1,5 bis 3,5 mit dem Querruder die aufsteigende Fläche stoppt, die **Nase** des Flugzeugs **etwas absenkt**, und nun
- das **Querruder** mit einem kontrollierten Seitenruderausschlag **entlastet**,

findet überhaupt keine Schaukelei statt, es ist für den potenziellen Passagier überhaupt nicht spürbar, dass das Flugzeug gerade irgendeine Schlingerbewegung ausführt. Man hat einen Zeitraum, der vielleicht drei bis vier Sekunden dauert, in einzelne Knotenpunkte aufgeschlüsselt, und die sequenzielle Abarbeitung dieser Punkte bedeutet, dass aus einer kritischen, sehr stressigen Angelegenheit ein ganz entspanntes Flugmanöver resultiert.

Wird nun diese erste Abfangbewegung gut beherrscht, so ist auch das weitere Steigen des Flugzeugs unproblematisch, es muss ja eine spezielle Abflugroute geflogen werden. Das Einfahren der Landeklappen, das Lesen der Checklisten, das Vorbereiten auf die anschließende Ein-Motoren-Landung sind viel entspannter abzuwickeln, weil durch diesen positiven Kick des ersten gut gelösten Problems auch die weiteren Arbeitsschritte leichter von der Hand gehen.

Die Erfahrung hat nun gezeigt, dass es sich empfiehlt, alle möglichen Flugsituationen nach dem Konzept des Mentalen Trainings aufzuarbeiten und zu trainieren. Das heißt: Das asymmetrische Ausfahren der **Landeklappen**, ein teilweiser Ausfall der **Hydraulik** oder Probleme mit der **Stromversorgung** können als technische und/oder fliegerische Probleme aus der Dokumentation des Flugzeugs heraus abgearbeitet werden.

Dem folgen drei Schritte:

- Das **Aufschreiben** der einzelnen Punkte auf ein Blatt Papier, in der Reihenfolge, in der sie später – im Ernstfall – sequenziell abgearbeitet werden müssen.

- Das **Auswendiglernen** dieser Punkte wie bei einem Gedicht.
- Und als letzter und wichtigster Schritt: Sich entspannt hinsetzen, um sich mental in die Situation im Flugzeug zu versetzen und diese Situationen **durchzuspielen**.

Für mich hat diese Art des Trainings eine besondere Bedeutung. Ich habe mir folgende Strategie zurechtgelegt: Ich brauche ungefähr eine Stunde, um mit der S-Bahn von zu Hause zum Flughafen zu fahren. In meinem Pilotenkoffer habe ich ein kleines Heft, in dem die ganzen ‚Kochrezepte' für alle denkbaren abnormalen Situationen aufgelistet sind. Wenn ich nun in der S-Bahn sitze, hole ich mir dieses Heft heraus, schlage willkürlich eine Seite auf, zum Beispiel steht da: ‚Ausfall des Landeklappensystems'. Nun versuche ich, mir für den kommenden Flug, den ich an diesem Tag abfliegen muss, vorzustellen, dass genau dieses Problem bei diesem Flug auftritt. Ich klappe mein Heft wieder zu, versuche, mich mental in die 737 zu setzen, und stelle mir nun vor, wie eben bei diesem Flug das Problem ‚Ausfall des Landeklappensystems' zu bewältigen ist.

Wenn ich das getan habe und mit meiner mentalen Vorbereitungsarbeit fertig bin, hole ich mir mein Heft wieder heraus und vergleiche das, was ich mental trainiert habe, mit dem, was in meinem Heft steht, und überprüfe, ob ich bestimmte Dinge vielleicht verkehrt gemacht oder verwechselt habe. Damit kann ich mir noch mal versichern, dass ich bei diesem fliegerischen Problemfall auf dem aktuellen und korrekten Stand bin. Natürlich lassen sich in einer Stunde von den vielen möglichen Problemen, die auftreten können, nur eins oder zwei mental durchspielen. Meine Erfahrung mit dem Mentalen Training zeigt mir aber, dass offensichtlich, wenn ich ein Problem durchspiele, die Gehirnregion bei mir aktiviert wird, in der mein gesamtes fliegerisches Wissen abgespeichert ist. Und selbst wenn bei dem konkreten Flug ein ganz anderes Problem auftritt, bin ich dafür besser gewappnet, wenn ich vorher mit einem ganz anderen Problem die Hirnregion Fliegerei bei mir aktiviert habe.

Wie das Fahrrad zum Flugzeug wird

Ich habe die Situation beim Triebwerksausfall sehr häufig mental trainiert, und mir dabei sogar die Ansage an die Fluggäste in dieser Situation schon vorher zurechtgelegt. Ich trainiere sehr häufig mental, beispielsweise, wenn ich mit dem Fahrrad fahre, an der Isar entlang. Ich stelle mir dann fliegerische Situationen vor, überlege mir die entsprechenden Strategien und spiele die auch tatsächlich durch. Das Fahrrad wird für mich also zum Flugzeug.

Ernstfall

Ich war nun, beim konkreten Auftreten dieser Situation, sehr gespannt, ob mir meine mentale Vorbereitung in dieser Situation helfen würde. Etwas Erstaunliches ist passiert: In dem Moment, in dem ich den Knopf drückte, der das Mikrofon in die Passagierkabine schaltet, war ich plötzlich total ruhig und entspannt, denn ich saß mental auf dem Fahrrad an der Isar, die Vögel zwitscherten um mich herum, und ich konnte meine Ansage abspulen.

Mentales Training hilft nicht nur, eine komplexe Situation gut zu bewältigen. Es trägt auch dazu bei, sich in einer stressigen und komplexen Situation zu entspannen, wenn man nämlich in dem Moment der konkreten Umsetzung wieder die entspannte Situation abrufen kann, in der man vorher mental trainiert hat. Darum ist es für mich sehr wichtig, das Mentale Training in einer entspannten Situation durchzuführen. Die optimale Reihenfolge des Mentalen Trainings:

- **Durcharbeiten** der Unterlagen,
- **Herausarbeiten** der ‚Kochrezepte',
- **Auswendiglernen** der ‚Kochrezepte', dann
- ganz bewusstes **Entspannen** und danach
- das **mentale Einsteigen** in die konkrete fliegerische Situation und
- das konkrete **mentale Umsetzen** der fliegerischen Situation.

Zeitgewinn

Ein großer Vorteil bei Situationen, die mental vorher trainiert wurden, ist das Gefühl, plötzlich viel mehr Zeit zur Verfügung zu haben. Wenn ich eine Situation durchdacht habe und sie immer schneller vor meinem geistigen Auge ablaufen lasse, so kommt irgendwann der Punkt, wo der Ablauf der Situation vor meinem inneren Auge schneller vonstattengeht, als er im richtigen Leben auf mich hereinstürmt. Aber ich bin nun in der Lage, diese Situation mental vielleicht mit doppelter Geschwindigkeit zu durchleben und mit doppelter Geschwindigkeit auch die richtigen Schalter und die richtigen Arbeitsschritte umzusetzen. Wenn ich nun aber der realen Situation, ob im Flugzeug oder im Simulator, ausgesetzt bin, dann habe ich plötzlich das subjektive Gefühl, unheimlich viel Zeit für das Abarbeiten der verschiedenen Arbeitsschritte zu haben. Wenn ich mehr Zeit habe für eine Tätigkeit, erlebe ich mich auch viel weniger beansprucht, und ich kann die entsprechenden Arbeitsschritte entspannter durchführen. Da ich genau weiß, was als Nächstes kommt, kann ich mich zwischen zwei Knotenpunkten, zwischen zwei entscheidenden Arbeitsschritten, auch schon entspannen und Kraft schöpfen für den nächsten Arbeitsschritt.

Schwierige Landung

Ich möchte nun noch eine Situation schildern, die zeigt, wie mentale Vorbereitung, mentales Training helfen kann. Ein Phänomen, das immer wieder auftaucht, sieht folgendermaßen aus: Der letzte Flug des Tages, der Pilot schon erschöpft und müde. Es ist Nacht, es regnet heftig, und es ist recht bewölkt und turbulent. Etwa eine Viertelstunde vor der Landung liest der Pilot die letzte Wettermeldung des Zielflughafens: Nasse Landebahn und böiger Seitenwind, und er erwartet eine recht unangenehme Landung. Was nun intuitiv passiert, ist, dass durch den erhöhten Stress und die Anspannung bei dem erwarteten Landemanöver schon eine Viertelstunde vor dem Anflug der Pilot leicht verkrampft. Diese leichte Verkrampfung äußert sich darin, dass die Becken- und Gesäßmuskulatur nicht mehr so entspannt ist wie vorher. Die Bewegungen des Flugzeugs im Anflug, auf dem Instrumentenlandesystem, werden aber im ersten Moment auch über die Gesäßmuskulatur und die dort eingebetteten Nervenfasern übertragen. Ist nun diese Muskelpartie leicht angespannt, so fällt es schwerer, die Bewegungen des Flugzeugs zu erfühlen, man ist rein auf den visuellen Kanal angewiesen und erkennt Abweichungen vom idealen Anflugpfad nur an den Instrumenten.

Entspannung als Landehilfe

Ein Pilot, der entspannt ist, kann im ersten Moment bereits kleine Abweichungen über seine Gesäß- und Rückenmuskulatur wahrnehmen und schon intuitiv gegensteuern, bevor die Bewegungen des Flugzeugs auf den Instrumenten sichtbar werden. Ist der Pilot aber angespannt, funktioniert das nicht, das bedeutet, die Ablagen im Anflug werden größer, die Korrekturbewegungen häufig eckiger, und es ist kein schöner, eleganter, gleichmäßiger Anflug, sondern es werden heftigere Ausgleichsbewegungen erforderlich. Dieser weniger elegante und weiche Anflug belastet den Piloten zusätzlich, und wenn nun endlich, wenige Meter über dem Boden, die Landebahn in Sicht kommt, hat er schon mehrere Minuten einen recht stressigen und anstrengenden Anflug hinter sich. Diese Situation wird nun noch durch eine recht anspruchsvolle und schwierige Landung erschwert. So zu fliegen ist anstrengend, man kann sich aber das Leben durch einen kleinen Kniff, der mit mentaler Vorbereitung zu tun hat, erleichtern. Wurzel der Überlegung ist ein Knotenpunkt, und zwar ist der kritische Punkt der Landung ja eigentlich erst dann erreicht, wenn zehn bis fünf Meter über dem Boden der Abfangbogen eingeleitet werden und der Pilot entscheiden muss, ob trotz des böigen Seitenwindes eine sichere Landung möglich ist. Bis zu diesem Punkt, von vier Kilometer Höhe aus beginnend, bis fünf Meter über dem Boden, ist dieser Anflug genauso wenig belastend oder genauso wenig kritisch wie jeder andere Anflug auch.

Wenn ich mir nun als Pilot bewusst mache, dass das Durchlesen der Wettermeldung keine Veranlassung geben sollte, die Rückenmuskeln zu verspannen, dann kann ich mich beim Lesen der Wettermeldung ganz bewusst entspannen, mir klarmachen, wo der Knotenpunkt bei diesem Anflug liegt, und der ist eben Minuten, eine Viertelstunde entfernt. Bis dorthin kann ich ganz entspannt und locker meinen Anflug machen, weil ich entspannt bin, und meine Rücken- und Gesäßmuskulatur als zusätzliches Sensorium für den Fortschritt des Anflugs nutzen. Ich bin weniger belastet, komme entspannt an den Knotenpunkt heran, entscheide jetzt, ob eine Landung möglich ist oder nicht, mache den Anflug und auch meine Landung viel entspannter und deshalb besser und professioneller."

Kommentar

5 Schritte des Mentalen Trainings

Anforderungsdauer

Schritt 1: Instruktion

Schritt 2: Beschreiben

Schritt 3: Internalisieren

Schritt 4: Knotenpunkte beschreiben

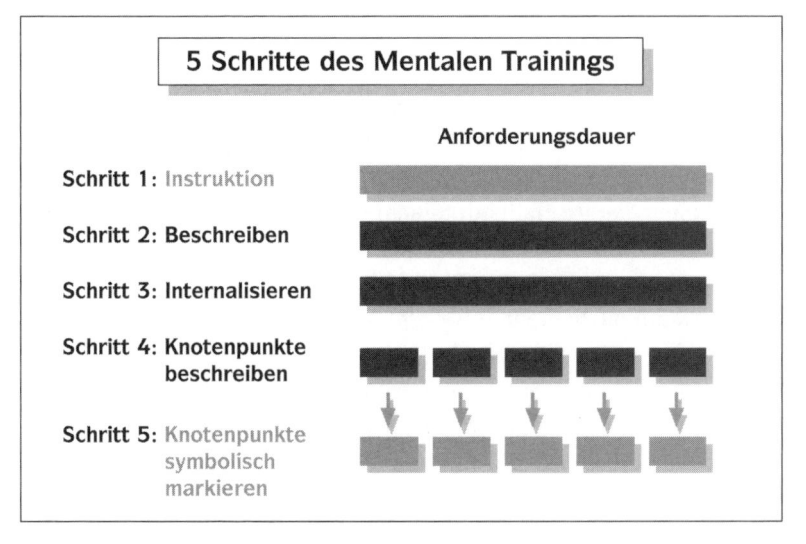

Schritt 5: Knotenpunkte symbolisch markieren

Abbildung 17 Im hier beschriebenen Mentalen Training eines Flugkapitäns werden die Schritte 2 bis 4 durchgeführt

Der Flugkapitän in diesem Beispiel zeigt sehr systematisch kontrolliertes Mentales Training und hält sich dabei konsequent an das

5-Schritt-Modell, wobei er entsprechend seinen Trainingszielen besonders die Schritte 2 bis 4 ausarbeitete und trainierte.

Das folgende Beispiel eines Motorradrennfahrers zeigt im Kontrast dazu, dass man sich im Mentalen Training auch auf nur einen Schritt konzentrieren kann. Seine Beschreibung des Streckenverlaufs eignet sich als Instruktion (Schritt 1) für Motorradfahrer oder -fahrerinnen vor dem ersten Befahren und während des Lernens der Strecke, wobei die gefahrene Geschwindigkeit noch etwas moderater ausfallen könnte, damit sich das Vorderrad nicht so häufig himmelwärts bewegt wie beim Meister.

4.2 Motorradrennen – Helmut Dähnes Ritt durch die „Grüne Hölle"

Helmut Dähne, der Inhaber des Rundenrekords auf der Nordschleife des Nürburgrings mit dem Motorrad, beschreibt, wie er die Strecke befährt. Die circa 20 Kilometer lange Strecke mit ihren rund 80 Kurven und 300 Metern Höhenunterschied gilt unter Rennfahrern wegen ihrer ungewöhnlichen Schwierigkeiten und der umgebenden Waldlandschaft als die „Grüne Hölle". Ein rennsporterfahrener Motorradfahrer schafft sie heute in etwa acht Minuten.

Die Fahrt beginnt kurz vor Kilometer 2 vor einer Linkskurve: „Diese erste Linkskurve verwenden wir gleich für den Haftungstest beim Herausbeschleunigen aus der Kurve, und dann geht's gleich hinunter in eine lange Rechte, und hier muss der Reifen natürlich schon haften. Wir beschleunigen in Richtung Hatzenbach, jetzt schön langsam bremsen, mit Gefühl, in Schräglage, und jetzt die Kurvenkombination Hatzenbach: rechts, links, starke Bodenwelle, rechts, etwas verzögern, links, und jetzt geht's Richtung Hocheichen. Eine sehr rutschige Kurve bei Nässe. Jetzt fällt die Straße unter uns weg. Vorsichtig am

4.2 Motorradrennen – Helmut Dähnes Ritt durch die „Grüne Hölle" 167

Gas drehen und jetzt volle Beschleunigung Richtung Quiddelbacher Höhe. Hier eine absolute Fahrwerks- und Reifenteststrecke. Flugplatz, bergauf. Das Vorderrad ist in der Luft, schnell wieder nach unten, um die Rechtskurve noch zu erwischen. Jetzt geht's volle Brause Richtung Schwedenkreuz. Und jetzt beschleunigen, kurzer Sprung und Gas weg – Schwedenkreuz. Innen bleiben, wieder kurz beschleunigen, und jetzt heftig bremsen, Aremberg.

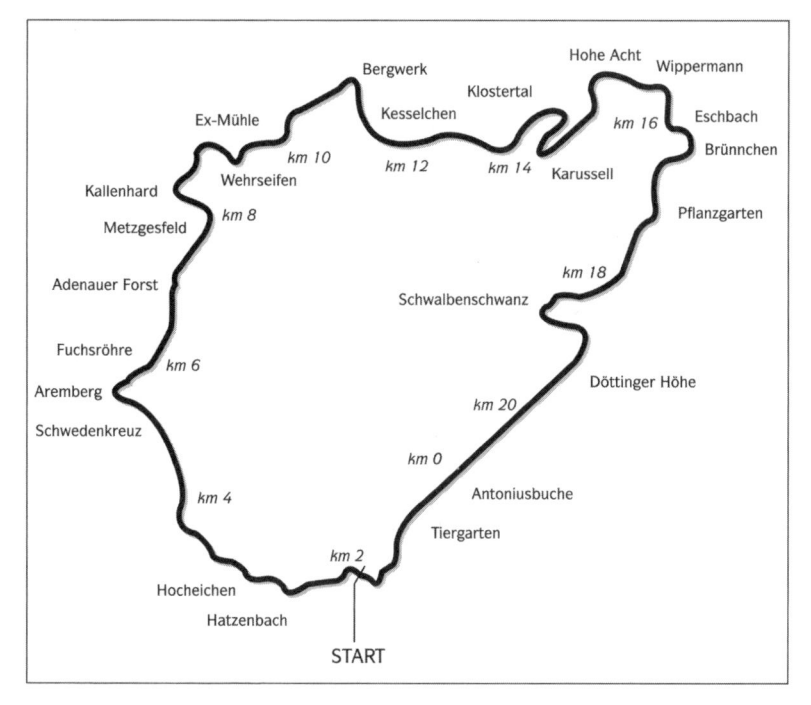

Abbildung 18 Die Nürburgring-Nordschleife

Dann geht's hinunter in die Fuchsröhre, hier ist wichtig, möglichst gerade durchzufahren, wenig Schräglagenwechsel, das Motorrad hebt kurz ab, und jetzt hinunter ins Loch. Das Motorrad bekommt jetzt eine große Kompression ab, bei Höchstgeschwindigkeit (*Kommentar des Autors:* circa 260 km/h). Achtung Linkskurve, man sieht nicht, wo die Straße hingeht. Richtung Adenauer Forst. Schnelle Schräglagenwechsel, Randstein mit ausnützen, nur wenn's trocken ist, ganz gerade Richtung

Metzgesfeld. Links, noch mal kurz beschleunigen, dann kräftig bremsen. Metzgesfeld und hinunter Richtung Kallenhard. Etwas länger außen bleiben und gegen Ende hereinziehen an den Randstein. Und volle Beschleunigung, hinunter, kurze Kompression und die dreifach rechte Kallenhard. Erst am zweiten Knick sind wir ganz innen und beschleunigen hinunter zum Wehrseifen und dann Beschleunigung hinunter zum tiefsten Punkt der Strecke. Breitscheid, Linkskurve, die Mauer ist nicht sehr motorradfreundlich. Ex-Mühle, vorsichtig am Gas drehen bei starken Motorrädern, das Motorrad wird hier oben leicht und dreht leicht durch. Jetzt kommt der Niki-Lauda-Linksknick, voll wird der genommen, und dann kräftig bremsen Richtung Bergwerk. Lange außen bleiben, erst gegen Ende hereinziehen, Straße voll ausnützen.

Beschleunigen Richtung Kesselchen. Wohl eine der schwierigsten Passagen hier auf dem Nürburgring, eine Dreifach-links-Kombination, die fast Vollgas geht, je nach Motorrad, ein kurzer Sprung, eine Linke, und hinauf. Hier ist eine Fahrwerks- und Reifen-Teststrecke. Die Fahrstabilität kann man hier sehr gut testen. Diese Linke muss einen Gang zurückgeschaltet werden, und jetzt geht's hinauf Richtung Klostertal. Wieder kurzer Sprung und sofort nach rechts, sonst ist es zu spät. Klostertal anbremsen, etwas länger außen bleiben, und dann ganz nach links heraustragen lassen und schnurgerade hoch zum Karussell. Dann werden wir gleich sehen, wie's den Motorradfahrer schüttelt. Die einzelnen Platten geben harte Stöße ins Fahrwerk. Hinauf Richtung Hohe Acht. Das ist eine Mutkurve gewesen. Außen bleiben, außen bleiben, jetzt nach innen, Richtungswechsel, höchster Punkt der Strecke. Rechts, vorsichtig beim Beschleunigen, hier fällt die Straße etwas nach links ab. Und jetzt ein sehr schneller Rechtsbogen: Wippermann. Diese Passage bringt eine kurze kräftige Kompression. Eschbach, weit nach außen tragen lassen, und hinunter geht's Richtung Brünnchen. Zweimal am Randstein, fast touchieren und rechts hinein in das Brünnchen.

Kurz beschleunigen, wieder verzögern, und die Straße ganz ausnützen. Die Eiskurve. Hier über diese Kuppe wird das Motorrad sehr leicht, da kann man die Reifenhaftung gut testen. Und jetzt ganz gerade Richtung Pflanzgarten. Hier hebt das Motorrad kurz ab, die Doppelrechts in einem schönen weiten Bogen nehmen, und jetzt kommt der große Sprung in die Kompression am Pflanzgarten. Es geht sehr schnell, aber auch weit. Der zweite Sprunghügel, und jetzt Richtung Schwalbenschwanz. Spätnachmittags hat man hier die Sonne genau im Gesicht und etwas Schwierigkeiten mit der Sicht. Schwalbenschwanz – manche sagen auch ‚das zweite Karussell'. Jetzt geht's hinauf zum Galgenkopf. Hier nützen wir den Randstein aus, um uns abzustützen in die Rechtskurve hinein. Und dann lange außen bleiben, ganz außen, und erst zum Schluss wieder nach rechts rein, um in die Gerade, die Döttinger Höhe hinein beschleunigen zu können. Ab jetzt ist es vielleicht ein bisschen langweilig, es tut sich wenig, außer ein paar Bodenwellen ist nichts los. Antoniusbuche – bei Trockenheit kein Problem, bei Nässe: Vorsicht! Jetzt hinunter, noch einmal eine heftige Kompression im Tiergarten, links, rechts, Gas weg und heftig bremsen, in die Schikane hinein. Letzte Kurve, Zielstrich."

Kommentar

Der Fahrer hat mit seiner Instruktion (Schritt 1) und Beschreibung (Schritt 2) eine Vorgabe für andere formuliert, die versuchen wollen, die Strecke zu befahren. Sie können auf dieser Grundlage eine eigene mentale Landkarte erarbeiten, also für sich selbst beschreiben, sie dann auswendig lernen, um daraus individuelle Knotenpunkte abzuleiten, die man im Rennsport Schlüsselstellen nennt. Dabei können sie dem obigen 5-Schritt-Modell folgen. Auf manchen Rennstrecken ist das Erarbeiten einer mentalen Landkarte überlebensnotwendig, weil man bestimmte Kurven oder ganze Streckenabschnitte nicht einsehen kann, also „blind" nehmen muss.

5 Schritte des Mentalen Trainings

Anforderungsdauer

Schritt 1: Instruktion

Schritt 2: Beschreiben

Schritt 3: Internalisieren

Schritt 4: Knotenpunkte beschreiben

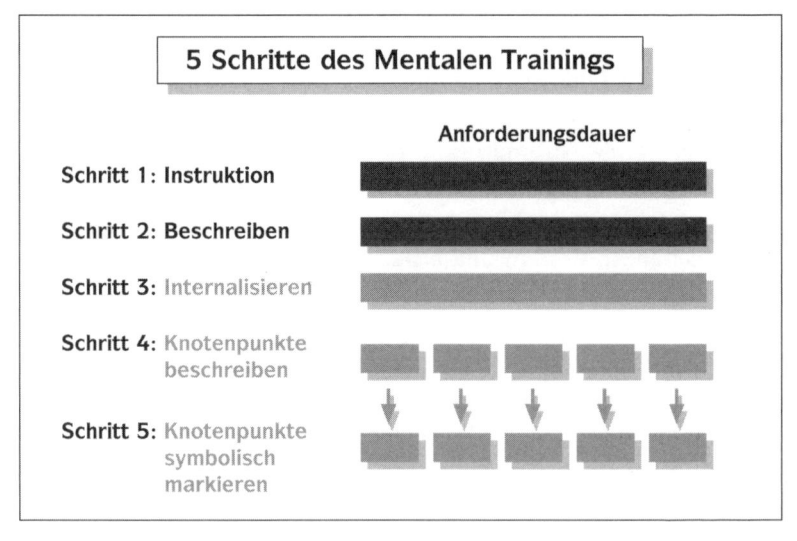

Schritt 5: Knotenpunkte symbolisch markieren

Abbildung 19 Im hier beschriebenen Mentalen Training beim Motorradrennen wurden die Schritte 1 und 2 durchgeführt

4.3 Hürdenlaufen – technische Perfektion

Das Ziel

Ziel eines 110-Meter-Hürdenläufers war es, über technische Perfektion eine Olympiamedaille zu gewinnen. Darauf wollte er auch mit Mentalem Training hinarbeiten. Vom Ziel des Medaillengewinns haben wir uns vor Beginn der Zusammenarbeit verabschiedet, zugunsten eines viel hilfreicheren und zweckmäßigeren Ziels: optimales Hürdenlaufen unter allen Bedingungen. Der Gewinn einer Medaille würde sich bei entsprechender sportlicher Form von allein ergeben. Mir schien diese Zielstellung Erfolg versprechend, weil sie dem Hürdenläufer eine stabile zweckmäßige mentale Landkarte seiner Technik an die Hand gab, auf die er sich unter allen Umständen konzentrieren konnte und die ihm helfen würde, sich gegen störende Einflüsse wie Erwartungen, Konkurrenten, Zuschauer, Wind und Wetter und so weiter abzuschirmen.

4.3 Hürdenlaufen – technische Perfektion

Schritt 2 und Schritt 3: Beschreiben und Internalisieren

Der Hürdenläufer war natürlich mit der Instruktion seines langjährigen Trainers (Schritt 1) für seine Technik zum Überlaufen einer Hürde (Höhe 106 Zentimeter) vertraut. Trotzdem musste er sich erst einmal ganz bewusst machen, was er eigentlich tat, und zwar, indem er seine Technik in seinen eigenen Worten beschrieb. Er verfasste deshalb eine detaillierte, drei DIN-A4-Seiten lange Beschreibung des Überlaufens einer Hürde (Schritt 2). Im nächsten Schritt lernte er die Beschreibung auswendig (Schritt 3) und vergegenwärtigte sie sich sprachlich, bildlich und in der Körperwahrnehmung (siehe Kapitel 3.2.1). Dabei kam ihm seine Erfahrung zugute.

Schritt 4: Knotenpunkte

Schwieriger war das anschließende Erarbeiten der Knotenpunkte (Schritt 4), weil dem Hürdenläufer diese Herangehensweise neu war. Für den 110-Meter-Hürdenlauf erarbeitete er sechs Knotenpunkte:

1. **Vor der Hürde**: mit Schwungbein scharrend aufsetzen,
   - aktiver Take-off in die Hürde,
   - mehr Druck, mehr Horizontalgeschwindigkeit in die Hürde,
   - das geht nur mit einem reaktiven Fußabdruck,
   - der Druck in die Hürde wird mit dem Abdruckbein voll ausgenutzt, das heißt, es wird gestreckt.
2. **Das Schwungbein** ist kniegesteuert, mit angezogener Fußspitze. Nur so lässt sich eine schnelle Abwärtsbewegung einleiten.
   - Aktives Einleiten der Schwungbeinbewegung.
3. Frühzeitiges schnelles Anreißen des **Nachziehbeins**, kniegesteuerte enge Bewegung, Knie ist höher als Fuß!
4. **Aktive Landung** im Nachziehbein aus kniegesteuerter Bewegung, die Knie in Laufrichtung gebracht hat (Bewegung zu Ende führen!),
   - Aktive Landung heißt aktives Suchen des Bodenkontaktes, nicht nur Herunterfallenlassen des Nachziehbeins.

5. **Schnelles Wegsprinten** von der Hürde durch aktive Landung.
6. **Die Arme unterstützen** den Bewegungsablauf der Hürdenüberquerung aktiv und sind nicht nur zum Balancieren da. Sie beschleunigen die Bewegung.

Schritt 5: Knotenpunkte symbolisch markieren

Diese 6 Knotenpunkte reduzierte der Athlet dann noch einmal auf 4:

1. Vor der Hürde mit „**Druck, attackieren**",
2. über der Hürde „**durchtreten**",
3. über der Hürde „**dynamische Arme, Zug**" nach der Hürde
4. „**hinsprinten**" zur nächsten Hürde.

Die unterstrichenen Silben dienen als symbolische Markierung (Schritt 5): Druck – Durch – Arme – Hin.

Die folgende Bildreihe zeigt diese vier Knotenpunkte, symbolisch markiert (Schritt 5):

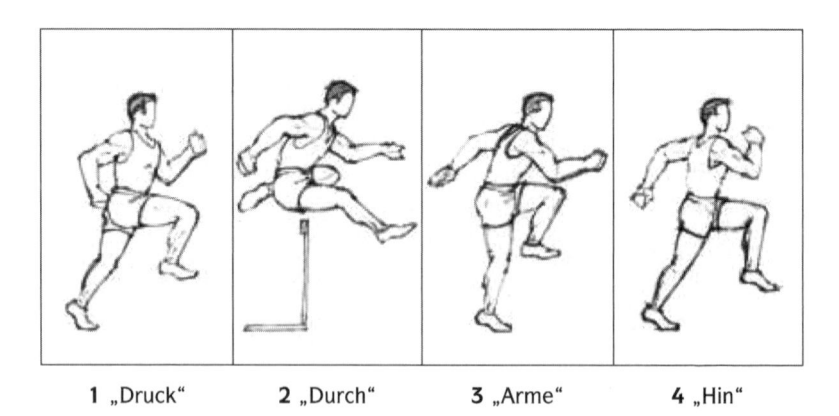

| 1 „Druck" | 2 „Durch" | 3 „Arme" | 4 „Hin" |

Abbildung 20 4 Knotenpunkte beim Hürdenlauf

Kommentar

Der Hürdenläufer durchlief in diesem Beispiel alle 5 Schritte des Mentalen Trainings. Er stabilisierte damit seine Technik auf so hohem Niveau, dass er sich selbst im größten Trubel bei den Olympischen Spielen immer wieder nur auf eines richten musste: den Ablauf der Knotenpunkte, um mit höchster Konzentration das zu tun, wofür er jahrelang trainiert hatte und was er am besten konnte: Hürdenlaufen, nichts sonst.

5 Schritte des Mentalen Trainings

Anforderungsdauer

Schritt 1: Instruktion

Schritt 2: Beschreiben

Schritt 3: Internalisieren

Schritt 4: Knotenpunkte beschreiben

Schritt 5: Knotenpunkte symbolisch markieren

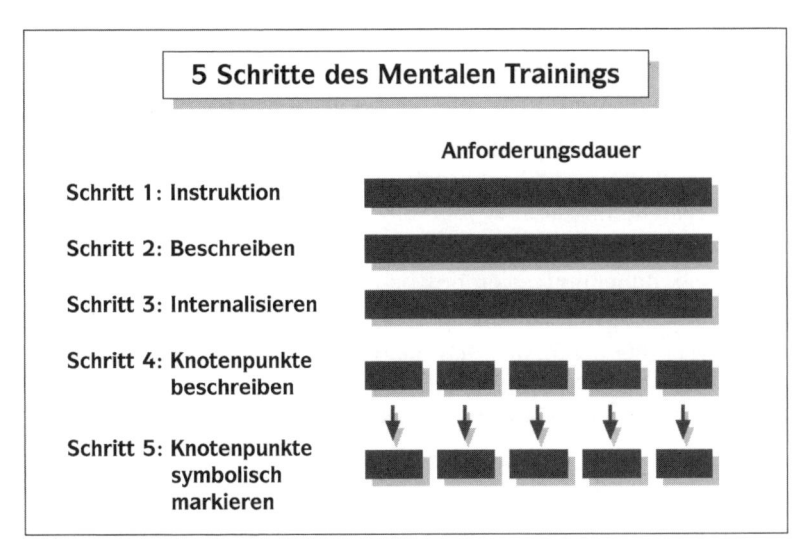

Abbildung 21 Im hier beschriebenen Mentalen Training beim Hürdenlauf wurden die Schritte 1 bis 5 durchgeführt

4.4 Chirurgie – Entfernen der Gallenblase

Beim Einsatz des Mentalen Trainings in der Chirurgie treffen auf den ersten Blick zwei Welten aufeinander. Auf der einen Seite das im Hochleistungssport bereits seit Langem erfolgreich eingesetzte und wissenschaftlich fundierte Mentale Training und auf der anderen Seite die invasive (lateinisch: eindringende) Medizin, bei der Ärzte insbesondere in der Chirurgie in das System Mensch eindringen. Die Übertragung des Mentalen Trainings erscheint naheliegend, weil Chirurgen und Sportler vergleichbare psychomotorische Anforderungen bewältigen. Ärzte führen bei chirurgischen Eingriffen und bei der instrumentellen Präparation hoch komplizierte feinmotorische Bewegungsabläufe aus, die nicht zum natürlichen Handlungsrepertoire des Menschen gehören, oft unter erheblichen Stressbedingungen.

Aufgrund dieser Anforderungen besteht das Ausbildungsziel von Chirurgen, ähnlich wie beim Training im Leistungssport, in der höchsten Perfektion bei komplizierten Bewegungen unter schwierigen Bedingungen (Troidl 1996). Insbesondere bei der Konzeption von chirurgischen Aus- und Weiterbildungsverfahren lag eine interdisziplinäre Kooperation der Medizin und der Sportpsychologie als zielführend und zweckmäßig nahe. Das Mentale Training bot sich als Trainingsmethode der Wahl an. Neben dem in der chirurgischen Aus- und Weiterbildung unbedingt erforderlichen motorischen, handwerklichen Training bietet es die Möglichkeit, bestimmte Operationen mental zu simulieren, das heißt, sich den Bedingungen und Verhältnissen der Wirklichkeit ausschließlich über mentale Prozesse anzunähern, wenngleich dabei die zu simulierenden Bewegungen zumindest in Ansätzen tatsächlich ausgeführt werden können. Im Gegensatz zum motorischen Training können beim Mentalen Training die Bedingungen flexibel sein. Somit kann beispielsweise das Verhalten in bestimmten Gefahrensituationen ohne größeren Aufwand simuliert werden.

Minimal-invasive Chirurgie

Auch die Entwicklung moderner Operationstechniken sprach für den Einsatz des Mentalen Trainings. Ungefähr seit Mitte der 1980er-Jahre wird die endoskopische beziehungsweise minimal-invasive Chirurgie (MIC) als „Schlüsselloch-Chirurgie" immer häufiger bei einer Reihe von Operationen angewandt. Dabei wird etwa zur Entfernung der Gallenblase die Bauchhöhle nicht mehr geöffnet, sondern die Operation mittels röhrenförmiger Instrumente durch kleine Öffnungen in der Bauchdecke ausgeführt. Die Öffnungen werden zur Beleuchtung, Bildübertragung, Spülung und zum Operieren benötigt und hinterlassen nach dem Abheilen nur winzige Narben. Seine Arbeit kontrolliert der Operateur auf einem Monitor. Vorteil der Methode ist die sehr schonende, minimal-invasive Vorgehensweise bei der Arbeit im Operationsgebiet.

Das Mentale Training wurde in die endoskopische Chirurgie übertragen (Eberspächer & Immenroth 1999), weil davon auszugehen war, dass Operateur und Patient davon profitieren, wenn der Operateur nicht nur von seinem Operationsgebiet, sondern auch von seiner Vorgehensweise eine differenzierte, stabile und zweckmäßige mentale Landkarte besitzt.

Beim Mentalen Training in der Chirurgie werden wie in allen anderen Anwendungsgebieten vorgegebene Handlungsschritte trainiert. Der mental Trainierende hat dabei jedoch die Möglichkeit, an seine eigene Vorstellung der Operation beziehungsweise Präparation anzuknüpfen und so den Ablauf und die praktische Umsetzung des Mentalen Trainings aktiv mitzugestalten. Des Weiteren besteht die Möglichkeit, die Prinzipien des Mentalen Trainings im Sinne eines Strategietrainings auch bei anderen Operationen beziehungsweise Präparationen anzuwenden.

Das Ziel

Das Mentale Training in der Chirurgie setzt als Ziel eine festgelegte **Operation** voraus, im folgenden Beispiel die Entfernung der Gallenblase.

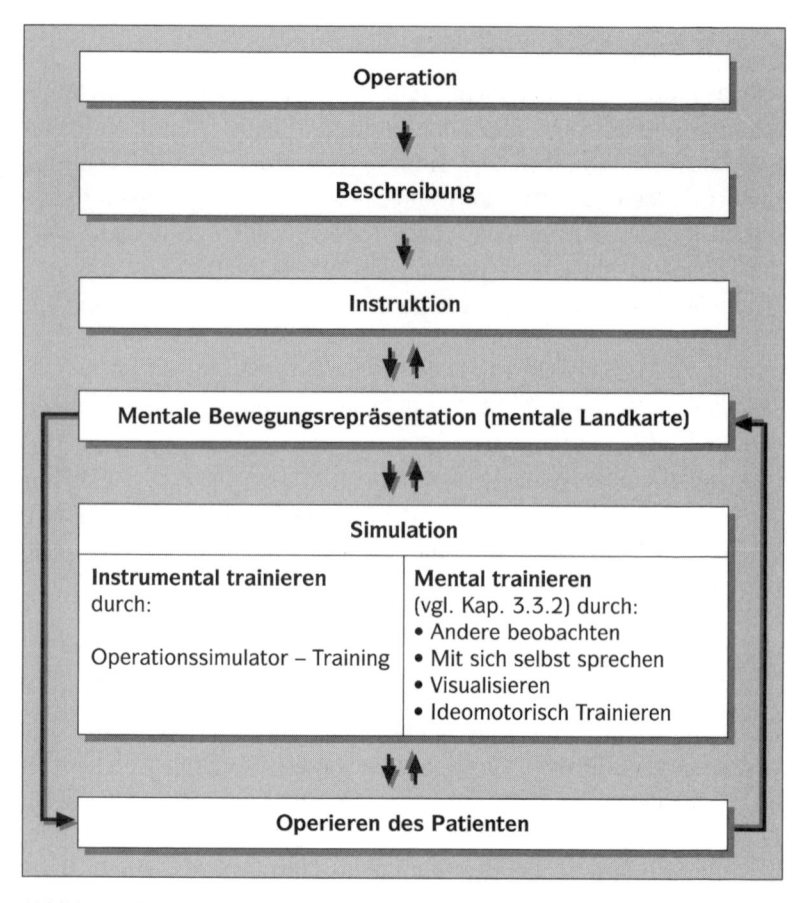

```
┌─────────────────────────────────────────────────────────┐
│                      Operation                          │
└─────────────────────────────────────────────────────────┘
                            ↓
┌─────────────────────────────────────────────────────────┐
│                     Beschreibung                        │
└─────────────────────────────────────────────────────────┘
                            ↓
┌─────────────────────────────────────────────────────────┐
│                     Instruktion                         │
└─────────────────────────────────────────────────────────┘
                           ↓↑
┌─────────────────────────────────────────────────────────┐
│         Mentale Bewegungsrepräsentation (mentale Landkarte) │
└─────────────────────────────────────────────────────────┘
                           ↓↑
┌─────────────────────────────────────────────────────────┐
│                      Simulation                         │
│  Instrumental trainieren    │  Mental trainieren        │
│  durch:                     │  (vgl. Kap. 3.3.2) durch: │
│                             │  • Andere beobachten      │
│  Operationssimulator –      │  • Mit sich selbst sprechen│
│  Training                   │  • Visualisieren          │
│                             │  • Ideomotorisch Trainieren│
└─────────────────────────────────────────────────────────┘
                           ↓↑
┌─────────────────────────────────────────────────────────┐
│                Operieren des Patienten                  │
└─────────────────────────────────────────────────────────┘
```

Abbildung 22 Mentales Training in der Chirurgie (modifiziert nach Eberspächer & Immenroth 1999)

Als Voraussetzung gilt die ausführliche **Beschreibung** der zuvor festgelegten Operation, die in der Regel in entsprechenden Operationsatlanten oder chirurgischen Fachartikeln in relativ standardisierter Form vorliegt. Eine weitere Voraussetzung ist eine darauf basierende **Instruktion**. Sie wird dem Chirurgen zu Beginn des Mentalen Trainings in Form einer Instruktionsfibel ausgehändigt, einem Heft, das den Ablauf der Operation festhält. Abbildung 22 zeigt einen Ausschnitt.

Knotenpunkte

> 1. Exploration der Bauchhöhle
> 2. Lösen von pericholezystischen Verwachsungen
> 3. Fixieren der Gallenblase
> 4. Aufspannen des calotschen Dreiecks
> 5. Inzision des peritonealen Überzugs im calotschen Dreieck
> 6. Darstellung des Ductus cysticus*
> 7. Clip-Technik zur Versorgung des Ductus cysticus
> 8. Durchtrennung des Ductus cysticus
> 9. Darstellen, Clippen und Durchtrennen der A. cystica*
> 10. Subseröses Ausschälen der Gallenblase
> 11. Luxation der isolierten Gallenblase unter Sicht
> 12. Alternative: Extraktion der Gallenblase mittels Endo-Bag
> 13. Inspektion des Operationsgebietes
> 14. Abschluss der Operation

Abbildung 23 14 Knotenpunkte zur minimal-invasiven Entfernung der Gallenblase (laparoskopische Cholezystektomie) (Eberspächer & Immenroth 1999)

Um die jeweiligen Instruktionen formulieren und anschließend entsprechende Anleitungen für die Instruktionsfibeln entwerfen zu können, mussten zunächst die ausführlichen Beschreibungen der einzelnen Operationen auf die wichtigsten Handlungsschritte beziehungsweise Knotenpunkte reduziert werden (siehe Abbildung 7, Kapitel 3.3.3). Wie beim Mentalen Training im Sport, bei dem man Knotenpunkte oft mithilfe eines Trainers erarbeitet, empfiehlt es sich auch für das Mentale Training in der Chirurgie, dass ein Operateur mithilfe eines Expertenteams die jeweilige Operation auf ihre Knotenpunkte reduziert. Nach unserer Erfahrung konzentriert man sich in der Medizin im Gegensatz zum Sport dabei besonders auf die externen beziehungsweise morphologischen Knotenpunkte, also die sachbezogen im Operationsfeld objektiv vorgegebenen Knotenpunkte, zum Beispiel die in Abbildung 23 genannten 14 Knotenpunkte zum Entfernen einer Gal-

---

* Die Reihenfolge der Knotenpunkte 6 (einschließlich 7 beziehungsweise 8) und 9 ist abhängig von der anatomischen Situation.

lenblase. Interne beziehungsweise phänomenale Knotenpunkte wären die vom Trainierenden erlebten, subjektiv vorgestellten.

Die Instruktionsfibel

Knotenpunkt	Bewegungsanweisungen	Abbildung
9. Darstellen, Clippen und Durchtrennen der A. cystica	Gehe analog zu den Knotenpunkten 6–8 vor. Präpariere die A. cystica zunächst zirkulär frei und stelle sie möglichst vollständig dar. Beachte: Präpariere stets gallenblasennah! Nach zentraler und peripherer Clippapplikation kann unter Sicht exakt die Durchtrennung mit einer über T2 eingeführten Schere erfolgen. Beachte: Nach dem Durchtrennen der A. cystica kann ein zusätzlich dorsalwärts gelegenes arterielles Gefäß zur Versorgung der Gallenblasenhinterwand (R. posterior a. vesicae felleae) verlaufen. Deshalb wird nach dem Durchtrennen der A. cystica nochmals eine sorgfältige Präparation mit der Schere oder dem Häkchen bis zum Leberparenchym vorgenommen!	

Abbildung 24 Ausschnitt aus der Instruktionsfibel: 9. Knotenpunkt „Darstellen, Clippen und Durchtrennen der Arteria cystica" (Eberspächer & Immenroth 1999).

Diese 14 Knotenpunkte dienten anschließend als Grundlage für die Formulierung der Instruktion für die laparoskopische Cholezystektomie, das minimal-invasive Entfernen der Gallenblase. Zu diesem Zweck wurden jedem Knotenpunkt kurze prägnante Handlungsanweisungen sowie konkrete Hinweise auf Gefahrenmomente zugeordnet. In der Instruktionsfibel wurden auf der linken Seite die Knotenpunkte sowie die entsprechende Instruktion (Handlungsanweisungen in Verbindung mit den in der Signalfarbe Rot dargestellten Hinweisen auf Gefahrenmomente) und auf der rechten Seite jeweils die entsprechenden farbigen Abbildungen integriert. Mit der Instruktionsfibel als Orientierungsgrundlage werden dann darauf aufbauend die verschiedenen Wege des Mentalen Trainings durchgeführt: andere beobachten, mit sich selbst sprechen, visualisieren, ideomotorisch trainieren (siehe Kapitel 3.3.2).

Simulation

Um die Brauchbarkeit der mental trainierten Abläufe der OP zu überprüfen, müssen sie motorisch, also handwerklich ausgeführt werden. Diese Vorgehensweise trägt dem Grundsatz des Wechsels zwischen mentalem und motorischem Training Rechnung (siehe Kapitel 3.3.6). Dieses motorische Training lässt sich an Simulatoren durchführen, die die Bedingungen und Verhältnisse der Wirklichkeit künstlich herstellen und/oder beobachtbare Bewegungen ausführen. Im Rahmen des hier beschriebenen Projekts wurde der an der Ludwig-Maximilians-Universität München von Prof. Dr. G. Szinicz für das MIC-Training konzipierte P.O.P.-Operationssimulator (P.O.P. = Pulsierende Organ-Perfusion) verwendet (Eberspächer & Immenroth 1999), bei dem entsprechende Tierorgane oder -organkomplexe mittels einer an die zentrale Arterie angeschlossenen, elektronisch geregelten und druckkontrollierten Pumpe mit gefärbter Flüssigkeit durchströmt werden, um die Durchblutung zu simulieren. Diese Simulation erfüllt in hohem Maße die geforderten Kriterien einer realistischen Simulation: wirklichkeitsnahe Organeigenschaften und -reaktionen, realistische Interaktionen zwischen chirurgischen Instrumenten und Organen und der Realität entsprechende Rückmeldung in der Ausführung.

Ausblick

Das Mentale Training in der Chirurgie bietet sich insbesondere für den Einsatz in der Aus- und Weiterbildung junger Chirurgen an. Mit einem relativ geringen Kostenaufwand erhalten die Chirurgen die Möglichkeit, die Lücke zwischen der Beobachtung einer Operation und der eigenen Ausführung dieser Operation mittels eines ausgearbeiteten mentalen Trainingsprogramms zu schließen. Dabei stehen noch vor der bereits erwähnten Kostenkontrolle der Sicherheitsgedanke und somit die Gesundheit des Patienten im Vordergrund. In der Sportpsychologie existiert eine Reihe weiterer empirisch fundierter Trainingskonzepte, die im Hochleistungssport bereits seit Langem erfolgreich angewandt werden und sich für den Transfer in die Chirurgie anbieten (Eberspächer 2004). In diesem Zusammenhang kann insbesondere das Training der Kompetenzerwartung erwähnt werden, mit dessen Hilfe Sportler die realistische Überzeugung aufbauen können, dass ihre Fähigkeiten und Fertigkeiten unter allen denkbaren Bedingungen, also auch unter Stress, realisierbar sind.

4.5 Zahnmedizin – das Inlay

Das Ziel

Die zahnmedizinische praktische Ausbildung gestaltet sich ähnlich langwierig und kostenintensiv wie die chirurgische. Die Integration des Mentalen Trainings wäre daher eine vielversprechende Möglichkeit, sie effektiver und effizienter zu machen. Wir haben es ausprobiert (Immenroth 2003; Welk et al. 2002; Reck 2002). Das hier vorgestellte Mentale Training für Zahnärzte in der Zahnerhaltung folgt demselben Muster wie das in der Chirurgie. Es wird am Beispiel der Vorbereitung eines kariesbefallenen Backenzahns zur Aufnahme einer dreiflächigen Gussmetallfüllung gezeigt. Zahnärzte sprechen von der Kavitätenpräparation zur Aufnahme eines dreiflächigen Gussmetall-Inlays (mod) an Zahn 16. Dreiflächig bedeutet, dass die Füllung in Kontakt zu den Nachbarzähnen steht. Wie man sich den ausgebohrten Zahn, die Kavität, für die Aufnahme der Goldfüllung vorstellen kann, zeigt Abbildung 25.

Zeichnung: Ulf Eberspächer

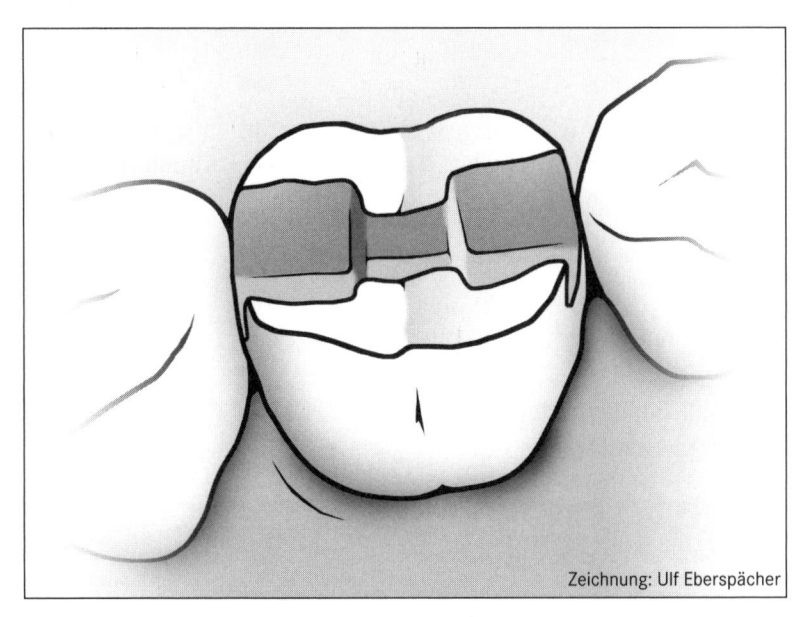

Abbildung 25 Schematische Darstellung einer präparierten Kavität zur Aufnahme eines Gussmetall-Inlays (mod) (das heißt, das Inlay hat Kontakt zu den Nachbarzähnen) (vgl. dazu Reck 2002)

1. Okklusionskontrolle
2. Versenken des Diamanten in die Okklusalfläche zur Herstellung der Okklusalen
3. Entlangführen des Diamanten in der Zentralfissur
4. Aufrichten der Kavitätenwände
5. Schützen der Nachbarzähne
6. Anlegen eines distalen Kastens
7. Anlegen eines mesialen Kastens
8. Beseitigen der Schutzlamelle
9. Anschrägen der Kante zwischen okklusalem Kavitätenboden und axialer Wand
10. Entfernen des Schmelzbalkons
11. Finieren der Kavitäten
12. Kontrolle

Abbildung 26 Instruktion der Kavitätenpräparation zur Aufnahme eines dreiflächigen Gussmetall-Inlays an Zahn 16. Hier sind nur die Überschriften der einzelnen Instruktionsschritte aufgeführt. In der Instruktionsfibel liegen sie in detaillierter Beschreibung mit jeweils zugeordneten farbigen Abbildungen vor. (Reck 2002)

Schritt 1: Instruktion

Das Training des Präparationsvorgangs beginnt entsprechend dem 5-Schritt-Prinzip des Mentalen Trainings mit der Formulierung einer Instruktion (Kapitel 3.3.3).

Die Instruktionsfibel

Punkt 10 „Entfernen des Schmelzbalkons" ist in der Instruktionsfibel wie folgt beschrieben:

Knotenpunkt	Bewegungsanweisungen
10. Entfernen des Schmelzbalkons	Beim Anlegen der gingivalen Stufe kann ein sogenannter Schmelzbalkon entstehen, das heißt ein feiner Schmelzüberhang am äußeren Ende der gingivalen Stufe. Zur Entfernung des Schmelzbalkons setze den Randschräger senkrecht und plan auf die gingivale Stufe auf. Führe ihn anschließend sowohl in oraler als auch in vestibulärer Richtung über die Stufe in die abgerundet präparierten „Ecken" der approximalen Wände und an ihren Rändern nach okklusalwärts. Beachte: Der Randschräger sollte stets scharf sein, seine Schneiden müssen „glatt" über die „Stufen laufen"! Bei unscharfer Schneide ist er wirkungslos, es kann sogar zu unliebsamen Schmelzausbrüchen kommen! (Seidel 1998, S. 14).

Abbildung 27 Ausschnitt aus der Instruktionsfibel: 10. Knotenpunkt „Entfernen des Schmelzbalkons" (Reck 2002)

Kommentar

Dieses Beispiel aus der Zahnmedizin zeigt eine lückenlose Instruktion als Schritt 1. Im weiteren Verlauf des Mentalen Trainings wird darauf systematisch aufgebaut und Schritt 2 bis Schritt 4 von den trainierenden angehenden Zahnärztinnen und Zahnärzten durchlaufen (vgl. Abbildung 7, S. 104).

4.6 Rehabilitation nach Unterschenkelamputation – Gehen mental trainieren

Das Ziel

Einem 47 Jahre alten Mann wurde nach einem schweren Verkehrsunfall das linke Bein etwa zehn Zentimeter oberhalb des Kniegelenks amputiert. Er benutzt eine Knieprothese, darf sein Bein voll belasten, verlässt sich aber aus Angst vor dem Stürzen und zum Eingewöhnen in das Gehen mit der Prothese auf zwei Unterarmgehstützen. Das Ziel seines Mentalen Trainings ist angstfreies flüssiges Gehen mit der Prothese.

Der menschliche Gang

... ist ein komplex vernetzter Bewegungsablauf, der die Unversehrtheit der Gelenke, der Muskulatur und der Nerven voraussetzt. Durch Verletzung oder aufgrund anderer Ursachen kann die normalerweise automatisch ablaufende Gehbewegung gestört sein. Erst wenn dies der Fall ist, wird den meisten Menschen bewusst, welche enorme Bedeutung das Gehen für die Selbständigkeit und somit für die Lebensqualität hat. Eines der wichtigsten Ziele der Rehabilitation ist es deshalb, die Gehbewegung wiederzuerlernen. Ein Verfahren, das der Realisierung dieses Ziels dient, ist das Mentale Gehtraining.

Mentales Gehtraining

Um zu zeigen, wie dieser Trainingsansatz zur rehabilitativen Verbesserung der Gehbewegung eingesetzt werden kann, wird im Folgenden der Einsatz des Mentalen Gehtrainings am Beispiel eines Patienten mit Unterschenkelamputation verdeutlicht (Mayer, Görlich & Eberspächer 2003). Beim Gehtraining von Patienten mit prothetischem Gliedmaßenersatz erhebt sich die Schwierigkeit, diesen in den Bewegungsapparat und -ablauf zu integrieren. Um mit der Prothese den Alltag bewältigen zu können, müssen die Patienten in der Rehabilitation völlig neue Bewegungsmuster erlernen. Vor allem Patienten mit Unterschenkelprothese müssen lernen, beim Gehen zwei mechanische Gelenke in einer Prothese zu kontrollieren, was einem Balanceakt gleicht. Sie sollten deshalb bereits zu Beginn des Gehtrainings alle technischen Möglichkeiten der Prothese kennenlernen, um sie später im alltäglichen Gehen voll ausnutzen zu können. (Das Prinzip der Verstehbarkeit und Handhabbarkeit ist im Kapitel 3.6.4 beschrieben.)

Gangbild

Besonders auffällig war beim Patienten die unvollständige Hüftstreckung in der letzten Standphase, verbunden mit verringerter Schrittlänge rechts. In der Schwungphase des betroffenen Beines wird die Kniebeugung und -streckung noch nicht im physiologischen Bewegungsrhythmus durchgeführt. Hinzu kommt aufgrund der Gangunsicherheit eine deutlich erhöhte Spurbreite. Daraus folgen in der Standphase eine starke Vorbeuge des Rumpfes und eine Beugung zur betroffenen Seite.

Ziele des Mentalen Gehtrainings

Der Patient beschreibt seine Probleme beim Gehen: Er habe die Funktion der Prothese weitgehend im Griff, allerdings Angst davor, beim Vorschwung des mit der Prothese bewehrten Beins an seiner Unterarmgehstütze („Krücke") hängen zu bleiben und zu stürzen. Er möchte Sicherheit im Umgang mit der Prothese bekommen, um ohne Unterarmgehstützen auszukommen. Außerdem soll das Gangbild flüssig und unauffällig sein, dazu studieren Patient und Therapeut gemeinsam das angestrebte Gangbild, das hier als schematische Bilderreihe nach Beckers und Deckers (1997) vorliegt.

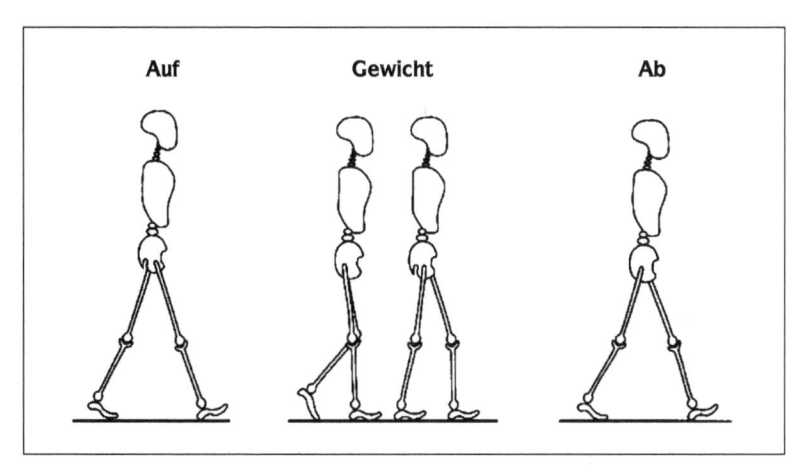

Abbildung 28 Schematische Darstellung der drei Phasen des Ganges (nach Beckers & Deckers 1997)

Das Mentale Training

Schritt 1: Instruktion

Die Bewegungsbeschreibung fördert die Auseinandersetzung des Patienten mit der Gehbewegung. Das heißt: Der Patient analysiert, welches Ideal er anstrebt, bestimmt damit den Therapieauftrag und bespricht seine Vorstellung mit dem Therapeuten. Beim Beschreiben der Bewegung kann der Patient sehr genau beobachten, in welchen Phasen das Knie gebeugt ist, wann die Beugung eingeleitet und wie lange das Knie voll durchgestreckt wird. Die Bewegungsanweisung wird zunächst allgemein vom Therapeuten vorgegeben und nach und nach zu einer individuellen, auf den Patienten zugeschnittenen Bewegungsanweisung als Instruktion weiterentwickelt.

Schritt 2 bis Schritt 4: Knotenpunkte beschreiben und internalisieren

Im weiteren Verlauf des Gehtrainings werden dem Patienten die funktionellen Knotenpunkte der Gehbewegung durch die Bewegungsanweisung des Therapeuten „Auf – Gewicht – Ab" vermittelt. Er erkennt die Knotenpunkte beim Gehen schnell. Allerdings fällt es ihm zunächst schwer, die Bewegungsanweisung mit der Prothese umzusetzen, weil der Umgang mit der Prothese ihn in einem Maß beansprucht, dass er sich nicht gleichzeitig auch noch auf eine Bewegungsanweisung konzentrieren kann. Der Therapeut erkennt, dass die vorgegebene Bewegungsanweisung „Auf – Gewicht – Ab" nicht der Gehbewegung des Patienten entspricht. Folglich gilt es, aus der vorgegebenen eine individuelle Bewegungsanweisung zu formen, aus der *die* Bewegungsanweisung des Patienten wird. Das heißt, es mussten Knotenpunkte herausgearbeitet werden, die zu einer verstärkten **Streckung im Hüftgelenk** und **Verengung der Spur** zur **Stabilisierung des Oberkörpers** führten.

Schritt 5: Knotenpunkte symbolisch markieren

Mit geschlossenen Augen nahm der Patient die einzelnen Bewegungsphasen, also Anfangsstand, Mittelstand und Endstand (siehe Abbildung 28) isoliert in der gewünschten Position ein. Der Patient sollte ein charakteristisches (inneres) Bewegungsgefühl für diese Positionen finden und symbolisch markieren. Er kam selbständig auf drei erlebte Knotenpunkte:

- **„Innen"** signalisiert ihm beim Initialkontakt, die Ferse mittig aufzusetzen (Ziel: enge Spur).
- **„Druck"** signalisiert ihm im Mittelstand, den Oberkörper aufrecht über der Standfläche zu halten und nicht zur Seite abzukippen (Ziel: Oberkörperstabilisation im Mittelstand).

- „**Aab**" signalisiert ihm, im Hüftgelenk eine maximale Streckung durchzuführen. Das lang gezogene „Aa" hat dabei eine rhythmische Funktion, die die Bewegung verlängern soll (Ziel: verbesserte Streckung im Endstand).

Wechsel mit motorischem Training

Die individuelle Bewegungsanweisung lautet demnach „Innen – Druck – Aab". Im Laufe der nächsten Therapieeinheiten wird mit dem Patienten diese individuelle Bewegungsanweisung weiter differenziert. Dazu wird auch Bewegungstraining (motorisches Training) eingesetzt, also das Gehen planmäßig wiederholt, praktisch ausgeführt. Beim motorischen Training hilft dem Patienten zunächst die Veränderung der Selbstwahrnehmung. Mit geschlossenen Augen versucht er, den Oberkörper im Mittelstand zu stabilisieren. Hier unterstützt ihn sein Knotenpunkt „Druck", exakt die aufrechte Körperhaltung zu finden. In der weiteren Differenzierung und Stabilisierung der Bewegungsvorstellung macht der Patient den Vorschlag, den dritten Knotenpunkt weiter auszubauen. Der Knotenpunkt „Aab" führt nach seiner Ansicht noch nicht zur ausreichenden Schrittlänge rechts, sodass er die Extensionsbewegung durch die sprachliche Markierung „Aab rollen" weiter optimieren will. Seine modifizierte, weiterentwickelte individuelle Bewegungsanweisung lautet demnach „Innen – Druck – Aab rollen". Diese Weiterentwicklung der individuellen Bewegungsanweisung führt zu einer differenzierten Bewegungsvorstellung, der eine optimierte mentale Bewegungsrepräsentation zugrunde liegt.

Der kontinuierliche Aufbau einer mentalen Bewegungsrepräsentation führte zu einer immer differenzierteren Analyse der Gehbewegung des Patienten. Er kann seither sehr viel selbständiger trainieren und versucht, seine Bewegung bis ins Detail zu erforschen. Durch weiteres motorisches Gehtraining, insbesondere durch Veränderung des Untergrunds, erfährt er, wie er seine optimierte Gehbewegung an verschiedene Bodenbeschaffenheiten anpassen kann. Weiteres Mentales Training stabilisiert die mittlerweile optimierte und differenzierte mentale Bewegungsrepräsentation. Der Patient hat keine Schwierigkeiten, seine individuelle Bewegungsanweisung zunächst subvokal zu trainieren, also mit sich durchzusprechen. Bei der Aufforderung, sich die Gehbewegung vorzustellen, gelingt es ihm, sich von außen zu beobachten (Mentales Training als verdecktes Wahrnehmungstraining). Beim Übergang in das Mentale Training aus der Innenperspektive (ideomotorisch) berichtet er, dass er nur die Standphase tatsächlich erlebt. In der Schwungphase, wenn er sein Bein wieder nach vorne bewegt, sieht er sich nach wie vor aus der Beobachterperspektive. Er wechselt also während des Mentalen Trainings zwischen zwei Wegen (siehe Kapitel 3.3.2), zwischen Beobachterperspektive und Innenperspektive. Um die gesamte Bewegung aus der Innenperspektive nachzuvollziehen, wird auf das motorische Training unter Modifikation der Wahrnehmung zurückgegriffen. Mit geschlossenen Augen und Gehörschutz versucht der Patient, durch bewusste Körperwahrnehmung die Signale aus dem betroffenen Bein wahrzunehmen. Bei dem Patienten sind das die charakteristischen, wahrnehmbaren Bewegungen im Stumpf, aber auch die Mechanismen der Prothese. Das Bewegungsgefühl, wenn die Prothese beschleunigt wird, deren Einrasten in der Streckstellung und das damit verbundene Gefühl der Sicherheit („... jetzt kann nichts mehr passieren") werden in die Bewegungsvorstellung integriert und deren Abruf beim Mentalen Training aus der Innenperspektive trainiert.

Im weiteren Verlauf des Mentalen Gehtrainings liegt der Schwerpunkt in der eigenständigen Kontrolle und Verbesserung der Gehbewegung. Dem Patienten gelingt es immer leichter, aus der Innenperspektive zu trainieren, die Gehbewegung dann entsprechend umzusetzen und positive Aspekte der Bewegungsumsetzung zu speichern sowie Umsetzungsfehler durch die richtige Bewegungsausführung in der Bewegungsvorstellung zu ersetzen. Er trainiert jetzt selbständig in den Fluren der Einrichtung und versucht langsam, die Gehbewegung ohne den Einsatz der Unterarmgehstützen umzusetzen.

Hinlenken statt ablenken

Dennoch ergeben sich bei der Umsetzung Schwierigkeiten: Der Patient hat Angst, zu stürzen, und kann sich dadurch nicht ausreichend auf seine Bewegungsvorstellung konzentrieren. Es überwiegen Gedanken der Sturzvermeidung (zur Psycho-Logik des Misslingens siehe Kapitel 1.3.2). Erst die Einsicht, dass das konsequente Umsetzen einer Bewegungsvorstellung des Gehens die beste Sturzvermeidungsstrategie darstellt, führt dazu, dass er Gehen ohne Unterarmgehstützen relativ sicher und zuversichtlich trainiert. Um in puncto Sturzvermeidung ein Anstrebungsziel zu finden (siehe Kapitel 3.6.1), konzentriert sich der Patient beim freien Gehen auf seine Atmung und versucht, sie zu verlangsamen. Ist der dadurch beabsichtigte Entspannungseffekt eingetreten, vergegenwärtigt er sich die Gehbewegung aus der Innenperspektive. Anschließend versucht er, in der Gehbewegung dieser Vorstellung möglichst nahezukommen. Erste erfolgreiche Umsetzungsversuche steigern die Kompetenzüberzeugung, sodass das Training des freien Gangs bald auch selbständig durchgeführt werden kann.

5 Schritte des Mentalen Trainings

Anforderungsdauer

Schritt 1: Instruktion

Schritt 2: Beschreiben

Schritt 3: Internalisieren

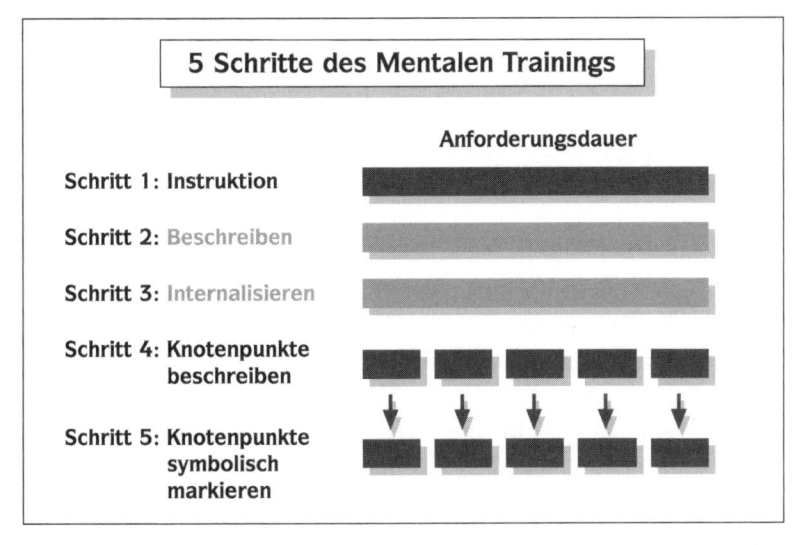

Schritt 4: Knotenpunkte beschreiben

Schritt 5: Knotenpunkte symbolisch markieren

Abbildung 29 Beim beschriebenen Mentalen Gehtraining standen die Schritte 1 sowie 4 und 5 für den Patienten im Mittelpunkt

4.7 Judo – Tauchrolle zum Armhebel

In der Praxis des Judo wird Juji-Gatame, eine Tauchrolle zum Armhebel, mit Mentalem Training in 5 Schritten erarbeitet und trainiert (Eberspächer & Mayer 2003). Zielperson des folgenden Programms ist ein Judoka, der zwar noch keinen Meistergrad (Dan), aber einen höheren Schülergrad (Kyu) aufweist.

Schritt 1: Instruktion

Der Trainer, in diesem Falle Uwe Mosebach, beschreibt die Technik alters-, leistungs-, ziel- und situationsangemessen und verdeutlicht sie durch Vormachen, Abbildungen, Zeichnungen und so weiter: „Der Partner befindet sich vor dir in der hohen Bankposition. Du belastest ihn und steigst von hinten mit der Hacke zwischen Knie und Seite des Partners ein. Dein Bein rutscht weit um seinen Bauch herum – so, dass der Fuß auf der anderen Seite wieder herausschaut. Mit beiden Armen umgreifst du von außen Arm und Oberschenkel des Partners. Jetzt tauchst du mit dem Kopf unter dem Partner deinem Fuß hinterher und rollst um ihn herum. Danach wird der Uke (japanisch: der verteidigende Kämpfer) festgelegt und der Armhebel vollendet."

Schritt 2: Beschreiben

Der Judoka muss die vom Trainer instruierte Technik jetzt aus seiner Sicht beschreiben und Wort für Wort (!) aufschreiben:

- „Ich übersteige Ukes Rücken mit dem rechten Bein, mit meiner rechten Hand umfasse ich Ukes Bein in Höhe des Oberschenkels und umgreife mit der linken Hand seinen Ärmel.
- Ich rolle jetzt über meine rechte Schulter, versuche aber dabei, unter Uke zu kommen. Mit Schwung nehme ich ihn in die Rollbe-

wegung mit, wenn ich auf den Rücken gerollt bin, ist Uke über mir.
- Um Uke zu belasten, kommt mein linkes Bein über seine Kopf-Hals-Partie, meine Beine klemmen seinen Arm ein. Ukes Arm wird von meinen Händen lang gestreckt in Richtung seines kleinen Fingers und fixiert. Mein Becken drückt nach oben, der Hebel wirkt."

Schritt 3: Internalisieren

Beim Internalisieren wird die Technik mental/subvokal beschrieben, also auswendig gelernt, gesprochen, als Bild, als Ablauf, bis die Technik „sitzt" und wie ein inneres Drehbuch ablaufen kann. Dazwischen geht man immer wieder ins Dojo (Übungsraum), um seine Worte, seine Bilder und die Abläufe im Tun zu überprüfen, anzupassen und zu verändern, vor allem auch in Rück- und Absprache mit dem Trainer. Dabei werden sich manche Bewegungsphasen als besonders wichtig herausstellen: Weil ihre Ausführung wenige Freiheitsgrade lässt, muss hier alles passen. Falls man an einer kritischen Stelle einen Fehler macht (Beispiel Griff oder Eindrehen oder Ähnliches), geht es nicht weiter, weil das Folgende nicht mehr gelingen kann. Solche Phasen der minimalen Freiheiten nennt man Knotenpunkte. Sie werden im nächsten Schritt herausgearbeitet.

Schritt 4: Knotenpunkte beschreiben

Der Judoka bestimmt nun die für seine Bewegungsausführung relevanten Knotenpunkte und beschreibt sie. Bei unserem Beispiel wären folgende Knotenpunkte denkbar:

- Übersteigen des Uke,
- Arm und Bein ergreifen,

- „Tauchen"/Rollen mit Uke,
- Überschwingen des Beines,
- Ukes Arm lang machen in Richtung seines kleinen Fingers,
- Hebeln, Becken hochdrücken.

Schritt 5: Knotenpunkte symbolisch markieren

Damit die Knotenpunkte flüssig beim Bewegungsablauf passen und mitgesprochen werden können, symbolisiert sie der Judoka rhythmisch und dem Bewegungsrhythmus angepasst. In unserem Beispiel wurde folgender Rhythmus der Knotenpunkte gewählt:

- übersteigen – **„fassen"** (lang)
- zufassen
- „tauchen" – **„drehen"** (kurz)
- überschwingen
- lang machen – **„strecken"** lang)
- hebeln

5 Schritte des Mentalen Trainings

Anforderungsdauer

- Schritt 1: Instruktion
- Schritt 2: Beschreiben
- Schritt 3: Internalisieren
- Schritt 4: Knotenpunkte beschreiben
- Schritt 5: Knotenpunkte symbolisch markieren

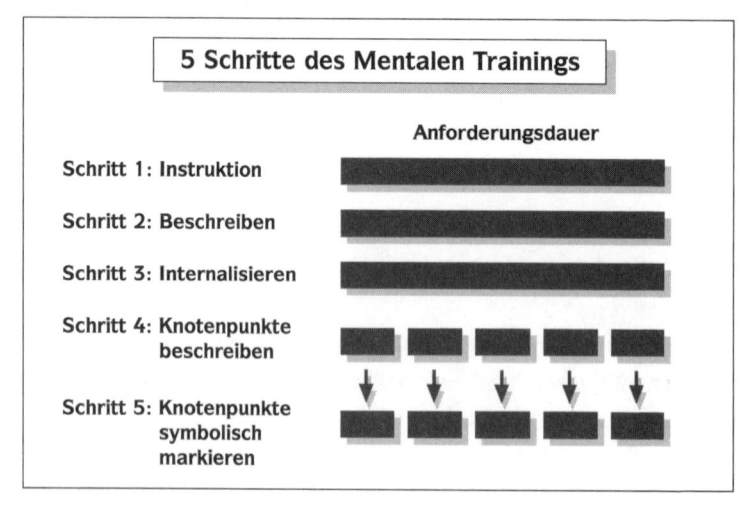

Abbildung 30 Im obigen Text wurden alle fünf Schritte Schritt 1 bis Schritt 5 des Juji-Gatame (Tauchrolle zum Armhebel) im Judo durch Mentales Training beschrieben und erarbeitet

4.8 Der Abteilungsleiter – im Statement kompetent überzeugen

Das Ziel

Ein Statement kann ein Diskussionsbeitrag oder auch die Abgabe und Erläuterung eines Standpunkts sein. Es gehört zum beruflichen Alltag von Führungskräften und Managern, vor Gruppen oder in der Öffentlichkeit zu einem Thema Stellung nehmen zu müssen.

Oft wird das Statement spontan abgegeben, um zum Beispiel die Kollegen von der eigenen Sicht der Dinge zu überzeugen. Je klarer das Statement und die darin enthaltene Begründung der Kernaussage, desto überzeugender ist die Wirkung. Mithilfe einzelner Stufen des Mentalen Trainings ist es möglich, ein Statement/eine Kurzrede spontan oder mit sehr kurzer Vorbereitungszeit treffend und gut strukturiert vorzutragen. Dies wird im Folgenden am Beispiel eines Abteilungsleiters beschrieben, der die Geschäftsführung davon überzeugen möchte, für ein laufendes Projekt zwei zusätzliche Mitarbeiter einzustellen.

Der Abteilungsleiter weiß, seine Argumentation muss gut sein, denn mit Blick auf die Personalkosten würde die Geschäftsführung es bevorzugen, das Projekt mit dem vorhandenen Personalbestand durchzuführen. Deshalb möchte er die folgenden drei Argumente mit Nachdruck vortragen:

- Zeitgewinn (somit tragen sich die Kosten),
- Qualität des Arbeitsergebnisses (durch Entlastung der anderen Mitarbeiter),
- Freiräume für andere Mitarbeiter (die dann schon in weiteren Projekten mit eingesetzt werden können).

Da dem Abteilungsleiter inhaltlich klar ist, was er sagen möchte, kann er sogenannte Kettenformeln (Hermann & Schmid 2002) nutzen und mental trainieren, um seinen Beitrag sicher und zielgerichtet sprechen zu können.

Die 3-B-Kettenformel

Die 3-B-Formel ist sehr einfach aufgebaut und hat drei bedeutsame Elemente: die Behauptung, die Begründung und die Bekräftigung.

Die drei Elemente dienen als Knotenpunkte für das Abspeichern eines kürzeren monologischen Redebeitrags. Viele Führungskräfte verwenden diese Formel, um andere kurz, eindeutig und nachdrücklich von der eigenen Sichtweise zu überzeugen.

Behauptung
↓
Begründung
↓
Bekräftigung

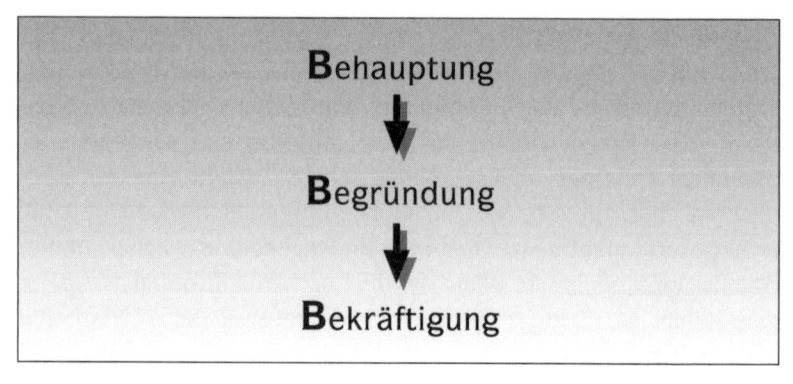

Abbildung 31 Die 3-B-Formel (aus Hermann & Schmid 2002)

1. Knotenpunkt eines Statements: Behauptung

Mit der Behauptung benennt ein Redner in einem Statement die Kernaussage beziehungsweise den eigenen Standpunkt. Der Abteilungsleiter zum Beispiel könnte sein Hauptanliegen schon im ersten Satz folgendermaßen zum Ausdruck bringen: „Für unser neues Projekt benötige ich dringend noch zwei Mitarbeiter!"

Im Statement ist es wichtig, unmittelbar auf den Punkt zu kommen. Die Angesprochenen sollen sich sofort mit der Zielrichtung und dem Kerngedanken vertraut machen. Wichtig ist, dass die Behauptung (Kernaussage) positiv formuliert ist. Zuhörer lassen sich durch ein Anstrebungsziel („Für unser Projekt benötige ich dringend noch zwei

Mitarbeiter!") leichter überzeugen als durch eine Negativ-Aussage („Mit den vorhandenen Mitarbeitern kann das Projekt nicht rechtzeitig zu Ende gebracht werden"). Ein Statement, in dem nur erläutert wird, gegen was der Redner ist und warum er dagegen ist, spricht niemanden an.

2. Knotenpunkt eines Statements: Begründung

Argumente dienen zur Begründung der Kernaussage. Sie müssen so gestaltet sein, dass sie keine neuen Behauptungen aufstellen, sondern ausschließlich das bereits Formulierte stützen. Der Abteilungsleiter nimmt Bezug auf seine Kernaussage, zum Beispiel mit den Worten:

- „Mit zwei weiteren Mitarbeitern können wir entscheidend schneller arbeiten, sodass sich der personelle Mehraufwand auch finanziell rechnet."
- „Die Entlastung der anderen Mitarbeiter führt zu höherer Qualität und damit zu weniger Reklamationen des Kunden."
- „Zudem haben wir die Chance, einen unserer erfahrenen Mitarbeiter in wenigen Tagen in das nächste Projekt einzubinden, weil die Restarbeiten kein größeres Problem mehr darstellen."

In ein Statement gehören maximal drei Argumente – es sollten die drei stärksten Argumente für die Behauptung sein. Sollten noch weitere Begründungen zur Verfügung stehen, können sie eventuell für die weitere Diskussion verwendet werden. Wer in einem Statement mehr als drei Argumente zur Stützung der Kernaussage einsetzt, „erschlägt" entweder die Zuhörer oder beschädigt mit schwächeren Argumenten die bereits genannten besseren. Weniger klar und damit auch angreifbarer wird das Statement, wenn in der Argumentation Dinge angesprochen werden, die den Rahmen der Kernaussage sprengen. Im oben genannten Beispiel kann ein Satz wie: „Außerdem arbeiten wir sowieso seit Jahren mit viel zu wenig Leuten", dem Ziel des Statements abträglich sein. Die Gefahr ist groß, dass die Geschäftsleitung sich davon angegriffen fühlt und den Ausführungen schon deshalb mit Skepsis begegnet.

Bei der Auswahl der Argumente kommt es darauf an, welche Begründungen für die Zuhörenden die derzeit entscheidenden sind. Vielleicht gibt es noch weitere gute Argumente, zum Beispiel: „Dann haben wir mit dem Betriebsrat weniger Diskussionsbedarf wegen der Überstunden." Trotzdem ist es für den Vorstand im Moment wenig relevant, weil eine entsprechende Vereinbarung mit dem Betriebsrat getroffen wurde.

3. Knotenpunkt eines Statements: Bekräftigung

Zum Abschluss eines Statements/einer Kurzrede formuliert man die Kernaussage nochmals neu, aber mit der gleichen Zielrichtung. Hierbei können die Zuhörer auch direkt im Sinne einer Handlungsaufforderung angesprochen werden. Im Beispiel könnte dies sein: „Ich möchte Sie daher bitten, der Einstellung von zwei weiteren Mitarbeitern für dieses Projekt zuzustimmen."

Der Abteilungsleiter bleibt damit eng an seiner Kernaussage und macht keine ablenkenden, neuen Diskussionsfelder auf. Ein Zusatz in der Bekräftigung („... damit endlich die Stimmung bei den Mitarbeitern besser wird") kann von der Kernaussage und von der Aufforderung an die Angesprochenen wegführen. Wer keine neue Formulierung zur Bekräftigung parat hat, wiederholt einfach die Kernaussage: „Deshalb benötige ich für unser Projekt dringend zwei weitere Mitarbeiter!"

Die mentale Landkarte eines Statements

Die drei Knotenpunkte des Statements/der Kurzrede – Behauptung, Begründung und Bekräftigung – sind das Grundgerüst der mentalen

Landkarte eines Statements. Durch das Wiederholen der Behauptung in der Bekräftigung entsteht eine Klammer um die Argumente, die dem Anliegen mehr Nachdruck verleiht. Außerdem entgeht keinem der Zuhörer die entscheidende Botschaft, da sie ja zweimal genannt wird. Vor allem aber ermöglicht es die 3-B-Formel, sich schnell und sicher auf kurze Redebeiträge vorzubereiten: Als in sich geschlossene Argumentationskette ist sie leicht zu behalten und kann auch leicht wieder aufgerufen werden. Das freie Sprechen ist somit wesentlich erleichtert, weil man über eine mentale Landkarte verfügt. Aber auch für den Fall, dass nicht mehr genügend Zeit für eine kurze Vorbereitung zu Verfügung steht, gibt die Kettenformel Sicherheit. Man braucht den Mut und die Kompetenzüberzeugung (siehe Kapitel 3.6.4), gleich zu Beginn die Behauptung auszusprechen! Dadurch ist man gezwungen, entsprechend der Kernaussage zu argumentieren. Der schlüssige Eindruck des Statements ergibt sich durch die abschließende Bekräftigung, die in ihrem Kern lediglich den ersten Satz mit anderen Worten wiederholt.

Mentales Training in drei Schritten

Sollte mehr und ungestörte Zeit zur Vorbereitung eines Beitrags vorhanden sein, bietet das Mentale Training ungeübten Rednern auch in der hier skizzierten 3-Schritt-Form die Möglichkeit, auch längere Beiträge nahezu frei zu sprechen (Hermann & Schmid 2002).

- Bei Redebeiträgen von fünf bis zehn Minuten Länge wird zunächst der Inhalt komplett aufgeschrieben (Schritt 2: Beschreibung).
- Anschließend wird der Text mehrmals laut durchgelesen, bis der Inhalt verinnerlicht ist (Schritt 3: Internalisierung). Ein komplettes Auswendiglernen ist nicht notwendig!
- Im dritten Schritt wird den Haupttextabschnitten (zum Beispiel Einleitung, Hauptteil und Schluss) jeweils ein entscheidendes, inhaltlich passendes Stichwort (Schritt 4: Knotenpunkt) gegeben. Beim Üben des Beitrags stehen auf dem Stichwortzettel nur noch die Knotenpunkte.

Der Redebeitrag kann dann später vor dem Zielpublikum entweder ganz frei oder mit einem gelegentlichen Blick auf den Stichwortzettel gehalten werden.

4.9 Der Weg zum Judo-Olympiasieg – Ole Bischof

Können Top-Leister von Spitzensportlern lernen?

Im Spitzensport verdichten sich Grundzüge jeder Wettbewerbs- und Leistungskultur auf den schmalen Grat zwischen Durchbruch und Einbruch. Manche Entwicklungen lassen diese Kultur nicht gerade im strahlenden Licht erscheinen, aber trotzdem bieten Spitzensportler mit ihren Leistungen und dem, was sie in Kauf nehmen, um ganz vorne dabei zu sein, Anschauungsmaterial und man kann von ihnen lernen. Ole Bischof, der Judo-Olympiasieger von 2008, steht für viele, die über den Spitzensport einen Weg zum Erfolg – und zu sich selbst suchen. Ein Interview mit ihm erlaubt uns einen Blick hinter das fernsehgerecht präparierte Geschehen und zeigt, wie sich ein Athlet im internationalen Wettbewerb erfolgreich vorbereitet und behauptet.

Für viele stand am Anfang ihrer Karriere ein Traum, „WM" oder „Olympia" hieß das höchste Ziel, ihre Vision. Einmal dabei sein, einmal vielleicht ganz oben stehen. Auch Personalentwickler heben gerne den Wert von Visionen als persönliche Leitideen hervor. Dabei sind Visionen vergleichsweise billig zu haben. Spitzensport unterscheidet sich da in nichts von Unternehmen. Die eigentliche Nagelprobe steht erst in der Routine zwingend harter Trainingsbelastungen an – Tag für Tag. Im Alltag verliert jede Vision ihren Glanz, gelegentlich sogar ziemlich entbehrungsreich. Training ist Routine, bei jedem Wetter, über weite Strecken, mit erheblichem Aufwand. Für die meisten läuft das Training neben Schule und Beruf und, sieht man vom Star-Fußball einmal ab, abseits der Öffentlichkeit, auf der Hinterbühne. Das Ganze teils in einem Alter, in dem die Freunde noch die Komfortzone elterlicher Fürsorge genießen. Systembestandteil des Spitzensports ist permanentes Monitoring, planmäßig, systematisch, kontrolliert. Persönliche Leistung wird in kaum einem anderen Bereich der Gesellschaft so gnadenlos objektiv erfasst wie hier. Spitzensportler sind heute (Stichwort Dopingkontrolle) in einem Umfang „gläsern", den die meisten Zuschauer und Fans zwar fordern, für sich persönlich aber wohl kaum akzeptieren würden. Wie Athleten in dieser vielschichtigen Beanspruchungslandschaft ihre Ziele motiviert und doch mit der nötigen Lockerheit verfolgen, nötigt mir allen Respekt ab.

Als öffentliche Personen muss erfolgreichen Spitzensportlern noch dazu der Spagat zwischen öffentlicher Vereinnahmung und persönlicher Identität gelingen. Denn die turnusmäßige Konfrontation mit Bewertungen „from zero to hero" in der medial vermittelten Sportwirklichkeit überstünden sie ansonsten nur schwerlich unbeschadet. Besonders evident wirkt der Jo-Jo-Effekt öffentlicher Vereinnahmung während der Olympischen Spiele, wenn plötzlich sogar in seriösen Medien Erfolg und Misserfolg bei der Medaillenjagd über öffentliche Nobilitierung oder Häme entscheiden. Natürlich genießen Erfolgreiche die öffentliche Vereinnahmung als die Glamour-Seite, die, auch mit Blick auf Sponsoren, als Teil der Gratifikation zum Spitzensport gehört. Auf der Kehrseite, in Zeiten der Erfolglosigkeit mit Niederlagen und Verletzungen, hört man oft von einem einsamen Kampf. Auch dann immer wieder gegen Selbstzweifel anzutrainieren, um dem Räderwerk mentaler Selbstzerfleischung zu entkommen, gelingt nur auf dem mentalen Fundament eines realistisch positiven Selbstbilds. Es formiert sich um die eigenen Stärken. Diese nicht nur zu kennen, sondern sie überzeugt, erfolgszuversichtlich, aktiv und flexibel dann einzubringen, wenn es darauf ankommt, gilt als Kern jeder Krisenbewältigung wie jeder Erfolgszuversicht.

Spitzenleistungen gelingen nur erholt, als Phase eines in den Lebensplan integrierten Rhythmus zwischen Belastung und Erholung. Angesichts des heute notwendigen und realisierten Trainingsaufwands und Wettkampfkalenders respektieren Spitzensportler diesen Rhythmus als Selbstverständlichkeit. Im Vergleich dazu wirkt das Regenerationsverhalten im normalen beruflichen und privaten Alltag alles andere als systematisch. Professionell wirkt es schon gar nicht. Zu beeindrucken vermag allenfalls, wie dort trotz dieser Regenerationslücke hohe und höchste Leistungserwartungen gestellt und eingefordert werden. Folgen dieser Misswirtschaft mit persönlichen Ressourcen, die kein erfolgreicher Spitzensportler unbeschadet überstünde, stehen seit einiger Zeit als Burnout in der öffentlichen Diskussion.

Olympiasieger 2008

Beim olympischen Judoturnier in Peking am 12. August 2008 holte Ole Bischof die Goldmedaille im Halbmittelgewicht. Seinen Finalgegner, den Südkoreaner Jaebum Kim, besiegte er vorzeitig mit einer Fußtechnik. Bischofs Weg ins Finale führte über den Weltmeister von 2007, Tiago Camilo aus Brasilien. Bei den Weltmeisterschaften 2009 in Rotterdam gewann er dann nach einigen vorzeitigen Siegen und mit einer Niederlage gegen den späteren Weltmeister die Bronzemedaille in seiner traditionell sehr gut besetzten Gewichtsklasse bis 81 Kilogramm.

Das Schlüsselerlebnis

In einem Gespräch erinnert sich der 1979 geborene Ole Bischof noch sehr gut an ein Schlüsselerlebnis, mit dem der Weg seiner schließlich so erfolgreichen Karriere begann.[2] Seine Eltern waren beide Sportlehrer, der Vater war als Judoka und Trainer erfolgreich. „Es war während der Olympischen Spiele in Seoul 1988. Mein Vater war

---

2 Grundlage für die folgenden Ausführungen ist ein Interview, das der freie Journalist Ralf Meutgens im Januar 2011 mit Ole Bischof führte.

Trainer von Marc Meiling, der damals die Silbermedaille im Judo errang. Ein wahnsinniger Erfolg, den wir alle gefeiert haben. Ich war gerade acht Jahre alt und Marc ein 95 Kilogramm schwerer und zwei Meter großer Hüne. Wenn der vor mir stand, reichte ich diesem Giganten gerade einmal bis zur Hüfte." Zwei Fragen an seinen Vater trieben den Knirps Ole um: „Warum hat Marc nicht die Goldmedaille gewonnen? Glaubst du, dass ich einmal die Goldmedaille gewinnen kann?" Ziemlich verwundert über diese Fragen gaben die Eltern zu bedenken, dass es schon ein sehr großer Erfolg sei, sich überhaupt für die Olympischen Spiele zu qualifizieren. Und dann die Silbermedaille zu erringen, sei ein gigantischer Erfolg. Aber gleichzeitig sei die Antwort des Vaters auch gewesen: „Natürlich kannst du Gold gewinnen, wenn du es wirklich willst." Das, berichtet Ole Bischof heute, habe ihm so viel Kraft gegeben wie kein anderes Ereignis. Von da an sei er beseelt gewesen von der Vorstellung, wenn sein Vater an ihn glaube, dann könne er es auch schaffen. Damit war für ihn im wahrsten Sinne des Wortes sein olympisches Feuer entzündet, das bis heute in ihm brennt. Interessant ist vielleicht, dass sein Vater als Trainer im Laufe von Bischofs Judokarriere so gut wie keine Rolle spielte. „Einem möglichen Druck durch den eigenen Vater bin ich, möglicherweise unbewusst, aus dem Weg gegangen. Ich habe viel mit Trainern in anderen Vereinen gearbeitet und bin mit 18 Jahren von Reutlingen nach Köln gezogen."

Die Freude am Judo

Von Beginn an passte in seiner Karriere alles zusammen. Bischof hatte Spaß an der spielerischen Rangelei, was altersspezifisch und auch richtig war. Den Judoanzug fand er „einfach chic". Er wurde älter, spürte, dass seine Muskelmasse zunahm, und konnte auch diese Entwicklungsphase im Judo optimal gestalten. „Dazu kam ein besonderes Gefühl der Zusammengehörigkeit im Kreise meiner Judofreunde. Das war es auch, was mir über die schwierige Phase der Trennung meiner Eltern hinweghalf." Eine Sache lerne man besonders im Judo:

„Man sieht sich immer zweimal im Leben." Bis heute hat sich an Bischofs Liebe zum Judo nichts geändert, auch wenn sich vieles in seinem Leben geändert hat. Der Sport macht ihm Freude wie ganz zu Beginn. Besonders diese Freude an der Sache sei wichtig. „Die erfolgreichsten Sportler sehe ich oft beim Judo lachen. Das heißt nicht, dass sie unkonzentriert sind oder blöde Witze machen. Nein, es ist einfach die Freude am Judo. Auch dann, wenn man geworfen wird und auf die Matte knallt."

Gelegentliche Selbstzweifel

Im Laufe der Zeit kam er auch einige Male vom Weg ab, es plagten ihn Selbstzweifel, besonders vor dem Sprung von der Junioren- in die Männerklasse. Vielleicht sieht er sich, bezogen auf seine großen internationalen Erfolge, deshalb eher als Spätzünder. Dazu kam die Ehrfurcht vor den asiatischen Nationen. Aber Kraft gab ihm auch immer wieder die Erinnerung an die Äußerung seines Vaters. Er wurde deutscher Meister bei den Junioren, ging nach dem Abitur zur Bundeswehr, wo er unter optimalen Bedingungen trainieren konnte, und begann im Anschluss ein Studium. Sein erster dreiwöchiger Aufenthalt in Japan war eine neue, bleibende Erfahrung. Es gab aber auch kritische Phasen in Bischofs Karriere. Zum Beispiel, als er im ersten Kampf eines Wettbewerbs im Ausland nach 20 Sekunden bereits verloren hatte und es für ihn wieder nach Hause ging. Vorbereitung, Flug, Hotel, Startgeld – auf den ersten Blick alles umsonst. Doch umsonst waren diese Erfahrungen ebenso wenig wie eine schwere Knieverletzung oder die Nicht-Nominierung für die Olympischen Spiele 2004. Bischof entschied stets, weiterzumachen, noch härter an sich zu arbeiten, und wurde bei den Olympischen Spielen in Peking dafür mit der Goldmedaille belohnt. „Niederlagen muss man sich selbst gegenüber sehr ehrlich analysieren", umschreibt Bischof die Art und Weise, wie er damit umgeht.

Die Motivation

Seine Motivation war, jeden Tag ein bisschen besser zu werden. Seine Ziele waren realistisch gewählt, sehr anspruchsvoll, aber machbar. Einmal konnte er sich nicht für die süddeutschen Meisterschaften qualifizieren. Das war nicht geplant, führte aber dazu, dass seine kämpferischen Qualitäten durch diese Erfahrung gestärkt wurden. „Ich bin als Judoka und auch als Mensch nicht perfekt. Darum geht es aber auch nicht. Es geht darum, ständig an sich zu arbeiten, um besser zu werden. Das betrifft gleichermaßen Körper und Kopf." Wichtig sind für Bischof die Werte, die im Judo unverrückbar gelten: Moral, Höflichkeit, Mut, Aufrichtigkeit, Ehrlichkeit und Respekt, besonders vor Älteren. Er hat diese Werte verinnerlicht und lebt danach. Das permanente Streben nach Verbesserung sieht er wie eine Reise, die auch nach dem Ende seiner sportlichen Karriere nicht aufhören sollte. Eine Reise, die ihre Navigationspunkte bisher durch den Sport erfahren hat. Erfolge im Sport sind nach seiner Überzeugung untrennbar mit der gesamten Lebenseinstellung verbunden. Beides muss eine synergetische Einheit bilden und das Wissen um diese Einheit verleiht die notwendige Kraft für den sportlichen Erfolg. Allerdings sei die Einstellung seinem Gegner gegenüber auch ein wenig von Egoismus geprägt. „Wenn ich meinem Trainingspartner mit einem Armhebel den Arm breche, dann kommt er ein halbes Jahr nicht mehr zum Training. Ich bin lieber anständig und unterstütze meinen Gegner dabei, besser zu werden, denn nur so kann auch ich besser werden."

Durch ständige Verletzungen oder Niederlagen kann einem der Spaß fraglos phasenweise abhandenkommen. Je nachdem sollte man entsprechend handeln. „Wer in der Ersten Bundesliga kämpft und immer nur verliert, der sollte sich überlegen, ob es nicht besser ist, in die Zweite Liga zu wechseln. Im Einzelfall muss man seine Zielsetzung überdenken und neu definieren. Man kann sogar auch eine Zeit lang auf Wettkämpfe verzichten und Judo als Breitensport betreiben. Man sollte aber immer ehrlich gegenüber sich selbst sein, wenn man wirklich etwas erreichen will."

Das Umfeld

Eine besondere Bedeutung misst Bischof dem Umfeld bei. Eine gute Entwicklung sei nicht möglich, wenn das Umfeld und besonders der Trainer nicht passten. Es sei wichtig, dass die Vorgaben des Trainers in Zusammenarbeit mit dem Sportler entstünden, er müsse die Entscheidungen des Trainers nachvollziehen können. Nur dann kann er zu 100 Prozent dahinterstehen und die Anweisungen entsprechend kompromisslos und ehrgeizig umsetzen, so Bischof. Daraus erwachse dann die volle Kraft, auf der sich ein sportlicher Erfolg aufbaut. Diese Kraft helfe auch, über kritische Momente hinwegzukommen. Eine schwierige Umstellung hat Bischof vor Kurzem erfahren: Sein langjähriger Trainer, mit dem er sehr erfolgreich zusammengearbeitet hat, hat sich beruflich verändert. Zudem kamen nach dem Olympiasieg in Peking andere, neue Verpflichtungen auf ihn zu. Auf einmal musste Bischof zu Empfängen, gesellschaftlichen Veranstaltungen und Presseterminen erscheinen. Aber er hat gelernt, Prioritäten zu setzen. So hat er als amtierender Olympiasieger nicht an einer deutschen Meisterschaft teilgenommen. „Ich kann mir schon die Überschrift in der Presse vorstellen: Deutsche Meisterschaft ohne Ole Bischof." Aber in der momentanen Phase habe er einfach einen zu harten internationalen Wettkampfkalender, und da gehe es um die entscheidenden Punkte hinsichtlich der nächsten Olympischen Spiele. Zudem hätte er für die nationale Meisterschaft mindestens fünf Kilo „Gewicht machen" müssen, um wieder in seiner Klasse bis 81 Kilogramm an den Start gehen zu können. Hier hat er seine eigene Perspektive als Grundlage für seine Entscheidung herangezogen. Zwar könne es zu Interessenkonflikten mit dem Verband kommen, der eine nationale Meisterschaft natürlich durch die Teilnahme des Olympiasiegers aufwerten will. Aber in diesem Fall ziehe man an einem Strang. „Allerdings muss ich aufpassen, dass ich nicht als Diva gelte und entsprechend auch in den Medien rüberkomme." Die deutsche Meisterschaft habe für ihn in den letzten 15 Jahren einen sehr großen Stellenwert gehabt. Als amtierender Olympiasieger, der in knapp eineinhalb Jahren seinen Titel verteidigen will, gelten nun allerdings andere, internationale, Prioritäten.

Siege, Niederlagen und Verletzungen

In den Jahren habe er, so erzählt Ole Bischof, im Judo viele Wege erlebt, um zu gewinnen, aber auch genauso viele, die zu einer Niederlage führen können. Man könne die Schuld zum Beispiel nicht auf die Kampfrichter abwälzen. Man muss im Gegenteil auch deren Verhalten analysieren. „Wenn ich meine, dass Kampfrichter mich benachteiligen, dann muss ich mich fragen: Warum ist das so?" Es könne durchaus sein, dass irgendetwas im eigenen Verhalten von den Kampfrichtern als respektlos interpretiert wird. Ebenso müsse man sich überlegen, wie man auf das Publikum wirkt, ob man vielleicht gelegentlich sogar als arrogant angesehen wird. Man müsse einen Schritt zurücktreten und sich selbst in der Rolle des Judoka betrachten und beurteilen. Das gehört zu dieser Sportart einfach dazu. Auch der Umgang mit Verletzungen muss konsequent und zielgerichtet erfolgen. „Ich muss mir Trainingsalternativen überlegen, um nicht zu viel an Form zu verlieren und gleichzeitig wieder gesund werden zu können." Dazu gehöre, dass man sich nicht nur auf die Meinung eines Arztes verlasse. Wichtige Aspekte seien auch das Umfeld und die Art und Weise, wie und wann Hilfe angeboten wird. Bischof hat in Zeiten von Verletzungen sehr viel über seine Mitmenschen gelernt. Es sei sehr anstrengend, wenn man sich erst die richtigen heraussuchen müsse, die einem bezüglich des Trainings, der medizinischen Versorgung oder im Alltag helfen können. „Aber es gibt eben auch die, die von meiner Verletzung erfahren haben und von sich aus anrufen, sich anbieten oder auch gute Tipps geben können. Man lernt dann schon, wer in welcher Weise an mir und meinem Erfolg Interesse hat." In Zeiten von Verletzungen müsse man sich bewusst machen, dass ein bestimmtes Leistungsniveau trotz des fehlenden judospezifischen Trainings zu halten ist. Es sei wie mit dem Radfahren, das man ja auch nicht verlerne. Zwar habe er es als Kampfsportler nicht wie etwa ein Gerätturner immer mit einem unveränderten Gerät, sondern mit menschlichen Gegnern zu tun, doch die jeweiligen Techniken habe man derart verinnerlicht, dass sie auch nach einer verletzungsbedingten Pause nahezu unverändert abrufbar seien. Das ist auch eine Sache des Kopfes, der sich dieser Stärke bewusst ist. Eine Stärke, die durch das zigfache Wiederholen einer bestimmten Technik im Training entstanden ist. Bischof spricht in diesem Zusammenhang von einer wettkampfstabilen Technik. Nur im Training könne experimentiert werden, wenn es um den Einsatz einer neuen Technik gehe.

Es gibt im Judo Trainingsweltmeister, die im Wettkampf völlig blockieren und wie ein Schatten ihrer selbst auftreten. Im Training kommt es zu 90 Prozent auf körperliche und technische Fertigkeiten an und nur zu zehn Prozent auf mentale. Im Wettkampf dagegen ist die Gewichtung genau entgegengesetzt, hier spielt der Kopf die entscheidende Rolle. Leichter sei es sicher, wenn eine Technik in einem anderen Wettkampf bereits erfolgreich eingesetzt worden sei. Was einmal bereits funktioniert habe, gebe auch entsprechende mentale Stärke. Im Judo gibt es eine spezielle Trainingsform, die diese mentale Stärke aufbauen kann: das Randori. Hier wird über fünf Minuten mit einem Partner hart trainiert. Nach einer kurzen Pause geht es fünf Minuten mit dem nächsten Partner weiter, und das oft über zwei Stunden. „Wer sich durch Gespräche oder andere äußere Einflüsse ablenken oder die Gedanken zu weit abschwenken lässt, der wird kein Guter. Hier ist äußerste Konzentration gefordert." Die hört auch offenbar nachts nicht auf. Bei Bischof ist es vorgekommen, dass eine bestimmte Technik nicht richtig funktioniert. „Dann schlafe ich eine Nacht drüber und am nächsten Tag funktioniert es. Ich lerne sehr viel, mein Kopf speichert sehr viel und arbeitet offenbar auch nachts."

Rituale

Mit der entsprechenden mentalen Einstellung geht Bischof auch beim nötigen und ständig wiederkehrenden Gewichtmachen vor (es geht dabei um das Erreichen des Wettkampfgewichts von 81 Kilogramm). „Vorher beginnt eine bestimmte Routine, fast schon ein Ritual: Ich räume meine Wohnung auf, achte auf ein entspanntes familiäres Verhältnis und kann dann ganz entspannt losziehen. Ich hab zu Hause keine unerledigten Dinge mehr, kann zum Wettkampf, meistens im

Ausland, aufbrechen und mit dem Gewichtmachen beginnen. Ich fühle mich frei, nichts belastet mich mental und dann geht es an die Entlastung des Körpers." Nach dem Wiegen vor dem Wettkampf geht es dann darum, die inhaltlich und mengenmäßig richtige Nahrung zu sich zu nehmen, um wieder zu den gewohnten Kräften zu kommen. Hier hilft es ihm auch, dass er auf viele derartige Situationen zurückgreifen kann, die er erfolgreich bewältigt hat. Die Routine gibt ihm diesbezüglich die nötige Sicherheit. Rituale bestimmen auch das Aufwärmen vor einem Kampf. „Wenn möglich, habe ich immer denselben Partner. Wir erzählen uns teilweise immer wieder dieselben Witze. Ich würde nie irgendeine Diskussion in Gang setzen, die wir vorher noch nie geführt haben." Dieses Abweichen von der Routine empfindet Bischof als eine unnötige Belastung. Das gilt auch für den Judoanzug. Er verlasse sich nur auf Material, das er vorher bereits erfolgreich getestet habe. Für ihn seien das sehr wichtige Details.

Wettkampfeinstellung

Kurz vor dem Wettkampf überprüft er, wie er sich fühlt, ob er zu schläfrig oder zu aufgedreht ist. Beides ist nicht optimal. Wenn man zu übermotiviert oder aufgedreht sei, mache man Fehler, die den Sieg kosten können. Das müsse er spüren, indem er in sich hineinhöre und hineinfühle. Dann fragt er sich: Habe ich fast Blut vor Augen? Würde ich am liebsten reingehen und den Gegner vernichten? „Ist das der Fall, versuche ich über eine bewusst langsame Atmung meinen Zustand zu ändern." Speziell die Ausatmung sei wichtig. Er schließe dann die Augen und stelle sich den Weg zum Wettkampf vor: wie er an die Matte geht, sich verbeugt und die Matte betritt. „Ich visualisiere, was gleich alles geschehen wird. Auch, welchen Griff ich nachher ansetzen will." Wenn er das nicht mache, könne es auch passieren, dass er zur falschen Matte gehe oder über ein Kamerakabel stolpere. Das seien für ihn Zeichen, dass er vom Kopf her nicht 100-prozentig vorbereitet sei. Fühle er sich dagegen total entspannt, so als ob er gerade aus dem Freibad käme, sei das auch nicht der optimale Vorstartzustand. Ein untrügliches Zeichen sind bei ihm kalte Hände. „Dann muss ich mich selbst an den Haaren ziehen und entsprechend aufputschen. Ich schütte mir Wasser über den Kopf, gebe mir selbst eine Backpfeife, haue mir auf die Oberschenkel, stampfe mit den Füßen auf den Boden, höre entsprechende Musik oder mache zehn explosive Liegestütze." Insbesondere spreche er aber mit sich selbst. Er frage sich laut, ob er überhaupt gewinnen wolle, um sich selbst die Antwort zu geben: „Ja, ich will gewinnen!" Selbstgespräche seien ihm ein wichtiges Instrument, das er besonders gut beim Joggen einsetzen könne. „Meine Freundin sagt, dass ich im Schlaf häufig spreche und auch lache. Vielleicht arbeitet mein Gehirn dann besonders stark."

Mentales Training

Ole Bischof befasst sich bewusst mental intensiv mit seiner Sportart, er veranschaulicht sich Trainingseinheiten oder Wettkämpfe auch im Nachhinein gedanklich noch einmal. Von dem jeweiligen Gegner gibt es im Vorfeld eine ausführliche Videoanalyse. Er kenne dann die wichtigsten und gefährlichen Techniken des Konkurrenten und wisse, ob er im oder gegen den Uhrzeigersinn läuft, welche Griffe er einsetzt, ob er im Stand oder am Boden besonders stark ist und wie es um seine Kraft und Ausdauer bestellt ist. „Danach richtet sich dann meine Kampfgestaltung. Ein besonders starker und explosiver Gegner ist am Anfang sehr gefährlich. Den Kampf kann ich nach hinten heraus gewinnen. Ist er sehr zäh, dann muss ich davon ausgehen, dass er mich auch in der Verlängerung noch richtig scheuchen kann." Aber auch sich selbst per Video zu analysieren sei sehr hilfreich. „Bei einem Kampf habe ich einmal meine Auslage – ich kämpfe als Rechtshänder auch rechts herum – in die andere Richtung verlagert, ohne es zu merken. Das hat mich irgendwie gelähmt und ich bekam eine Strafe wegen passiven Verhaltens. Erst als ich mich nachher selbst auf Video gesehen habe, wurde mir das bewusst." So hofft er, diesen Fehler nicht mehr zu machen oder ihn beim nächsten Mal rechtzeitig zu erkennen und entsprechend darauf zu reagieren.

Ole Bischof führt Buch über seine Kämpfe und seine Gegner. Er vermerkt genau, was im Kampf funktioniert, was nicht und warum. Auch seine Beobachtungen und alle Informationen zu seinen Gegnern sind penibel aufgeführt. Wichtig sei, wie sich ein Gegner anfühle. Erst wenn man ihn an der Jacke habe, wisse man wirklich, wie stark er sei. Es gibt Athleten, die man allein von der Optik her als nicht so gefährlich einstuft. „Aber manche Eigenheiten wie einen extrem schnellen Hüfteinsatz oder einen fast nicht zu lösenden Griff spürt man erst, wenn man den Gegner fühlt. Diese Notizen sind für mich sehr wertvoll und helfen mir hervorragend. Ich lese sie mir durch, bevor ich gegen meine Gegner kämpfe."

Der Kampf

Bei Ole Bischof sind die einzelnen Techniken mittlerweile so gut abgespeichert, dass sie sitzen und im Kampf abrufbar sind. Er überlegt sich vorher, wie er den Gegner angreift, und setzt auch die entsprechenden Griffe an. „Nicht jeden Gegner fasse ich gleich an. Ich überlege schon, ob ich zuerst an sein rechtes oder linkes Revers fasse. Oder ob ich die Laufrichtung zu einem bestimmten Zeitpunkt ändere. Das alles überlege ich vorher, beschreibe es mental, habe es verinnerlicht, und wenn im Kampf dann die entsprechende Situation hergestellt ist, dann macht's ‚Rumms' und dann geht der D-Zug ab." Den optimalen Zeitpunkt gebe der Gegner vor. Grundsätzlich könne er in zwei Richtungen reagieren. So könne er nach hinten ausweichen oder nach vorne drücken. Das jeweilige Gefühl dafür habe er als Knotenpunkt abgespeichert, nach dem sich dann seine eigene Technik, Fußhebel oder Wurf, richtet. „Das ist eben das Judogefühl, so wie Schwimmer von einem Wassergefühl sprechen. Es kommen viele Erfahrungen und Fähigkeiten zusammen, die dann ein solches Gefühl ausmachen."

Dies alles muss im Vorfeld genau analysiert und berücksichtigt werden. Auf der Matte bleibt dafür keine Zeit. „Ich überlege mir dann vorher zwei oder drei Sachen, die ich im Kampf mit einem speziellen

Gegner ganz genau beachten werde, nicht mehr. Die versuche ich dann möglichst genau und erfolgreich anzuwenden. Das geht immer Schritt für Schritt. Sich auf mehr konzentrieren zu wollen ist nicht effizient."

Für Gedanken an Sieg oder Niederlage und die entsprechenden Folgen ist da einfach kein Platz. Allerdings kann es auch sein, dass nicht alles programmgemäß läuft. Entweder man merkt es, kann es sofort analysieren und entsprechend reagieren oder man muss sich eine Auszeit nehmen, um Zeit zu gewinnen. „Es kann zum Beispiel der Gürtel aufgehen. Den kann man dann schnell oder langsam binden." Für alle Fälle gebe es aber auch ein Notfallprogramm, das vorher einstudiert wird. „Wenn ich hinten liege und habe nur noch eine Minute, dann muss ich aufs Ganze gehen. Dann wende ich auch Techniken an, die ich sonst im Wettkampf nicht machen würde, weil sie noch nicht wettkampfstabil sind. Ich gehe bewusst ein Risiko ein, aber es ist mir dann auch egal, ob ich knapp oder hoch verliere. Je kürzer die Zeit ist, umso höher kann das Risiko sein, das ich aber bewusst eingehe, weil mein Ziel immer der Sieg ist." Dieses Umschalten auf das Notprogramm muss guten Athleten gelingen. Allerdings muss man sich auch die Zeit für diese Art der Vorbereitung nehmen. „Viele Athleten sprechen über Videoanalyse und Visualisierung, führen sie aber nicht oder nicht konsequent genug durch. Das muss nicht nur Teil des geschriebenen Trainingsplans sein, sondern es muss auch gemacht werden." Bei vielen Athleten sieht Bischof hier noch Verbesserungspotenzial. Er selbst sei damit bisher sehr gut gefahren und der Erfolg gibt ihm recht. Er geht einen Weg, auf dem er viele Erfahrungswerte gesammelt, analysiert, verinnerlicht und jederzeit abrufbar gespeichert hat. Neben der aktuellen körperlichen Fitness ist dies ein unverzichtbarer Teil seiner selbst und seiner Leistungsstärke, die Konstanz und Sicherheit gibt und für weitere Erfolge unabdingbar ist.

5 BURNOUT – WENN TOP-LEISTER AN IHRE GRENZEN KOMMEN

Beanspruchung ermüdet, übertriebene Beanspruchung erschöpft. Das probateste Mittel gegen Ermüdung ist Schlaf. Von Erschöpfung regeneriert man sich nicht von heute auf morgen, oft bedarf es dazu umfassender externer, zum Beispiel pharmakologischer und ärztlicher Hilfe, besonders wenn dieser Zustand des Ausgebranntseins sich über Tage oder Wochen hinzieht. Viele haben dieses Gefühl, dass der Akku leer ist, schon an Leib und Seele erfahren. Man kann betroffen sein, ohne Näheres darüber zu wissen, und niemand ist davor geschützt. Und doch stellen sich in dieser Beanspruchungs-Ermüdungs-Erschöpfungs-Problematik gerade bei Top-Leistern eine Reihe von Fragen, die nicht nur zeitgeistiger Aktualität, sondern durchaus der ernst zu nehmenden Kehrseite einer Top-Leistungskultur Rechnung tragen müssen.

Denn fraglos nehmen Top-Leister, um das Außergewöhnliche zu leisten, hohe Anforderungen jenseits alltäglicher Routine als Herausforderung an – und natürlich tun sie dies engagiert. Sie bewegen als Spitzensportler ihre Zuschauer emotional und bringen als Piloten ihre Passagiere auch unter widrigen Bedingungen sicher auf den Boden. Die sprichwörtliche chirurgische Präzision rettete schon manchen Patienten, und als Entscheider in Unternehmen sehen und nutzen Top-Leister nicht selten mit grenzwertigem Einsatz wirtschaftlich sinnvolle Perspektiven und Optionen. Aber auch Berufsgruppen wie Krankenhauspersonal, Polizisten, Schichtarbeiter oder Sozialarbeiter, um nur einige zu nennen, verausgaben sich oft über Jahre in einem Maß, das weit über die Routine hinausgeht. Viele bringen sich mit ungewöhnlichem Engagement und Idealismus ein, um mit solider

Sachkompetenz, natürlich gelegentlich auch mit Glück, den Ansprüchen an sich selbst wie an ihre Arbeit gerecht zu werden, ohne die keiner jemals Außergewöhnliches zu leisten vermochte.

Als Kehrseite solch hoch beanspruchenden Engagements jenseits der Routine klagen beruflich Engagierte und Top-Leister zunehmend über Gefühle des Ausgebranntseins. Auch Medienberichte, vor allem aber wissenschaftliche Abhandlungen belegen, dass nicht nur Angehörige dieser genannten Berufsgruppen, sondern auch Angehörige einer Vielzahl anderer Berufe quer durch unsere heutige Berufswelt durch steigende Beanspruchung immer häufiger an ihre körperlichen, aber vor allem mentalen Belastungs- und Leistungsgrenzen stoßen. Im Extremfall sind sie am Ende kaum mehr in der Lage, sich zu freuen oder Dinge, die ihnen Spaß gemacht und die sie als sinngebend empfunden haben, noch mit der nötigen Energie anzugehen, die sie über Jahre hinweg aufgebracht haben. Das reicht manchmal bis hin zur Unfähigkeit, ihren Alltag zu bewältigen. Die Rede ist von Burnout. Dessen Folgen belegen nicht nur steigende Ausgaben zur Rehabilitation psychischer Erkrankungen, steigender Psychopharmakakonsum und psychisch bedingte Produktionsausfälle, sie schlagen sich auch in den Statistiken von Rentenversicherern, Gesundheitsämtern und dem Statistischen Bundesamt eindrücklich nieder.

5.1 Burnout

Unstrittig wird Burnout inzwischen als Prozess in Lebens- und Arbeitsabläufen verstanden, der Handlungsepisoden oder -abläufe langsam, aber stetig stört. Schließlich gerät durch diese Störung das Zusammenspiel zwischen Person, Anforderungen und Umwelt aus der Balance. Oft trifft es die Besten, die gestellte Anforderungen mit hohem Idealismus und ambitioniertesten Ansprüchen an sich selbst angehen. Ihre Unzufriedenheit selbst mit dem bereits Erreichten versuchen sie dann durch gesteigerten Einsatz bis zum „Selbstverbrennen" zu kompensieren. Obwohl sie härter arbeiten, erreichen sie doch immer weniger, bis zum völligen Zusammenbruch ihrer körperlichen Bewegungs- und Handlungsfähigkeit.

5.1.1 Erste Anzeichen

Als erste Anzeichen erfahren Burnout-Betroffene unspezifische Symptome. Neben Schlaflosigkeit und Kopfschmerzen berichten sie auch über alle Arten von Verdauungsbeschwerden. Emotional zieht sie eine ungewohnte Lust-, Energie- und Antriebslosigkeit, begleitet von Niedergeschlagenheit und Freudlosigkeit, in eine depressive Abwärtsspirale. Auch Kleinigkeiten binden dann immer mehr Energie.

Nach dem aktuellen wissenschaftlichen Forschungsstand handelt es sich beim Burnout um eine eigenständige Symptomatik in einer Linie mit Stress und Depression. Zugespitzt vielleicht: Nicht mehr nur Stress, aber noch keine Depression. Denn Stress kann ja neben seinen negativen Wirkungen durchaus auch positiv anregend sein.

Der Begründer der modernen Stressforschung Hans Selye sprach in diesem Zusammenhang bildhaft von Stress als der „Würze des Lebens". Er schrieb ihm also durchaus motivierende und entwickelnde Impulse für ein Leben zu. Stress und seine Wirkung kommen also in erster Linie als eine Frage des Ausmaßes daher. Die linke Spalte in Abbildung 32 verdeutlicht das: Bei der Freiheit in der Wahl von sinnvoll erlebten hohen Anforderungen erleben Top-Leister Stress positiv und motivierend. Sie sind dabei in der Lage, sich ohne (zum Beispiel ärztliche oder pharmakologische) Hilfe aus eigener Kraft zu regenerieren. Ganz anders sieht es in der rechten Spalte aus: Betroffene erleben sich gezwungenermaßen durch hohe Belastungen beansprucht, obwohl sie darin immer weniger Sinn erkennen. Statt Herausforderungen zu visualisieren, „Alb"-träumen sie nur noch von Bedrohungen. Regeneration gelingt ihnen, wenn überhaupt, lediglich mit externer Hilfe von zum Beispiel Aufputsch- oder Schlafmitteln. Die Burnout- und Erschöpfungsfalle ist hier schon aufgestellt – wann sie zuschnappt, ist nur noch eine Frage der Zeit.

Von positivem Stress geht, wie man sieht, also auch erhebliches konstruktives Entwicklungspotenzial aus, negativer Stress hingegen treibt Betroffene mit seinem negativen Entwicklungspotenzial geradezu zwangsläufig in Richtung Burnout. In die Nähe der Depression rückt Burnout schließlich wegen mancher durchaus ähnlicher oder verwandter Symptome. Selbst Fachleuten fällt hier die Unterscheidung von einer Depression auf der Symptomebene ohne Kenntnis der Vorgeschichte extrem schwer. Es gibt aber Hinweise darauf, dass sich typische Burnout-Betroffene, anders als die meisten über Depression Klagenden, im Allgemeinen bei guter Gesundheit und beruflich sehr engagiert erleben. Sie stellen gemäß ihrer hohen Leistungsfähigkeit entsprechende Ansprüche an sich selbst. Burnout lässt sich keinem äußeren Anlass zuordnen, sondern eher der inneren Einstellung des Getriebenseins durch „schneller, höher, weiter": fordernde innere und äußere „Antreiber".

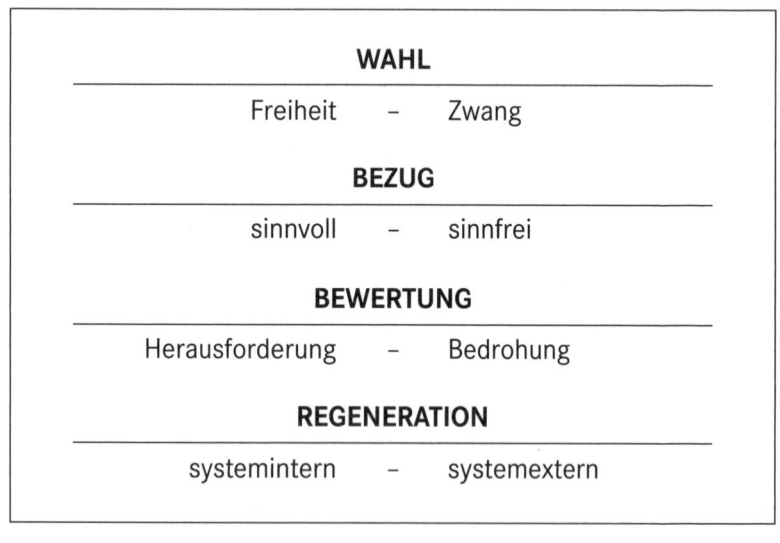

WAHL		
Freiheit	–	Zwang
BEZUG		
sinnvoll	–	sinnfrei
BEWERTUNG		
Herausforderung	–	Bedrohung
REGENERATION		
systemintern	–	systemextern

Abbildung 32 Bedingungen für positiven (linke Spalte) und negativen (rechte Spalte) Stress (aus Eberspächer 2009). Betroffene, die ihr Stressmuster überwiegend und über längere Zeit in der rechten Spalte wiederfinden, sind Burnout-gefährdet.

5.1.2 Innere und äußere Burnout-Antreiber

Mit der Perspektive vom Menschen als bio-ökosozial-mentalem System (vgl. Kapitel 2.1), dessen Handeln sowohl von seiner Person als auch von den in seiner sozialen und materiellen Umwelt gestellten Anforderungen bestimmt ist, lässt sich die Entstehung einer Burnout-Problematik recht schlüssig ableiten. Hilfreich erscheint es, die typischen „Antreiber" dieses Systems etwas genauer zu betrachten, die auch Top-Leister in eine Stress-, Erschöpfungs- und Burnoutfalle treiben können. Diese Analyse fällt leichter, wenn man zwischen inneren, der Person geschuldeten Antreibern und äußeren, aus ihrer Umwelt und den Anforderungen resultierenden Antreibern unterscheidet.

Innere Antreiber: Person

Bei potenziell Burnout-Gefährdeten stößt man immer wieder auf die Vorstellung, dass sie ihre Daseinsberechtigung eigentlich nur durch ihre Anstrengung und ihre Leistung erhalten. Sie bewegen sich vor diesem mentalen Hintergrund in einer permanenten Bestätigungs- und Bewährungsschleife. Das Erreichte gerät ihnen eher zur Zwischenstufe für noch ambitioniertere Ziele als zum Anlass selbstbestätigenden Rückblicks. Diese Überzeugung fällt in einer Arbeitswelt, in der befristete Neueinstellungen zunehmend zur Normalität werden, nur allzu leicht. Dahinter stecken mit dem Kampf um Anerkennung sowie der Angst um die Folgen von „Nicht-Leistung" zwei weitere Antreiber. Sie drohen gerade sehr Engagierte förmlich zu verbrennen: erhöhte Anstrengung, einhergehend mit Erwartungen an eine entsprechende Bestätigung und Wertschätzung. Zusätzlich wirkt die frustrierende Erfahrung, Werte zwar verwirklichen zu wollen, sie aber etwa im Unternehmen nicht den Vorstellungen entsprechend verwirklichen zu können oder zu dürfen. In seinem Standardwerk *Das Burnout-Syndrom* hat Matthias Burisch die Antreiber, ihre Bedeutung und das „Gegengift" prägnant zusammengefasst (Abbildung 33).

Antreiber	Bedeutung	Gegengift
1. Sei perfekt!	Mach alles, was du tust, so gut wie möglich – auch wenn es wirklich nicht wichtig ist. (Sei erst mit dem Besten zufrieden, und weil man selbst das Beste immer noch ein bisschen besser machen kann, sei nie zufrieden, schon gar nicht mit dir.)	Auch ich darf Fehler machen! Ich brauche mich nur um Perfektion zu bemühen, wo es lohnt.
2. Streng dich an!	Gib stets deine ganze Kraft – der Erfolg ist zweitrangig. (Und hör erst dann auf, dich anzustrengen, wenn du völlig am Ende bist; auf gar keinen Fall mach's dir leicht!)	Ich darf es mir leicht machen. Intelligent arbeiten, nicht hart!
3. Beeil dich!	Mach alles, was du tust, so schnell wie möglich! (Am besten noch ein bisschen schneller. Auch wenn die Sache gar nicht eilig ist – es gibt immer viel zu tun!)	Ich darf mir Zeit lassen.
4. Sei stark!	Zeig keine Gefühle! (Gefühle sind ein Zeichen von Schwäche – also empfinde am besten gar keine.)	Ich darf wahrnehmen und zeigen, wie mir zumute ist.
5. Mach's den anderen recht!	Denk an dich zuletzt, wenn überhaupt! Nimm dich nicht wichtig! (Die Ansprüche der anderen sind immer wichtiger als deine eigenen.)	Meine Bedürfnisse sind mindestens so wichtig wie die anderer. Ich bin der wichtigste Mensch in meinem Leben.

Abbildung 33 Innere Antreiber von Burnout-Betroffenen (aus Burisch 2010)

Unter Arbeits- und Zeitdruck nicht mehr zu dem zu kommen, was einem wichtig ist, zum Beispiel Qualität, und dabei für Ziele verantwortlich gemacht zu werden, deren Erreichung nicht in der eigenen Macht steht, gelten als zusätzliche, oft ausschlaggebende Burnout-Faktoren. Wird nun, der zunehmenden Selbstausbeutung zum Trotz, die angemessene Wertschätzung (die Rede ist von einer „Gratifikationskrise") vorenthalten, erleben Betroffene so etwas wie Entwertung, die nahezu zwangsläufig die Sinnfrage nach sich zieht: „Was mache ich hier eigentlich?" Die Angst vor dem Arbeitsplatzverlust und die damit oft unrealistisch überhöht erlebte existenzielle Bedrohung schüren eine (oft unbegründete) Angst vor dem zu erwartenden gesellschaftlichen Absturz.

Dieses Angstszenario aber, etwas nicht zu erreichen und damit die Anerkennung der anderen nicht zu bekommen, beleuchtet lediglich die Arbeits- und die Beanspruchungsseite. Verschärft wird die persönliche Lage noch zusätzlich durch die Maxime, dass Ausruhen eigentlich Zeitverschwendung sei. Die oft damit einhergehende Unfähigkeit zur Entspannung beschleunigt dann den durch die unvollständige Erholung ausgelösten Teufelskreis: gesteigerte Anstrengung bei sinkendem Effekt. Der Weg in die Stress- und Erschöpfungsfalle ist damit erfahrungsgemäß vorgezeichnet.

Äußere Antreiber: Umwelt

Nicht nur über ihre Arbeit sehen sich Burnout-Gefährdete einem System permanenter Bewährung ausgesetzt. Auch anderen sozialen Bezugsgruppen kommt dabei eine nicht zu unterschätzende Rolle zu, seien es Familien, Teams oder Sport- und Freizeitgruppen, die jede für sich auf ihre Weise Ansprüche stellen. Zu denken wäre hier etwa an Beziehungen und Familien, in denen der einvernehmliche Konsens eher die Ausnahme als die Regel bedeutet, vom sozialen Druck in vorgeblich „ganz locker" aufgestellten Freizeitgruppen ganz zu schweigen. Es kann sich vor allem für Leistungsorientierte und Hochambitionierte zur Burnout-Bedingung ersten Ranges auswachsen, wenn die Gegenwelt zu den Anforderungen im Beruf sich als nichts anderes herausstellt als deren gnadenlose Fortführung unter anderen Vorzeichen. Besonders deutlich erleben das Beschäftigte in Wirtschaftsunternehmen, die im Markt wachsen und die Besten sein wollen und dem Einzelnen, der diese Vorgaben nicht erfüllt, seine Entbehrlichkeit vor Augen führen. Zu entkommen glaubt er dem durch mehr Engagement.

Das Prinzip des „schneller, höher, weiter" auf allen Ebenen zieht sich von der Grundschule bis in die höchsten Unternehmenshierarchien. Hinzu kommt ein Wandel der Kultur: „Zahlen statt Menschen", weil Zahlen zunehmend Unternehmen definieren und der Leistungswert des Einzelnen und sein Wert für das Unternehmen in Kennzahlen und Indizes erbarmungslos erfasst, kontrolliert und vermittelt wird. Für Erfolgreiche ist das kein Problem, für Überforderte eine Vorstufe zum persönlichen Offenbarungseid.

Äußere Antreiber: Anforderungen

Die angesichts der rasanten Entwicklung von Jahr zu Jahr abnehmende Halbwertszeit von Wissen steigert zwangsläufig den zeitlichen und qualitativen Anforderungsdruck bei zunehmendem Erfolgsdruck. Die Stressresistenz kann dadurch bei weniger Anpassungs-, Bildungs- und Entwicklungsfähigen mit der Zeit überstrapaziert sein. Obwohl Jüngere hier in der Regel Vorteile haben, sinkt das Alter der Burnout-Betroffenen seit Jahren. Nicht zuletzt wegen einer Unternehmenskultur, die nach dem Erreichen hoher Ziele diese in aller Regel erhöht: „Wir wollen im nächsten Jahr um x Prozent wachsen, denn die Konkurrenz schläft nicht."

5.2 Burnout in 4 Phasen – 4 E

Burnout ist ein mittel- bis längerfristiges Entwicklungsgeschehen, das man je nach Betrachtungsweise in mehr oder weniger akzentuierten Phasen recht gut erfassen kann. Mir scheinen 4 Phasen aufschlussreich:

- Engagement
- Erschöpfung
- Entfremdung
- Einbruch

Engagement

Engagement und Einsatz, gelegentlich mit geradezu brennendem Idealismus, werden von hohen Ergebniserwartungen angetrieben. Der Mensch geht in der Arbeit auf. Bei Ausbleiben entsprechender Ergebnisse beziehungsweise von Anerkennung und bei vorenthaltener Wertschätzung wird eine Gratifikationslücke erlebt.

Erschöpfung

Das Engagement im Beruf kühlt ab und wird phasenweise bis zur inneren Kündigung zurückgefahren. Bei steigendem Arbeitsaufwand verschlechtert sich das Arbeitsergebnis quantitativ und qualitativ, der Wirkungsgrad sinkt, was den Betroffenen zunehmend erschöpft, weil ihm keine vollständige Erholung mehr gelingt. Selbstschutz tritt durch Routine ein. Das Gefühlsleben verflacht. Die Begeisterung oder zumindest die Freude verabschiedet sich. Wochenenden und Urlaub werden förmlich herbeigesehnt. Soziales Engagement auch im Privaten wird eingeschränkt, weil sich Betroffene dafür einfach zu ausgelaugt fühlen.

Entfremdung

Engagierte betrachten ihre Situation angesichts vorenthaltener Wertschätzung ihres zunächst mit großem Idealismus betriebenen Einsatzes mit ersten Symptomen der Frustration und inneren Kündigung: „Was mache ich eigentlich da, hat das überhaupt Sinn? Ich arbeite immer mehr und es gelingt mir immer weniger." Sie gehen also nicht mehr distanzlos in ihrer Arbeit auf, sondern opponieren dagegen (hier ich, da die Arbeit). Man spricht in dieser Phase auch von Entfremdung. Schuldige an der Misere werden gesucht, denn Eigenverantwortlichkeit als Erklärung wirkt deprimierend, Fremdverantwortlichkeit (Firma, Chef, Umstände) eher aggressionsfördernd.

Einbruch

Die Fähigkeit zur Begeisterung oder wenigstens das Gefühl, sich freuen zu können, weicht zunehmend depressiver Befindlichkeit. Damit einhergehend beginnt der Körper zu leiden. Es zeigen sich Symptome wie Schlafstörungen, Verdauungs- oder Kreislaufprobleme. Versuche, durch Medikamente wenigstens die Symptome zu lindern, verschlimmern die Lage in aller Regel genauso wie der zunehmende Konsum von Alltagsdrogen wie zum Beispiel Alkohol. Hoffnungslosigkeit, oft auch ein Gefühl von Sinn- und Ausweglosigkeit können bis hin zu Suizidgedanken führen.

5.3 Wie sich Top-Leister vor dem schnellen Ausbrennen schützen

Das Geheimnis der Belastbaren liegt darin, dass sie, bei allem Engagement und bei allen Ansprüchen an sich und andere, über die ganze

Spielbreite an Bewältigungsstrategien verfügen und diese nutzen, um sich ihren Anforderungen zu stellen. In der Beanspruchungspsychologie spricht man in diesem Zusammenhang von Resilienz, verstanden als das flexible und belastungstolerante Umgehen mit Anforderungen. Folkman beschrieb die dazu notwendigen Strategien schon in den 1980er-Jahren:

- Flucht,
- Standhalten und
- Herausforderung.

Die Belastbarkeit hoch beanspruchter Top-Leister beruht auf der ökonomischen, also immer mit Nachhaltigkeit einhergehenden Nutzung der persönlichen Ressourcen. Ihr Ansatz: Die drei genannten Bewältigungsstrategien haben für sie denselben Stellenwert, sind gleichermaßen gültig. Für welche davon sie sich in einer gegebenen Situation entscheiden, bereitet aber auch Top-Leistern, wie jedem von uns, gelegentlich schlaflose Nächte. In meinem Buch *Ressource Ich – Stressmanagement in Beruf und Alltag* habe ich die Krux bei der situationsgerechten Auswahlentscheidung beschrieben. Denn immer zu fliehen, wenn die Anforderungen steigen, hilft einem genauso wenig weiter, wie alles als Herausforderung zu nehmen. Und das moralisch so hoch bewertete Standhalten endet auf Dauer eher im Burnout als in der Lösung von Unlösbarem. Ihr entscheidender Wettbewerbsvorteil allerdings dürfte auf die Wahl der besten situations- und anforderungsadäquaten Bewältigungsstrategie hinauslaufen. Damit ist die Resilienz von Top-Leistern umschrieben: Sie sind in der Lage und fähig, das ganze Spektrum möglicher Bewältigungsstrategien in allen Varianten flexibel zu nutzen, ein Ansatz, der ihnen über ebenso differenzierte wie differenzierende Wahrnehmung den Blick für einen ökonomischeren Umgang mit der Ressource Mensch (Human Resources) öffnet. Diese Perspektive erscheint als Burnout-Prävention auch aus Unternehmersicht weitsichtig: Der Verschleiß von Mitarbeitern ist kurzsichtig und unökonomisch, bedeutet dies doch den Verschleiß der wichtigsten Ressource jedes Unternehmens. Schon der etwas genauere Blick auf die drei genannten Bewältigungsstrategien belegt ihre Tauglichkeit und Gleichwertigkeit. **Flucht** genießt in unserer Kultur ganz zu Unrecht einen ziemlich schlechten Ruf, weil sie oft vorschnell mit Feigheit und Aus-dem-Weg-Gehen assoziiert wird. In anderen Kulturen bestehen da durchaus weiterführende Einschätzungen: In den jahrtausendealten chinesischen Strategemen beispielsweise, wie sie Harro von Senger so eindrücklich in seinem Buch *36 Strategeme für Manager* (Carl Hanser Verlag München) beschreibt, gilt Flucht in vielen Varianten als hohe Schule der Kriegs- wie der Verhandlungskunst. Auch **Standhalten** ist viel mehr als stumpfes Dagegenhalten, öffnet es doch wenigstens vier Wege: Verantwortung akzeptieren oder seine Selbstkontrolle nutzen, indem man sich ganz einfach zusammennimmt. Ein weiterer Weg: Man sucht sich soziale Unterstützung, zum Beispiel bei einem Coach, einer Selbsthilfegruppe oder einem Arzt. Positive Neubewertung, die oftmals nach dem Motto „Wer weiß, wofür es gut ist?" empfohlen wird, ist eine weitere der gängigsten Strategien des Standhaltens. Nur „Selbstverbrenner" nehmen alles als **Herausforderung**, denn wer getreu dem allenthalben üblichen Managerjargon anstehende Probleme ausschließlich als Herausforderungen sieht, die es anzugehen gilt, wird geradezu zwangsläufig die bittere Erfahrung der Endlichkeit seiner eigenen Ressourcen machen – so lange, bis er sich aufreibt, was bekanntlich Hitze erzeugt: bis zum Burnout. Wer jedoch entscheidet, eine Belastung als Herausforderung anzunehmen, entscheidet sich für einen dieser beiden Wege: Planvolles oder konfrontatives Bewältigen, indem er „den Stier bei den Hörnern packt", wie es so bildhaft heißt.

5.4 Wege der Burnout-Prävention

Jede nachhaltige Veränderung, auch die von Burnout-Bedrohten oder -Betroffenen, sei sie also präventiv oder rehabilitativ, setzt im ersten Schritt ein Bewusstmachen der Situation, die man ändern möchte, voraus. Leugnung, Verharmlosung, Verdrängung und ähnliche Verneinungs- oder Vermeidungsstrategien haben der bewussten Wahrnehmung der eingetretenen Situation mit ihren personen-, anforderungs- und umgebungsbezogenen Auslösern zu weichen.

Zum Identifizieren **personenbezogener Auslöser** stellt man sich selbst mit seinen Denk- und Bewertungsgewohnheiten auf den Prüfstand. Bewährt hat sich dabei das Fragen nach seinen persönlichen Antreibern, wie sie Abbildung 33 zusammenfasst. Burnout geht auch immer mit der Wahrnehmung und dem Umgang mit dem eigenen Selbstwert einher. Deshalb empfiehlt es sich, beim Arbeiten an den persönlichen Auslösern immer auch danach zu fragen, auf welche Weise man seinen Selbstwert reguliert. Sollte sich herausstellen, dass er nur durch Arbeit, durch Anerkennung, durch Steigerung der Ansprüche an sich und andere aufrechtzuerhalten ist, müssen daraus Veränderungsschritte erwachsen. Neben solchen Denk- und Bewertungsgewohnheiten stellt sich auch die Frage nach der Vernachlässigung der körperlichen und mentalen Grundbedürfnisse, in denen die Fachwelt heute wirkstarke Burnout-Faktoren erkennt. Körperliche Grundbedürfnisse sind Ernährung, Bewegung, Regeneration, Entspannung und Schlaf. Als mentale Grundbedürfnisse gelten Selbstmanagement, Selbstwerterleben, Selbstbestimmung, Bindung, Lust, Freude, Zerstreuung und Unterhaltung.

Anforderungsbezogene Auslöser abzufragen bedeutet Antworten auf die Frage nach den stärkenden und den schwächenden Anforderungslandschaften zu stellen. Ich sehe solche, aus denen man Bestätigung, Kraft und Anerkennung zieht, und solche, die einem am meisten zu schaffen machen, die Misserfolgspotenzial bergen. Einer meiner Lehrer bezeichnete sie als „energy suckers". Ein Beispiel dafür ist der Telefonmonteur, der nach „alter Art" vor dem Computerzeitalter gelernt hat und daher heute permanent an seine Grenzen gerät, weil er den modernen IT-Anforderungen nicht mehr gewachsen ist und er nicht mehr so arbeiten kann, wie er es in seinem bisherigen Berufsleben gewohnt war.

Umgebungsbezogene Auslöser erwachsen aus Ansprüchen, Anforderungen oder vorenthaltener Wertschätzung und Anerkennung des sozialen, beruflichen wie privaten Umfelds. Sie vermögen Burnout sicher nicht alleine auszulösen, aber durchaus zu fördern und zu beschleunigen. Gerade ein konstruktiver und unterstützender Umgang in der sozialen Umgebung gilt als vielversprechender präventiver und rehabilitativer Ansatz im Umgang mit Burnout. Die Kommunikation mit anderen, zunächst im engeren sozialen Umfeld, erweist sich auch als wirksame Präventionsbedingung. Denn im Gegensatz etwa zum Herzinfarkt, der ja geradezu als Ritterkreuz der Leistungsgesellschaft gilt, taugt Burnout auch heute noch schwerlich als Gesprächsgegenstand im alltäglichen Umgang miteinander. Dabei schafft erst wer sich mit anderen über sein Betroffensein austauschen kann, Voraussetzungen für Hilfe und deren Annahme. Ein Weg mit Lösungsperspektive geht über drei Schritte: Risikobewusstsein entwickeln, sich unterstützen lassen, Umfeld organisieren. Wobei der Umfeldorganisation in Betrieben besondere Hebelwirkung zukommen dürfte, denn hier bilden beispielsweise Team- und Kommunikationsstrukturen, Vorgaben, Ziele und Gratifikationsregelungen hervorragende Ansätze zur Unterstützung potenzieller Burnout-Opfer.

Zweigleisige Prävention

Stressmanagement und die **Optimierung von Unternehmensstrukturen** sind die beiden Schienen, auf denen wirksame Burnout-Prävention auf den Weg gebracht werden kann. Auf Letztere einzugehen würde den Rahmen dieses Buches sprengen. Aber gerade weil Burnout-Karrieren ihren Anfang in der misslingenden oder unmöglich scheinenden Stressregulation im Sinne gelungenen Selbstmanagements finden, ist hier ein erster wirksamer Ansatzpunkt zu erkennen. Ein umfassendes und differenziertes Programm des Stressmanagements im beruflichen und häuslichen Bereich findet sich in meinem Buch *Ressource Ich – Stressmanagement in Beruf und Alltag.* Die Kerngedanken dieses Programms finden sich auf den folgenden Seiten.

5.4.1 Stressmanagement als Prävention gegen Burnout

Stress erlebt, wer eine Situation als bedrohlich, das heißt potenziell schädigend bewertet, sozial, physisch, mental oder materiell – unabhängig davon, ob diese Situation objektiv Bedrohungspotenzial besitzt oder nicht. Entscheidend für das Stresserleben ist die individuelle, subjektive Bewertung. An der Umbewertung solcher Stress auslösenden Bewertungen zu arbeiten, öffnet umfangreiche Möglichkeiten zur Bewältigung von Stress. Sofern man sie zweckmäßig einsetzt und trainiert, sehe ich zur Stressbewältigung 7 Module (Eberspächer 2009).

7 Module zur Stressbewältigung

Module sind austauschbare und kompatible, komplexe Funktionseinheiten eines Systems. In der Technik sind sie gang und gäbe. Ich habe den Begriff auf das Stress- und Beanspruchungsmanagement übertragen, weil hier das System Mensch unter Beanspruchung steht. Diese Beanspruchung kann der Mensch mithilfe zweckmäßig unterstützender mentaler Funktionseinheiten besser bewältigen. Die mentalen Module unterstützen sich in ihrer Funktion je nach persönlicher Problem- und Ziellage gegenseitig. Durch entsprechendes (Mentales) Training kann man sich damit immer komplexer wirksame Verknüpfungen erarbeiten.

1. Das wichtigste Gespräch

Die Basis für alle folgenden Module ist das Gespräch mit sich selbst, denn es durchzieht alle anderen Module von der Vorstellungsregulation bis zur Analyse und Zielsetzung. Selbstgespräche fungieren als Vehikel, auf das die anderen Module aufbauen. Über die Verknüpfungsmöglichkeiten erschließen sich immer neue und effizientere Bewältigungsstrategien, nicht nur für Stresssituationen. Selbstgespräche nehmen mit steigender Beanspruchungsintensität an Menge, Dynamik und Intensität zu. Es gilt sie so zu führen, dass sie das im Moment zweckmäßige Handeln unterstützen.

2. Vorstellungen

Sie lassen sich als innere Bilder, gleichsam Prüf- und Führungsgrößen unseres Handelns wie innere Landkarten verstehen, weil wir entlang unserer Vorstellungen handeln. Das kann fatal sein, aber auch durchaus zweckmäßig, wenn sie unser Handeln zielbezogen unterstützen.

3. Stärken und Schwächen

Unsere Stärken sichern die Bewältigung der an uns gestellten Anforderungen und damit das Überleben, auch im Stress. Es gilt die Dinge also überzeugt von seinen realistischen Stärken anzugehen. Mit seinen Schwächen hat noch niemand überlebt.

4. Fokussieren

Leben wie auch das Bewältigen von Stress findet immer im Hier und Jetzt statt. Fokussieren und Konzentration geben eine Kraft, die der Hektik verstanden als Zukunftsdenken entgegenwirkt. Sich auch unter Stress genau mit dem jetzt und hier Erforderlichen zu befassen, ist das eine Gebot; das zweite liegt im Begreifen, dass Genuss und Lust vom Augenblick leben.

5. Entspannen

Mit Entspannen ist weder Abhängen vor dem Fernseher noch Faulenzen am Strand gemeint, sondern die Fähigkeit, bewusst loszulassen, also quasi auf Knopfdruck zu entspannen. Es geht dabei um Technik und Einstellung. Unser Körper und Geist braucht beides: Anspannung und Entspannung, und beides im richtigen Maße. Wer vor einem Wettkampf oder Auftritt nicht ein Mindestmaß an Erregung (nicht Aufregung) verspürt, kann auch gleich im Bett bleiben. Ein bestimmtes Aktivierungsniveau ist für viele Handlungen einfach erforderlich. Wer allerdings kaum noch entspannen kann, lebt ungesund. Um gezielt und schnell abzuschalten, können Sie an drei Stellschrauben drehen:

- **Verhalten anpassen:** Muskelspannung abbauen, am besten durch Anspannung einzelner Muskelpartien und blitzartigem Loslassen der Spannung.
- **Umwelt adaptieren:** Ruhige Gegend oder angenehmen Raum aufsuchen, Geräuschpegel senken oder auch entspannende Musik hören.
- **Wahrnehmung umpolen:** Auf Relaxen umschalten, angenehme, positive, beruhigende Selbstgespräche führen, Ruhe ausstrahlende innere Bilder aufrufen.

Für die meisten ist eine Entspannungsmethode hilfreich, die sich gut in den Alltag integrieren lässt. Wichtig dabei ist, eine entspannte Körperposition einzunehmen, egal, ob auf einem Sessel, am Boden oder im Sitzen an die Wand gelehnt. Die Konzentration bleibt weiterhin auf die Atmung (Einatmen, Ausatmen, Pause) und die Progressive Muskelentspannung gerichtet, bei der ein Wechsel zwischen An- und Entspannung der Muskelgruppen stattfindet und so zu Entspannung führt.

6. Handeln analysieren

Festzustellen, was warum so gekommen ist und wie man mit dem Ergebnis künftig weiterleben kann, ist die Voraussetzung für den Erwerb und die Weiterentwicklung von wirksamen Anti-Stress-Strategien und effizientem Selbstmanagement.

7. Ziele

Ziele geben einerseits Orientierung und Stabilität, andererseits fordern sie Kraft und Konzentration. Seine Ziele handlungsstabilisierend und unterstützend zu wählen, ist daher ein Gebot des effizienten Stress- und Selbstmanagements.

Diese sieben Module haben sich in zwei Richtungen als wirksame Instrumente des Selbstmanagements bewährt: zur Bewältigung von Stress und Beanspruchung und zur Optimierung der individuellen Regeneration zwischen Beanspruchungs- und Stressphasen. Sie sind also mit der entsprechenden Zielsetzung wirksame Präventionstechniken gegen Burnout.

5.4.2 Nachhaltiges mentales Ressourcenmanagement

Nachhaltigkeit setzt die weitsichtige Nutzung von Ressourcen voraus. Die Optionen aller am Ressourcenkreislauf Beteiligten erweitern sich dadurch und schränken sich nicht weiter ein, wie dies bei nicht nachhaltiger Bewirtschaftung bis hin zur Verschwendung und Vernichtung der Fall ist. Der Begriff Burnout veranschaulicht über die Metapher des Brennens das Gegenteil einer nachhaltigen Bewirtschaftung. Man spricht in diesem Zusammenhang nicht umsonst von verbrannter Erde oder dem mehr oder weniger sinnlosen Abfackeln wertvoller Ressourcen.

Bezeichnenderweise dominieren in der Nachhaltigkeitsdiskussion nach wie vor materielle Ressourcen wie Öl, Wasser oder Bodenschätze. Bei dieser einseitigen Betrachtung übersieht man schnell, dass soziale und persönliche Ressourcen für die Zukunftsfähigkeit unserer Gesellschaft mindestens genauso bedeutsam sind. Man muss nur an (soziale) Fragen wie Geburtenraten, Kindererziehung, Frauenquoten, Alten- oder Krankenpflege denken. Bei den persönlichen, also den an eine Person gebundenen Ressourcen liegen die Dinge ähnlich. Für die Burnout-Diskussion ist hier eine Unterscheidung zwischen körperlichen und mentalen Ressourcen naheliegend, die natürlich auch eine nachhaltige Bereitstellung erfordern, um sich nicht in einer Beanspruchungs-, Ermüdungs-, Erschöpfungs- und Verschleißspirale zu verbrennen.

Nachhaltiges persönliches Ressourcenmanagement setzt der oben beschriebenen, Burnout auslösenden 4-E-Konstellation (Engagement, Erschöpfung, Entfremdung, Einbruch) präventiv drei wirksame Prinzipien entgegen. Nur drei deshalb, weil das persönliche Engagement unumgängliche Voraussetzung jeder Top-Leistung bleibt, ob mit oder ohne Burnout:

- Regeneration
- Motivation
- Persönliche Entwicklung

Regeneration

Dass Beanspruchung ermüdet, ist die selbstverständlichste Sache der Welt, ein unvermeidlicher, naturgegebener Grundsachverhalt. Jeder erfährt im Zustand der Ermüdung reduzierte Leistungsfähigkeit, -bereitschaft und -ergebnisse. Deren Auswirkungen reichen bis hin zu persönlichen, sozialen und materiellen Gefahren und Gefährdungen im Arbeits- und privaten Umfeld. Von der Ermüdung muss man sich, bevor sie in Erschöpfung umschlägt, durch Entspannung, Schlaf und Erholung regenerieren. Regeneration ist für Leistung ebenso wichtig wie Beanspruchung.

Motivation

Ein durchgängig beschriebenes Merkmal jeder Burnout-Symptomatik ist der Zusammenbruch jedes Antriebs, jeglicher Motivation, selbst für die alltäglichsten Dinge und Abläufe. Das Fundament jeder Motivation liegt in der erlebten Sinnhaftigkeit des Tuns. Es empfiehlt sich daher, sich mit schöner Regelhaftigkeit die „Sinnfrage" zu stellen: Was tue ich eigentlich hier, ist es das, woran mir liegt? Seinen Sinnhorizont im Laufe seines Arbeits- wie seines Privatlebens gelegentlich zu überdenken, ist ein empfohlener und wirksamer Ansatz der Burnout-Prävention. Im Kern geht es um die Frage, ob die eigenen Bedürfnisse und die von außen herangetragenen Anforderungen und Verpflichtungen im Gleichgewicht sind.

Persönliche Entwicklung

Es gilt durchweg als Burnout-präventives Moment, den gestellten Anforderungen mit Selbstwertgefühl und Selbstachtung vor dem Hintergrund stabiler Überzeugung in die eigenen Kompetenzen entgegenzutreten. Abzufragen wäre weiter, ob man die Umgebungen, in denen man zu leben und zu arbeiten hat, bejaht, sie schätzt. Ein einfaches Anzeichen dafür respektive dagegen ist die emotionale Bereitschaft oder Ablehnung, erlebt in einer Spanne zwischen freudiger Erwartung und missmutiger, unmotivierter Stimmung, gepaart mit den zugehörigen körperlichen Symptomen bis hin zu ernsthaften Erkrankungen. Burnout-Betroffene, vor allem aber depressive Patienten finden wenig Anlass zu optimistischen Zukunftsbetrachtungen, während Top-Leister vor Optimismus geradezu strotzen.

Zur Unterstützung jeder Burnout-Prävention sehe ich vier Konzepte:

- Gegenwelt
- Schleusen
- Kultur des Augenblicks
- Training

Gegenwelt

Gegenwelten sind ein Instrument der Ressourcenschonung und der persönlichen also körperlichen und mentalen Regeneration, weil sie eine „regenerative Alternative" zur Berufswelt darstellen. Eine Gegenwelt zeichnet sich dadurch aus, dass sie für uns erlebnisorientiert und von Selbstbestimmung gekennzeichnet ist. Wir erleben dort Muße, weil wir nicht von der Zeit bestimmt werden, und sie ist völlig freiwillig. Eine Gegenwelt kann sich im Kajakfahren finden, für den Nächsten ist es die Gartenarbeit, für den Dritten Backen. Wichtig ist auch hier, sich nicht nur in Träumereien zu flüchten („Ich würde schon, wenn ..."), sondern bewusst für einen Gegenpol zu den täglichen Anforderungen zu sorgen und diesen auch zuzulassen und Zeit dafür einzuplanen. Denn nur so kann sich ein Gleichgewicht zwischen Anspannung und Entspannung einstellen, was für die mentale wie körperliche Regeneration so wichtig ist.

Gegenwelt	
Erlebnisorientierung	Ergebnisorientierung
Begründung emotional	Begründung rational
Selbstbestimmung	Fremdbestimmung
Muße	Zeitkontrolle
Freiwilligkeit	Verpflichtung

Abbildung 34 Kriterien der Gegenwelt (links) als regenerative Alternative zur Berufswelt (rechts)

Schleusen

Eine Schleuse ist ein Raum zwischen zwei Systemen, der den Übergang von dem einen ins andere erst ermöglicht. Schleusen können wir gezielt finden und nutzen, um verschiedene Beanspruchungen vor und hinter der Schleuse erfüllen zu können. Beanspruchungen im Berufsleben tagsüber und zum Beispiel als Familienvater im Privaten abends. Wer hier von einer Anforderung nahtlos in die nächste übergeht, verschleißt sich und seine Ressourcen. Wer hier aber eine Schleuse in den Tag einbaut, macht sich mental wieder fit. In der Schleusenzeit baut man die Nachwirkungen der vorangegangenen Beanspruchungsphase ab, macht „den Kopf frei". Schleusen können verschiedene Funktionen haben (Regeneration, Entspannung, Verarbeitung, Ablenkung, Pufferzone). Eine Schleuse kann zum Beispiel der Arbeitsweg sein, der bewusst mit dem Fahrrad zurückgelegt wird (auch wenn die Autofahrt die kürzere Variante wäre). Bewegung und möglicherweise ein anderer, ruhigerer Fahrweg führen hier zum gewünschten Schleuseneffekt. Eine Schleuse kann aber auch die Kaffeepause zwischen zwei Projekten, der kurze Spaziergang nach der Mittagspause, ein langes Wochenende oder Ähnliches sein. Wichtig ist, herauszufinden, welche Schleuse für Sie geeignet ist, und sie bewusst und oft zu nutzen, besonders in Phasen großer Anspannung und Belastung. Gerade dann! Denn gerade in dieser Zeit ist der Substanzverlust am höchsten und damit der Regenerationsbedarf besonders begründet.

Kultur des Augenblicks

Genuss, genau wie die Lust an etwas, lebt vom Hier und Jetzt, der Kultur des Augenblicks, ohne Vergangenheit und Zukunft. Wer ständig mit den Gedanken in der Vergangenheit oder schon beim nächsten Ereignis ist, schafft sich die Hektik und den Stress selbst, und ist darüber hinaus nicht auf das Jetzt konzentriert. Unser Hirn, genauer die Großhirnrinde, kann sich nur einer einzigen Sache konzentriert widmen. Eine Sache richtig tun, das lässt sich trainieren. Wer es schafft, im Augenblick aufzugehen, und das, was er gerade macht, richtig und zu 100 Prozent zu tun, hat auch die Ressourcen, zukunftsorientiert zu handeln – das bedeutet aber eben nicht, alles gleichzeitig zu erledigen. Übungsfelder für alle Arten von Genuss und Lust zu kultivieren, finden sich genug. Sie zu suchen und auszuprobieren gehört zu den angenehmen Seiten eines Menschenlebens.

Körperliches Training

Ob nun auf Ausdauer, Kraft oder Beweglichkeit ausgelegt, vernünftig betriebenes körperliches Training ist der beste Stresskiller und damit ein gutes Anti-Burnout-Programm, sorgt es doch für Wohlbefinden, womit wir wiederum bei der Ressourcenpflege mit eingebautem Nachhaltigkeitsfaktor wären. Unabhängig von der gewählten Sportart, so sie denn gut gewählt ist und Freude macht, bringt eine sportliche Betätigung in vielen Bereichen Veränderung und oft auch einen Einstellungswandel mit sich:

- Sie ernähren sich bewusster.
- Sie können sich besser erholen.
- Sie schlafen besser und tiefer.
- Sie werden widerstandsfähiger gegen Infekte und Erkältungen.
- Sie gehen bewusster mit Alkohol oder dem Rauchen um.

Meist gibt es zwar gute Vorsätze, mehr Sport zu treiben, oft scheitern sie aber an drei Faktoren: Eigenüberschätzung bei Beginn, mangelnde Motivation und zu wenig Bereitschaft, Zeit freizuschaufeln. Dabei lassen sich sowohl Beweglichkeits-, Kraft- als auch Ausdauerübungen in den normalen Alltag einbauen. Wer zum Beispiel konsequent alle Treppen zu Fuß und zügig hochläuft, zwei Stufen auf einmal nimmt, täglich zu Fuß geht, statt mit dem Auto zu fahren, und dreimal pro Woche 10 bis 15 Minuten läuft, der hat bereits ein kleines Ausdauertraining ohne große Anstrengung in seinen Alltag integriert. Darauf lässt sich aufbauen.

ANHANG

Literatur

Antonovsky, A. (1979): *Stress, health and coping.* San Francisco: Jossey-Bass.

Beckers, D.; Deckers, J. (1997): *Ganganalyse und Gangschulung.* Berlin: Springer.

Burisch, M. (2010): *Das Burnout-Syndrom.* Heidelberg: Springer.

Czikszentmihalyi, M. (1975): *Beyond boredom and anxiety.* San Francisco: Jossey-Bass.

Dürckheim, K. G. (1991): *Wunderbare Katze und andere Zen-Texte.* München: Otto Wilhelm Barth.

Eberspächer, H. (1982): *Sportpsychologie* (5. Aufl. 1993). Reinbek: Rowohlt.

Eberspächer, H. (Hg.) (1987): *Handlexikon Sportwissenschaft* (2. Aufl. 1992). Reinbek: Rowohlt.

Eberspächer, H. (2004): *Mentales Training: Ein Handbuch für Trainer und Sportler.* München: Copress Stiebner.

Eberspächer, H. (2009): *Ressource Ich – Stressmanagement in Beruf und Alltag.* München: Carl Hanser.

Eberspächer, H.; Immenroth, M. (1999): „Mentales Training – hilft es auch dem modernen Chirurgen?". *Zentralblatt für Chirurgie, 124,* S. 895–901.

Eberspächer, H.; Kellmann, M.; Hermann, H.-D. (1996): „Kompetenzerwartung in sportlichen Beanspruchungssituationen". In: Daugs, R. et al. (Hg.): *Kognition und Motorik* (S. 153–159). Hamburg: Czwalina.

Eberspächer, H.; Kellmann, M. (1997): „Trainingsformen zur Steigerung der Selbstwirksamkeitsüberzeugung im Sport". In: Christmann, E.; Maxeiner, J.; Peper, D. (Hg.): *Psychologische Aspekte beim Lernen, Trainieren und Realisieren sportlicher Bewegungshandlungen* (S. 58-62). Köln: bps.

Eberspächer, H.; Mayer, J. (2003): „Mentales Training im Judo". In: Mosebach, U. (Hg.): *Judo in Bewegung*. Bonn: Dieter Born.

Foerster, H. v.; Pörksen, B. (2003): *Wahrheit ist die Erfindung eines Lügners*. Carl-Auer-Systeme.

Funakoshi, G. (1973): *Karate - Do Kyohan. The master text*. Tokyo: Kodansha.

Hacker, W. (1998): *Allgemeine Arbeitspsychologie*. Bern: Huber.

Hermann, H.-D. (1995): „Interdisziplinäre psychische Rehabilitation". In: Voll, J. (Hg.): *Handbuch Sporttraumatologie, Sportorthopädie* (S. 160-171). Heidelberg: Johann Ambrosius Barth.

Hermann, H.-D.; Eberspächer, H. (1994): *Psychologisches Aufbautraining nach Sportverletzungen*. München: BLV Sportwissen.

Hermann, H.-D.; Schmid, R. A. (2002): *Reden wie die Profis*. Freiburg: Haufe.

Immenroth, M. (2003): *Mentales Training in der invasiven Medizin. Anwendung in der Chirurgie und Zahnmedizin*. Hamburg: Kovac.

Jacobson, E. (1934): *You must relax*. New York: McGraw-Hill.

Mayer, J. (2001): *Mentales Training - ein salutogenes Therapieverfahren zur Bewegungsoptimierung*. Hamburg: Kovac.

Mayer, J.; Görlich, P.; Eberspächer, H. (2002): „Mentales Gehtraining – ein salutogenes Therapieverfahren für die Rehabilitation". *Gesundheitssport und Sporttherapie, 18,* S. 164–169.

Mayer, J.; Görlich, P.; Eberspächer, H. (2003): *Mentales Gehtraining.* Heidelberg: Springer.

Miller, G.A.; Galanter, E.; Pribram, K.H. (1973): *Strategien des Handelns.* Stuttgart: Klett.

Nitsch, J. (1970): *Theorie und Skalierung der Ermüdung. Eine Studie zum Beanspruchungsproblem.* Dissertation, Technische Universität Berlin.

Reck, A. (2002): *Die Wirkung des Mentalen Trainings auf die Qualität von Kavitätenpräparationen.* Dissertation, Ruprecht-Karls-Universität Heidelberg.

Rheinberg, F. (2002): *Motivation* (4. Aufl.). Stuttgart: Kohlhammer.

Rubin, E. (1921): *Visuell wahrgenommene Figuren.* Berlin: Universitas.

Seidel, J. (1998): *Metallgußrestaurationen.* Begleittext zum Phantomkurs der Zahnerhaltungskunde der Poliklinik für Zahnerhaltungskunde der Ruprecht-Karls-Universität Heidelberg.

Sullenberger, C.B. (2009): *Man muss kein Held sein – Auf welche Werte es im Leben ankommt.* München: C.Bertelsmann.

Szinicz, G. et al. (1993): „Simulated operations by pulsatile organ-perfusion in minimally invasive surgery". *Surgical Laparoscopy and Endoscopy, 3,* S. 315–317.

Troidl, H. (1996): „Technologie: Trainingszentren – Eine neue Form des Operierenlernens in der Viszeralchirurgie". *Langenbecks Archiv für Chirurgie (Suppl. II, Kongreßband), 113,* S. 727–741.

Watzlawick, P.; Beavin, J. H.; Jackson, D. D. (1990): *Menschliche Kommunikation* (8. Aufl.). Bern: Huber.

Welk, A. et al. (2002): „Transfer sportwissenschaftlicher Trainingsmethoden in die zahnmedizinische Ausbildung". *Deutsche Zahnärztliche Zeitschrift (Abstracts, Suppl. 2002), 57,* D6.

Wenke, B. (2003): *Bühnenzauber, Berliner Theaterleben zwischen Kaiserreich und Diktatur.* Manuskript zur Sendung am 9.10. 2003 im Südwestrundfunk.

Der Autor

Hans Eberspächer, Diplom-Psychologe und Diplom-Sportlehrer, war bis 2007 Professor für Sportpsychologie an der Universität Heidelberg. Mit seinen wissenschaftlichen Arbeitsschwerpunkten in der Beanspruchungs- und Regenerationsforschung hat er sich vor allem mit Trainingskonzepten der mentalen Handlungsregulation im Hochleistungssport einen Namen gemacht und gilt nicht nur als führender Vertreter seines Faches, sondern als Vorreiter der angewandten Sportpsychologie. Er verfügt über jahrzehntelange Erfahrung in der Beratung, Betreuung und im Coaching von Trainern und Athleten bei der mentalen Vorbereitung auf internationale Meisterschaften und Olympische Spiele und war unter anderem als Psychologe bei Olympischen Spielen akkreditiert. Seine im und für den Hochleistungssport entwickelten, bewährten und wissenschaftlich fundierten Konzepte wurden inzwischen in der Personalentwicklung von Unternehmen implementiert, aber auch in der Chirurgie, der Zahnmedizin, dem Pilotentraining und der Rehabilitationsmedizin.

In den letzten Jahren zentrierte sich seine Arbeit um die Weiterentwicklung, wissenschaftliche Begründung und Anwendung des Mentalen Trainings als einem Verfahren zur Stressbewältigung, Befindlichkeits- und Handlungssteuerung für Leistungsträger.

Hans Eberspächer hielt Fachvorträge, Seminare und Vorlesungen in über 40 Ländern und ist Herausgeber und Autor von 15 Büchern. *Sportpsychologie* (1982, 5. Auflage 1993) und *Mentales Training* (1990, 6. Auflage 2004) sind Standardliteratur in der Sportpsychologie. Er ist Herausgeber des *Handlexikon Sportwissenschaft* (2. Auflage 2002). 1994 erschien Hermann & Eberspächer *Psychologisches Aufbautraining nach Sportverletzungen*, 2003 *Mentales Gehtraining* (mit Mayer & Görlich) und 1998 *Ressource Ich – der ökonomische Umgang mit Stress* (3. Auflage 2009: *Ressource Ich – Stressmanagement in Beruf und Alltag*).

HANSER

Der entspannte Weg zur Leistung.

HANS EBERSPÄCHER
Ressource Ich
Stressmanagement in Beruf und Alltag

3., erweiterte Auflage

HANSER

Eberspächer
Ressource Ich
200 Seiten.
ISBN 978-3-446-41790-8

Ressourcen sind begrenzt, man muss sie deshalb ökonomisch nutzen. Das gilt auch für die Kräfte eines Menschen. Viele beanspruchen sich unökonomisch und riskieren damit negativen Stress.

Dieses Buch zeigt, wie jeder seine eigenen Ressourcen bestmöglich einsetzt: Es macht Erkenntnisse aus dem Hochleistungssport anwendbar für jeden. So lassen sich herausfordernde Situationen gelassen und kraftvoll meistern. Das Ziel: im Einklang mit sich selbst zu sein – unter Beanspruchung und Leistungsdruck genauso wie beim Erholen und Genießen.

Für die 3., erweiterte Auflage wurde dieses Standardwerk erweitert um das Thema »Teamarbeit – stressfrei und effizient«.

Mehr Informationen zu diesem Buch und zu unserem
Programm unter **www.hanser.de/wirtschaft**

HANSER

Warum der Westen Platz machen muss – und nur gewinnen kann

IAN BREMMER

Das Ende des freien Marktes
Der ungleiche Kampf zwischen Staatsunternehmen und Privatwirtschaft

HANSER

Bremmer
Das Ende des freien Marktes
Der ungleiche Kampf zwischen
Staatsunternehmen und Privatwirtschaft
240 Seiten
ISBN 978-3-446-42700-6

Staatskapitalismus lautet die Formel, die westliche Unternehmen und Demokratien neuerdings das Fürchten lehrt: Riesige Unternehmen wie Gazprom und Rosneft, Sinopec und die Industrial and Commercial Bank of China (ICBC) werden von staatlicher Seite massiv unterstützt – finanziell und durch die Gesetzgebung. Sie verfolgen nicht nur wirtschaftliche Ziele, sondern politische: Sie sollen den Einfluss ihres Ursprungslands und seiner Machthaber sichern. Zur Durchsetzung ihrer Interessen ist jedes Mittel recht: Preiskämpfe, Lohndumping, Bestechung. Die Hauptakteure sitzen in China, Russland, Saudi-Arabien und im Iran – doch ihr Erfolg ruft immer mehr Nachahmer in den Schwellenländern auf den Plan.

Westliche Unternehmen sind dagegen machtlos: Sie sind Zwerge im Vergleich zu den gigantischen Staatsunternehmen. Wie soll man einem Unternehmen wie der China Investment Corporation (CIC) ernsthaft Konkurrenz machen, deren Kapital mit rund 200 Milliarden Dollar dem Bruttoinlandsprodukt eines mittelgroßen Staates wie Portugal entspricht?

Mehr Informationen zu diesem Buch und zu unserem
Programm unter **www.hanser-literaturverlage.de**

HANSER

Wirtschaft kompakt:
mehr wissen, besser verstehen

Milbradt, Nerb, Ochel, Sinn
Der ifo Wirtschaftskompass
Zahlen – Fakten – Hintergründe
ca. 250 Seiten
ISBN 978-3-446-42710-5

Mehr als 60 Experten des ifo Instituts erklären die Welt der Wirtschaft. Über 100 Themen werden in diesem vom ifo Institut herausgegebenen Nachschlagewerk dargestellt: kompetent, klar, knapp und mit mehr als 150 vierfarbigen Abbildungen anschaulich illustriert.

Wirtschaft ist wichtig: Wenn die Konjunktur boomt, entstehen Arbeitsplätze, es wird investiert, wir haben Geld in der Tasche. Und umgekehrt: Geht es der Wirtschaft schlecht, droht Arbeitslosigkeit – und jeder spürt die Folgen.

Was wird aus dem Euro? Wie entsteht Inflation? Und was bedeutet sie für den Anleger? Was müssen wir tun, damit mehr Menschen Arbeit finden? Wie kommen wir von unserem Schuldenberg wieder herunter? Welche Klimapolitik ist die richtige? Wo steht Deutschlands Wirtschaft im internationalen Vergleich? Diese und viele weitere Fragen werden in dem Buch so beantwortet, dass jeder es versteht.

Das ultimative Nachschlagewerk: Wirtschaftswissen für die Westentasche.

Mehr Informationen zu diesem Buch und zu unserem
Programm unter **www.hanser-literaturverlage.de**

HANSER

Das Geheimnis guter Zusammenarbeit

Martin J. Eppler, Jeanne Mengis
Management-Atlas
Management-Methoden
für den Arbeitsalltag
ca. 250 Seiten
ISBN 978-3-446-42701-3

Managementwissen ist für jeden wichtig, nicht nur für Führungskräfte. Aber wer hat schon Lust, sich durch komplizierte Managementbücher zu kämpfen?

Dass es auch anders geht, zeigt dieses Buch. Martin J. Eppler und Jeanne Mengis präsentieren darin die wichtigsten Strategien, Methoden und Werkzeuge, die jeder kennen muss: Wer Vorträge hält, Teams führt oder Sitzungen moderiert, braucht sie ebenso wie der, der eine tragfähige Strategie für die Zukunft entwickeln oder vielversprechende Geschäftschancen nutzen will.

Alle Themen werden gut lesbar und für jeden verständlich erklärt – und zusätzlich mit anschaulichen, vierfarbigen Abbildungen illustriert.

Das hat einen doppelten Nutzen: Einerseits helfen die Grafiken dem Leser dabei, selbst zu verstehen, worum es bei den entsprechenden Management-Tools gerade geht. Andererseits liefern die Grafiken ihm die Vorlage, wie er sie anderen Kollegen und Mitarbeitern anschaulich vermitteln kann.

Mehr Informationen zu diesem Buch und zu unserem
Programm unter **www.hanser-literaturverlage.de**